唐房玄齡等撰

晉書

第六册

卷六〇至卷七四（傳）

中華書局

晉書卷六十

列傳第三十

解系 弟結 結弟育

解系字少連，濟南著人也。父脩，魏琅邪太守、梁州刺史，考績爲天下第一。武帝受禪，封梁鄒侯。

系及二弟結、育並清身潔己，甚得聲譽。時荀勖門宗强盛，朝野畏憚之。勖諸子謂系等曰：「我與卿爲友，應向我公拜。」勖又曰：「我與尊先使君親厚。」系曰：「不奉先君遺敎。公若與先君厚，往日哀頓，當垂書問。親厚之誨，非所敢承。」勖父子大慚，當世壯之。後辟公府掾，歷中書黃門侍郎、散騎常侍、豫州刺史，遷尙書，出爲雍州刺史、揚烈將軍、西戎校尉、假節。

會氐羌叛，與征西將軍趙王倫討之。倫信用佞人孫秀，與系爭軍事，更相表奏。朝廷知系守正不撓，而召倫還。系表殺秀以謝氐羌，不從。倫、秀譖之，系坐免官，以白衣還第，闔門自守。及張華、裴頠之被誅也，倫、秀以宿憾收系兄弟。梁王肜救系等，倫怒曰：「我於水中見蟹且惡之，況此人兄弟輕我邪！此而可忍，孰不可忍！」肜苦爭之不得，遂害之，并戮其妻子。

後齊王冏起義時，以裴、解爲冤首。倫、秀既誅，冏乃奏曰：「臣聞興微繼絕，聖主之高政；貶惡嘉善，春秋之美談。是以武王封比干之墓，表商容之閭，誠幽明之故有以相通也。孫秀逆亂，滅佐命之國，誅骨鯁之臣，以斲喪王室，肆其虐戾，功臣之後，多見泯滅。至如張華、裴頠，各以見憚取誅於時，系、結同以羔羊被害，歐陽建等無罪而死，百姓憐之。陛下更日月之光照，布惟新之明命，然此等未蒙恩理。昔欒郤降在皁隸，而春秋傳其人；幽王絕功臣之後，棄賢者子孫，而詩人以爲刺。臣備忝右職，思竭股肱，獻納愚誠。若合聖意，可羣官通議。」八坐議以「系等清公正直，爲姦邪所疾，無罪橫戮，冤痛已甚。如大司馬所啓，彰明枉直，顯宣當否，使冤魂無愧無恨，爲恩大矣。」永寧二年，追贈光祿大夫，改葬，加弔祭焉。

結字叔連，少與系齊名。辟公府掾，累遷黃門侍郎，歷散騎常侍、豫州刺史、魏郡太守、御史中丞。

時孫秀亂關中，結在都，坐議秀罪應誅，秀由是致憾。及系被害，結亦同戮。女適裴氏，明日當嫁，而禍起，裴氏欲認活之，女曰：「家既若此，我何活爲！」亦坐死。朝廷遂議革舊制，女不從坐，由結女始也。後贈結光祿大夫，改葬，加弔祭。

結弟育，字稚連，名亞二兄。歷公府掾、太子洗馬、尚書郎、衞軍長史、弘農太守，與二兄俱被害，妻子徙邊。

孫旂

孫旂字伯旗，樂安人也。父歷，魏晉際爲幽州刺史、右將軍。旂潔靜，少自修立。察孝廉，累遷黄門侍郎，出爲荆州刺史，名位與二解相亞。永熙中，徵拜太子詹事，轉衞尉，坐武庫火，免官。歲餘，出爲兗州刺史，遷平南將軍、假節。

旂子弼及弟子髦、輔、琰四人，並有吏材，稱於當世，遂與孫秀合族。及趙王倫起事，夜從秀開神武門下觀閱器械。兄弟旬月相次爲公府掾、尚書郎。弼又爲中堅將軍，領尚書左丞，轉爲上將軍，領射聲校尉。髦爲武衞將軍，領太子詹事。琰爲武威將軍，領太子左率。

皆賜爵開國郡侯。推崇旂爲車騎將軍、開府。

初，旂以弼等受署僞朝，遣小息回責讓弼等，以過差之事，必爲家禍。弼等終不從，旂制之不可，但慟哭而已。及齊王冏起義，四子皆伏誅。襄陽太守宗岱承冏檄斬旂，〔一〕夷三族。

弟尹，字文旗，歷陳留、陽平太守，早卒。

孟觀

孟觀字叔時，渤海東光人也。少好讀書，解天文。惠帝卽位，稍遷殿中中郎。賈后悖婦姑之禮，陰欲誅楊駿而廢太后，因駿專權，數言之於帝，又使人諷觀。會楚王瑋將討駿，觀受賈后旨宣詔，頗加誣其事。及駿誅，以觀爲黃門侍郎，特給親信四十人。遷積弩將軍，封上谷郡公。

氐帥齊萬年反於關中，衆數十萬，諸將覆敗相繼。中書令陳準、監張華，以趙、梁諸王在關中，雍容貴戚，進不貪功，退不懼罪，士卒雖衆，不爲之用，周處喪敗，職此之由，上下離心，難以勝敵。以觀沈毅，有文武材用，乃啓觀討之。觀所領宿衞兵，皆趫捷勇悍，并統關中士卒，身當矢石，大戰十數，皆破之，生擒萬年，威慴氐羌。轉東羌校尉，徵拜右將軍。

趙王倫篡位，以觀所在著績，署爲安南將軍、監河北諸軍事、〔二〕假節，屯宛。觀子平爲淮南王允前鋒將軍，討倫，戰死。孫秀以觀杖兵在外，假言平爲允兵所害，贈積弩將軍以安觀。義軍既起，多勸觀應齊王冏，觀以紫宮帝坐無他變，謂倫應之，遂不從衆議而爲倫守。及帝反正，永饒冶令空桐機斬觀首，〔三〕傳于洛陽，遂夷三族。

牽秀

牽秀字成叔，武邑觀津人也。祖招，魏鴈門太守。秀博辯有文才，性豪俠，弱冠得美名，爲太保衞瓘、尚書崔洪所知。太康中，調補新安令，累遷司空從事中郎。與帝舅王愷素相輕侮，愷諷司隸荀愷奏秀夜在道中載高平國守士田興妻。秀卽表訴被誣，論愷穢行，文辭亢厲，以譏抵外戚。于時朝臣雖多證明其行，而秀盛名美譽由是而損，遂坐免官。後司空張華請爲長史。

秀任氣，好爲將帥。張昌作亂，長沙王乂遣秀討昌，秀出關，因奔成都王穎。穎伐乂，以秀爲冠軍將軍，與陸機、王粹等共爲河橋之役。機戰敗，秀證成其罪，又諂事黃門孟玖，故見親於穎。惠帝西幸長安，以秀爲尚書。秀少在京輦，見司隸劉毅奏事而扼腕慷慨，自謂居司直之任，當能激濁揚清，處鼓鞞之間，必建將帥之勳。及在常伯納言，亦未曾有規獻鄒違之奇也。

河間王顒甚親任之。關東諸軍奉迎大駕，以秀爲平北將軍，鎭馮翊。秀與顒將馬瞻等將輔顒以守關中，顒密遣使就東海王越求迎，越遣將麋晃等迎顒。〔四〕時秀擁衆在馮翊，晃不敢進。顒長史楊騰前不應越軍，懼越討之，欲取秀以自效，與馮翊大姓諸嚴詐稱顒命，使秀罷兵，秀信之，騰遂殺秀於萬年。

繆播 從弟胤

繆播字宣則，蘭陵人也。父悅，光祿大夫。播才思清辯，有意義。高密王泰爲司空，以播爲祭酒，累遷太弟中庶子。

惠帝幸長安，河間王顒欲挾天子令諸侯。東海王越將起兵奉迎天子，以播父時故吏，委以心膂。播從弟右衞率胤，顒前妃之弟也。越遣播、胤詣長安說顒，令奉帝還洛，約與顒分陝爲伯。播、胤素爲顒所敬信，既相見，虛懷從之。顒將張方自以罪重，懼爲誅首，謂顒曰：「今據形勝之地，國富兵强，奉天子以號令，誰敢不服！」顒惑方所謀，猶豫不決。方惡播、胤爲越游說，陰欲殺之。播等亦慮方爲難，不敢復言。時越兵鋒甚盛，顒深憂之，播、胤乃復說顒，急斬方以謝，可不勞而安。顒從之，於是斬方以謝山東諸侯。顒後悔之，又以兵距越，屢爲越所敗。帝反舊都，播亦從太弟還洛，契闊艱難，深相親狎。

及帝崩，太弟卽帝位，是爲懷帝，以播爲給事黃門侍郎。俄轉侍中，徙中書令，任遇日隆，專管詔命。時越威權自己，帝力不能討，心甚惡之。以播、胤等有公輔之量，又盡忠於國，故委以心膂。越懼爲己害，因入朝，以兵入宮，執播等於帝側。帝歎曰：「姦臣賊子無世無之，不自我先，不自我後，哀哉！」起執播等手，涕泗歔欷不能自禁。越遂害之。朝野憤惋，咸曰：「善人，國之紀也，而加虐焉，其能終乎！」及越薨，帝贈播衞尉，祠以少牢。

胤字休祖，安平獻王外孫也，與播名譽略齊。初爲尙書郎，後遷太弟左衞率，轉魏郡太守。及王浚軍逼鄴，石超等大敗，胤奔東海王越於徐州，越使胤與播俱入關，而所說得行，大駕東還。越以胤爲冠軍將軍、南陽太守。胤從藍田出武關，之南陽，前守衞展距胤不受，胤乃還洛。懷帝卽位，拜胤左衞將軍，轉散騎常侍、太僕卿。旣而與播及帝舅王延、尙書何綏、太史令高堂沖並參機密，爲東海王越所害。

皇甫重

皇甫重字倫叔，安定朝那人也。性沈果，有才用，爲司空張華所知，稍遷新平太守。元康中，華版爲秦州刺史。

齊王冏輔政，以重弟商爲參軍。冏誅，長沙王乂又以爲參軍。時河間王顒鎮關中，其將李含先與商、重有隙，每銜之，及此，說顒曰：「商爲乂所任，重終不爲人用，宜急除之，以去一方之患。可表遷重爲內職，因其經長安，乃執之。」重知其謀，乃露檄上尚書，以顒信任李含，將欲爲亂，召集隴上士衆，以討含爲名。乂以兵革累興，今始寧息，表請遣使詔重罷兵，徵含爲河南尹。含既就徵，重不奉詔，顒遣金城太守游楷、隴西太守韓稚等四郡兵攻之。

頃之，成都王穎與顒起兵共攻乂，以討后父尚書僕射羊玄之及商爲名。乂以商爲左將軍、河東太守，領萬餘人於關門距張方，爲方所破，顒軍遂進。乂旣屢敗，乃使商間行齎帝手詔，使游楷盡罷兵，令重進軍討顒。商行過長安，至新平，遇其從甥，從甥素憎商，以告顒，顒捕得商，殺之。

乂旣敗，重猶堅守，閉塞外門，城內莫知，而四郡兵築土山攻城，重輒以連弩射之。所在爲地窟以防外攻，權變百端，外軍不得近城，將士爲之死戰。顒知不可拔，乃上表求遣御史宣詔喻之令降。重知非朝廷本意，不奉詔。獲御史騶人問曰：「我弟將兵來，欲至未？」騶云：「已爲河間王所害。」重失色，立殺騶。於是城內知無外救，遂共殺重。

先是，重被圍急，遣養子昌請救於東海王越，越以顒新廢成都王穎，與山東連和，不肯出兵。昌乃與故殿中人楊篇詐稱越命，迎羊后於金墉城入宮，以后令發兵討張方，奉迎大駕。事起倉卒，百官初皆從之，俄而又共誅昌。

張輔

張輔字世偉，南陽西鄂人，漢河間相衡之後也。少有幹局，與從母兄劉喬齊名。初補藍田令，不爲豪强所屈。時强弩將軍龐宗，西州大姓，護軍趙浚，宗婦族也，故僮僕放縱，爲百姓所患。輔繩之，殺其二奴，又奪宗田二百餘頃以給貧戶，一縣稱之。轉山陽令，太尉陳準家僮亦暴橫，輔復擊殺之。累遷尙書郎，封宜昌亭侯。

轉御史中丞。時積弩將軍孟觀與明威將軍郝彥不協，而觀因軍事害彥，又賈謐、潘岳、石崇等共相引重，及義陽王威有詐冒事，輔並糾劾之。梁州刺史楊欣有姊喪，未經旬，車騎長史韓預强聘其女爲妻。輔爲中正，貶預以清風俗，論者稱之。及孫秀執權，威構輔於秀，秀惑之，將繩輔以法。輔與秀牋曰：「輔徒知希慕古人，當官而行，不復自知小爲身計。今義陽王誠弘恕，不以介意。然輔母年七十六，常見憂慮，恐輔將以怨疾獲罪。願明公留神省察輔前後行事，是國之愚臣而已。」秀雖凶狡，知輔雅正，爲威所誣，乃止。

後遷馮翊太守。是時長沙王乂以河間王顒專制關中，有不臣之跡，言於惠帝，密詔雍州刺史劉沈、秦州刺史皇甫重使討顒。於是沈等與顒戰於長安，輔遂將兵救顒，沈等敗績。顒德之，乃以輔代重爲秦州刺史。當赴顒之難，金城太守游楷亦皆有功，轉梁州刺史，不之官。楷聞輔之還，不時迎輔，陰圖之。又殺天水太守封尙，欲揚威西土。召隴西太守韓稚會議，未決。稚子朴有武幹，斬異議者，卽收兵伐輔。輔與稚戰於遮多谷口，輔軍敗績，爲天水故帳下督富整所殺。

初，輔嘗著論云：「管仲不若鮑叔，鮑叔知所奉，知所投。管仲奉主而不能濟，所奔又非濟事之國，三歸反坫，皆鮑不爲。」又論班固、司馬遷云：「遷之著述，辭約而事舉，敍三千年事唯五十萬言；班固敍二百年事乃八十萬言，煩省不同，不如遷一也。良史述事，善足以獎勸，惡足以監誡，人道之常。中流小事，亦無取焉，而班皆書之，不如二也。毁貶晁錯，傷忠臣之道，不如三也。遷既造創，固又因循，難易益不同矣。又遷爲蘇秦、張儀、范睢、蔡澤作傳，逞辭流離，亦足以明其大才。故述辯士則辭藻華靡，敍實錄則隱核名檢，此所以遷稱良史也。」又論魏武帝不及劉備，樂毅減於諸葛亮，詞多不載。

李含

李含字世容，隴西狄道人也。僑居始平。少有才幹，兩郡並舉孝廉。安定皇甫商州里年少，少恃豪族，以含門寒微，欲與結交，含距而不納，商恨焉，遂諷州以短檄召含爲門亭長。會州刺史郭奕素聞其賢，下車擢含爲別駕，遂處羣僚之右。尋舉秀才，薦之公府，自太保掾轉秦國郎中令。司徒選含領始平中正。秦王柬薨，含依臺儀，葬訖除喪。尚書趙浚有內寵，疾含不事己，遂奏含不應除喪。本州大中正傅祗以名義貶含。中丞傅咸上表理含曰：

臣州秦國郎中令始平李含，忠公清正，才經世務，實有史魚秉直之風。雖以此不能協和流俗，然其名行峻厲，不可得掩，二郡並舉孝廉異行。尚書郭奕臨州，含寒門少年，而奕超爲別駕。太保衞瓘辟含爲掾，每語臣曰：「李世容當爲晉匪躬之臣。」秦王之薨，悲慟感人，百僚會喪，皆所目見。而今以含俯就王制，謂之背戚居榮，奪其中正。天王之朝，既葬不除，藩國之喪，既葬而除。藩國欲同不除，乃當責引尊準卑，非所宜言耳。今天朝告于上，欲令藩國服于下，此爲藩國之義隆，而天朝之禮薄也。又云諸王公皆終喪，禮寧盡乃敍，明以喪制宜隆，務在敦重也。夫寧盡乃敍，明以哀其病耳。異於天朝，制使終喪，未見斯文。國制既葬而除，既除而祔。爰自漢魏迄于聖晉，文皇升遐，武帝崩殂，世祖過哀，陛下毀頓，銜疚諒闇，以終三年，率土臣妾豈無攀慕遂服之心，實以國制不可而踰，故於既葬不敢不除。天王之喪，釋除於上，藩國之臣，獨遂于下，此不可安。復以秦王無後，含應爲喪主，而王喪既除而祔，則應吉祭。因曰王未有廟，主不應除服。秦王始封，無所連祔，靈主所居，卽便爲廟。不問國制云何，而以無廟爲貶。以含今日之所行，移博士使案禮文，必也放勳之殂，遏密三載，世祖之崩，數旬卽吉，引古繩今，闔世有貶，何但李含不應除服。今也無貶，王制故也。聖上諒闇，哀聲不輟，股肱近侍，猶宜心喪，不宜便行婚娶歡樂之事，而莫云者，豈不以大制不可而曲邪？且前以含有王喪，上爲差代。尚書敕王葬日在近，葬訖，含應攝職，不聽差代。葬訖，含猶躊躇，司徒屢罰訪問，踧含攝職，而隨擊之，此爲臺敕府符陷含於惡。若謂臺府爲傷教義，則當據正，不正符敕，唯含是貶，含之困躓尙足惜乎！國制不可偏耳。

又含自以隴西人，雖戶屬始平，非所綜悉。自初見使爲中正，反覆言辭，說非始平國人，不宜爲中正。後爲郎中令，又自以選官引臺府爲比，以讓常山太守蘇韶，辭意懇切，形于文墨。含之固讓，乃在王未薨之前，葬後躊躇，窮於對罰而攝職耳。臣從弟祗爲州都，〔三〕意在欲隆風敎，議含已過，不良之人遂相扇動，冀挾名義，法外致案，足有所邀，中正龐騰便割含品。臣雖無祁大夫之德，見含爲騰所侮，謹表以聞，乞朝廷以時博議，無令騰得妄弄刀尺。帝不從，含遂被貶，退割爲五品。歸長安，歲餘，光祿差含爲壽城邸閣督。司徒王戎表含曾爲大臣，雖見割削，不應降爲此職。詔停。後爲始平令。

及趙王倫篡位，或謂孫秀曰：「李含有文武大才，無以資人。」秀以爲東武陽令。河間王顒表請含爲征西司馬，甚見信任。頃之，轉爲長史。顒誅夏侯奭，送齊王冏使與趙王倫，遣張方率衆赴倫，皆含謀也。後顒聞三王兵盛，〔六〕乃加含龍驤將軍，統席薳等鐵騎，迴遣張方軍以應義師。天子反正，含至潼關而還。

初，梁州刺史皇甫商爲趙王倫所任，倫敗，去職詣顒，顒慰撫之甚厚。含諫顒曰：「商，倫之信臣，懼罪至此，不宜數與相見。」商知而恨之。及商當還都，顒置酒餞行，商因與含忿爭，顒和釋之。後含被徵爲翊軍校尉。時商參齊王冏軍事，而夏侯奭兄在冏府，稱奭立義，被西藩枉害。含心不自安。冏右司馬趙驤又與含有隙，冏將閱武，含懼驤因兵討之，乃單馬出奔于顒，矯稱受密詔。顒卽夜見之，乃說顒曰：「成都王至親，有大功，還藩，甚得衆心。齊王越親而專執威權，朝廷側目。今檄長沙王令討齊，使先聞於齊，齊必誅長沙，因傳檄以加齊罪，則冏可擒也。旣去齊，立成都，除逼建親，以安社稷，大勳也。」顒從之，遂表請討冏，拜含爲都督，統張方等率諸軍以向洛陽。含屯陰盤，而長沙王乂誅冏，含等旋師。

初，含之本謀欲并去乂、冏，使權歸於顒，含因得肆其宿志。既長沙勝齊，顒、穎猶各守藩，志望未允。顒表含爲河南尹。時商復被乂任遇，商兄重時爲秦州刺史，含疾商滋甚，復與重構隙。顒自含奔還之後，委以心膂，復慮重襲己，乃使兵圍之，更相表罪。侍中馮蓀黨顒，請召重還。商說乂曰：「河間之奏，皆李含所交構也。若不早圖，禍將至矣。且河間前舉，由含之謀。」乂乃殺含。

張方

張方，河間人也。世貧賤，以材勇得幸於河間王顒，累遷兼振武將軍。永寧中，顒表討齊王冏，遣方領兵二萬爲前鋒。及冏被長沙王乂所殺，顒及成都王穎復表討乂，遣方率衆自函谷入屯河南。惠帝遣左將軍皇甫商距之，方以潛軍破商之衆，遂入城。乂奉帝討方于城內，方軍望見乘輿，於是小退，方止之不得，衆遂大敗，殺傷滿于衢巷。方退壁于十三里橋，人情挫衄，無復固志，多勸方夜遁。方曰：「兵之利鈍是常，貴因敗以爲成耳。我更前作壘，出其不意，此用兵之奇也。」乃夜潛進逼洛城七里。乂既新捷，不以爲意，忽聞方壘成，乃出戰，敗績。東海王越等執乂，送于金墉城。方使郅輔取乂還營，炙殺之。於是大掠洛中官私奴婢萬餘人，而西還長安。顒加方右將軍、馮翊太守。

蕩陰之役，顒又遣方鎭洛陽，上官巳、苗願等距之，大敗而退。清河王覃夜襲巳、願，巳、願出奔，方乃入洛陽。覃於廣陽門迎方而拜，方馳下車扶止之。於是復廢皇后羊氏。及帝自鄴還洛，方遣息羆以三千騎奉迎。將渡河橋，方又以所乘陽燧車、青蓋、素升三百人爲小鹵簿，〔七〕迎帝至芒山下。方自帥萬餘騎奉雲母輿及旌旗之飾，衞帝而進。初，方見帝將拜，帝下車自止之。

方在洛既久，兵士暴掠，發哀獻皇女墓。軍人喧喧，無復留意，議欲西遷，尙匿其跡，欲須天子出，因劫移都。乃請帝謁廟，帝不許。方遂悉引兵入殿迎帝，帝見兵至，避之於竹林中，軍人引帝出，方於馬上稽首曰：「胡賊縱逸，宿衞單少，陛下今日幸臣壘，臣當捍禦寇難，致死無二。」於是軍人便亂入宮閣，爭割流蘇武帳而爲馬帴。方奉帝至弘農，顒遣司馬周弼報方，欲廢太弟，方以爲不可。

帝至長安，以方爲中領軍、錄尙書事，領京兆太守。時豫州刺史劉喬檄稱潁川太守劉輿迫脅范陽王虓距逆詔命，及東海王越等起兵於山東，乃遣方率步騎十萬往討之。方屯兵霸上，而劉喬爲虓等所破。顒聞喬敗，大懼，將罷兵，恐方不從，遲疑未決。

初，方從山東來，甚微賤，長安富人郅輔厚相供給。及貴，以輔爲帳下督，甚昵之。顒參軍畢垣，河間冠族，爲方所侮，忿而說顒曰：「張方久屯霸上，聞山東賊盛，盤桓不進，宜防其未萌。其親信郅輔具知其謀矣。」而繆播等先亦構之，顒因使召輔，垣迎說輔曰：「張方欲反，人謂卿知之。王若問卿，何辭以對？」輔驚曰：「實不聞方反，爲之若何？」垣曰：「王若問卿，但言爾爾。不然，必不免禍。」輔既入，顒問之曰：「張方反，卿知之乎？」輔曰：「爾。」顒曰：「遣卿取之可乎？」又曰：「爾。」顒於是使輔送書於方，因令殺之。輔既昵於方，持刀而入，守閤者不疑，因火下發函，便斬方頭。顒以輔爲安定太守。初，繆播等議斬方，送首與越，冀東軍可罷。及聞方死，更爭入關，顒頗恨之，又使人殺輔。

史臣曰：晉氏之禍難荐臻，實始藩翰。解系等以干時之用，處危亂之辰，並託迹府朝，參謀王室。或抗忠盡節，或飾詐懷姦。雖邪正殊途，而咸至誅戮，豈非時艱政紊，利深禍速者乎！古人所以危邦不入，亂邦不居，戒懼於此也。

閻鼎

閻鼎字台臣，天水人也。初爲太傅東海王越參軍，轉卷令，行豫州刺史事，屯許昌。遭母喪，乃於密縣間鳩聚西州流人數千，欲還鄉里。值京師失守，秦王出奔密中，司空荀藩、藩弟司隸校尉組，及中領軍華恒、河南尹華薈，在密縣建立行臺，以密近賊，南趣許潁。司徒左長史劉疇在密爲塢主，中書令李暅、〔六〕太傅參軍騶捷劉蔚、鎮軍長史周顗、司馬李述皆來赴疇。僉以鼎有才用，且手握强兵，勸藩假鼎冠軍將軍、豫州刺史，蔚等爲參佐。

鼎少有大志，因西土人思歸，欲立功鄉里，乃與撫軍長史王毗、司馬傅遜懷翼戴秦王之計，謂疇、捷等曰：「山東非霸王處，不如關中。」河陽令傅暢遺鼎書，勸奉秦王過洛陽，謁拜山陵，徑據長安，綏合夷晉，興起義衆，克復宗廟，雪社稷之恥。鼎得書，便欲詣洛，流人謂北道近河，懼有抄截，欲南自武關向長安。疇等皆山東人，咸不願西入，荀藩及疇、捷等並逃散。鼎追藩不及，暅等見殺，唯顗、述走得免。遂奉秦王行，止上洛，爲山賊所襲，殺百餘人，率餘衆西至藍田。時劉聰向長安，爲雍州刺史賈疋所逐，走還平陽。疋遣人奉迎秦王，遂至長安，而與大司馬南陽王保、衞將軍梁芬、京兆尹梁綜等並同心推戴，立王爲皇太子，登壇告天，立社稷宗廟，以鼎爲太子詹事，總攝百揆。

梁綜與鼎爭權，鼎殺綜，以王毗爲京兆尹。鼎首建大謀，立功天下。始平太守麴允、撫夷護軍索綝並害其功，且欲專權，馮翊太守梁緯、北地太守梁肅，並綜母弟，綝之姻也，謀欲除鼎，乃證其有無君之心，專戮大臣，請討之，遂攻鼎。鼎出奔雍，爲氐竇首所殺，傳首長安。

索靖 子綝

索靖字幼安，敦煌人也。累世官族，父湛，北地太守。靖少有逸羣之量，與鄉人氾衷、張甝、索紾、索永俱詣太學，馳名海內，號稱「敦煌五龍」。四人並早亡，唯靖該博經史，兼通內緯。州辟別駕，郡舉賢良方正，對策高第。傅玄、張華與靖一面，皆厚與之相結。拜駙馬都尉，出爲西域戊己校尉長史。太子僕同郡張勃特表，以靖才藝絕人，宜在臺閣，不宜遠出邊塞。武帝納之，擢爲尚書郎。與襄陽羅尙、河南潘岳、吳郡顧榮同官，咸器服焉。

靖與尙書令衞瓘俱以善草書知名，帝愛之。瓘筆勝靖，然有楷法，遠不能及靖。

靖在臺積年，除雁門太守，遷魯相，又拜酒泉太守。惠帝卽位，賜爵關內侯。

靖有先識遠量，知天下將亂，指洛陽宮門銅駝，歎曰：「會見汝在荊棘中耳！」

元康中，西戎反叛，拜靖大將軍梁王肜左司馬，加蕩寇將軍，屯兵粟邑，擊賊，敗之。遷始平內史。及趙王倫簒位，靖應三王義舉，以左衞將軍討孫秀有功，加散騎常侍，遷後將軍。太安末，河間王顒舉兵向洛陽，拜靖使持節、監洛城諸軍事、遊擊將軍，領雍、秦、涼義兵，與賊戰，大破之，靖亦被傷而卒，追贈太常，時年六十五。後又贈司空，進封安樂亭侯，謚曰莊。

靖著五行三統正驗論，辯理陰陽氣運。又撰索子、晉詩各二十卷。又作草書狀，其辭曰：

聖皇御世，隨時之宜。倉頡既生，書契是爲。科斗鳥篆，類物象形。叡哲變通，意巧茲生。損之隸草，以崇簡易。百官畢修，事業並麗。蓋草書之爲狀也，婉若銀鉤，漂若驚鸞。舒翼未發，若舉復安；蟲蛇虯蟉，或往或還。類阿那以羸形，欻奮亹而桓桓。及其逸遊肹嚮，乍正乍邪。騏驥暴怒逼其轡，海水窊隆揚其波。芝草蒲陶還相繼，棠棣融融載其華。玄熊對踞于山嶽，飛燕相追而差池。舉而察之，又似乎和風吹林，偃草扇樹。枝條順氣，轉相比附，窈嬈廉苫，隨體散布。紛擾擾以猗靡，中持疑而猶豫。玄螭狡獸嬉其間，騰猨飛鼬相奔趣。淩魚奮尾，蛟龍反據。投空自竄，張設牙距。或若登高望其類，或若既往而中顧，或若倜儻而不羣，或若自檢於常度。

於是多才之英，篤藝之彥，役心精微，耽此文憲。守道兼權，觸類生變。離析八體，靡形不判。去繁存微，大象未亂。上理開元，下周謹案。騁辭放手，雨行冰散。高音翰厲，溢越流漫。忽班班而成章，信奇妙之煥爛。體磥落而壯麗，姿光潤以粲粲。命杜度運其指，使伯英迴其腕。著絕勢於紈素，垂百世之殊觀。

先時，靖行見姑臧城南石地，曰：「此後當起宮殿。」至張駿，於其地立南城，起宗廟，建宮殿焉。

靖有五子：鯁、綣、璆、聿、綝，皆舉秀才。聿，安昌鄉侯，卒。少子綝最知名。

綝字巨秀，少有逸羣之量，靖每曰：「綝廊廟之才，非簡札之用，州郡吏不足汙吾兒也。」舉秀才，除郎中。嘗報兄讎，手殺三十七人，時人壯之。俄轉太宰參軍，除好畤令，入爲黃門侍郎，出參征西軍事，轉長安令，在官有稱。

及成都王穎劫遷惠帝幸鄴，穎爲王浚所破，帝遂播越。河間王顒使張方及綝東迎乘輿，以功拜鷹揚將軍，轉南陽王模從事中郎。劉聰侵掠關東，以綝爲奮威將軍以禦之，斬聰將呂逸，又破聰黨劉豐，遷新平太守。聰將蘇鐵、劉五斗等劫掠三輔，除綝安西將軍、馮翊太守。綝有威恩，華夷嚮服，賊不敢犯。

及懷帝蒙塵，長安又陷，模被害，綝泣曰：「與其俱死，寧爲伍子胥。」乃赴安定，與雍州刺史賈疋、扶風太守梁綜、安夷護軍麴允等糾合義衆，頻破賊黨，修復舊館，遷定宗廟。進救新平，小大百戰，綝手擒賊帥李羌，與閻鼎立秦王爲皇太子，及卽尊位，是爲愍帝。綝遷侍中、太僕，以首迎大駕、升壇授璽之功，封弋居伯。又遷前將軍、尚書右僕射、領吏部、京兆尹，加平東將軍，進號征東。尋又詔曰：「朕昔遇厄運，遭家不造，播越宛楚，爰失舊京。幸宗廟寵靈，百辟宣力，得從藩衞，託乎羣公之上。社稷之不隕，實公是賴，宜贊百揆，傅弼朕躬。其授衞將軍，領太尉，位特進，軍國之事悉以委之。」

及劉曜侵逼王城，以綝爲都督征東大將軍，持節討之。破曜呼日逐王呼延莫，以功封上洛郡公，食邑萬戶，拜夫人荀氏爲新豐君，子石元爲世子，賜子弟二人鄉亭侯。劉曜入關，芟麥苗，綝又擊破之。自長安伐劉聰，聰將趙染杖其累捷，〔九〕有自矜之色，帥精騎數百與綝戰，大敗之，染單馬而走。轉驃騎大將軍、尚書左僕射、錄尚書，承制行事。

劉曜復率衆入馮翊，帝累徵兵於南陽王保，保左右議曰：「蝮蛇在手，壯士解其腕。且斷隴道，以觀其變。」從事中郎裴詵曰：「蛇已螫頭，頭可截不？」保以胡崧行前鋒都督，須諸軍集，乃當發。麴允欲挾天子趣保，綝以保必逞私欲，乃止。自長安以西，不復奉朝廷。百官饑乏，採稆自存。〔一〇〕時三秦人尹桓、解武等數千家，盜發漢霸、杜二陵，多獲珍寶。帝問綝曰：「漢陵中物何乃多邪？」綝對曰：「漢天子即位一年而爲陵，天下貢賦三分之，一供宗廟，一供賓客，一充山陵。漢武帝饗年久長，比崩而茂陵不復容物，其樹皆已可拱。赤眉取陵中物不能減半，于今猶有朽帛委積，珠玉未盡。此二陵是儉者耳，亦百世之誡也。」

後劉曜又率衆圍京城，綝與麴允固守長安小城。胡崧承檄奔命，破曜于靈臺。崧慮國家威舉，則麴、索功盛，乃案兵渭北，遂還槐里。城中饑窘，人相食，死亡逃奔不可制，唯涼州義衆千人守死不移。帝使侍中宋敞送牋降于曜。〔一一〕綝潛留敞，使其子說曜曰：「今城中食猶足支一歲，未易可克也。若許綝以車騎、儀同、萬戶郡公者，請以城降。」曜斬而送之曰：「帝王之師，以義行也。孤將軍十五年，未嘗以譎詭敗人，必窮兵極勢，然後取之。今索綝所說如是，天下之惡一也，輒相爲戮之。若審兵食未盡者，便可勉強固守。如其糧竭兵微，亦宜早悟天命。孤恐霜威一震，玉石俱摧。」及帝出降，綝隨帝至平陽，劉聰以其不忠於本朝，戮之於東市。

賈疋

賈疋字彥度，武威人，魏太尉詡之曾孫也。少有志略，器望甚偉，見之者莫不悅附，特爲武夫之所瞻仰，願爲致命。初辟公府，遂歷顯職，遷安定太守。雍州刺史丁綽，貪橫失百姓心，乃譖疋于南陽王模，模以軍司謝班伐之。〔一二〕疋奔瀘水，〔一三〕與胡彭蕩仲及氐竇首結爲兄弟，聚衆攻班。綽奔武都，疋復入安定，殺班。愍帝以疋爲驃騎將軍、〔一四〕雍州刺史，封酒泉公。

時諸郡百姓饑饉，白骨蔽野，百無一存。疋帥戎晉二萬餘人，將伐長安，西平太守竺恢亦固守。〔一五〕劉粲聞之，使劉曜、劉雅及趙染距疋，先攻恢，不克，疋邀擊，大敗之，曜中流矢，退走。疋追之，至于甘泉。旋自渭橋襲蕩仲，殺之。遂迎秦王，奉爲皇太子。後蕩仲子夫護帥羣胡攻之，〔一六〕疋敗走，夜墮于澗，爲夫護所害。疋勇略有志節，以匡復晉室爲己任，不幸顛墜，時人咸痛惜之。

史臣曰：自永嘉蕩覆，宇內橫流，億兆靡依，人神乏主。于時武皇之胤，惟有建興，衆望攸歸，曾無與二。閻鼎等忠存社稷，志在經綸，乃契闊艱難，扶持幼孺，遂得纂堯承緒，祀夏配天，校績論功，有足稱矣。然而抗滔天之巨寇，接彫弊之餘基，威略未申，尋至傾覆。昔宗周遭犬戎而東徙，有晉遭獷狄而西遷，彼既靈慶悠長，此則禍難遄及，豈愍皇地非奥主，將綝允材謝輔臣，何修短之殊途，而成敗之異數者也？

贊曰：懷惠不競，戚藩力爭。狙詐參謀，憑凶亂政。爲惡不已，並罹非命。解繆忠肅，無聞餘慶。愍皇纂戎，實賴羣公。鼎圖福始，綝遂凶終。

校勘記

〔一〕宗岱　惠紀、李特載記作「宋岱」。

〔二〕監河北諸軍事　勞校：「河北」當作「沔北」。按：通鑑八四作「沔北」。

〔三〕永饒冶　「冶」，各本作「治」，今從殿本。通鑑八四亦作「冶」。據顧祖禹讀史方輿紀要五一，永饒冶在今河南南陽市南。

〔四〕越遣將麋晃等迎顒　河間王顒傳「迎」作「伐」，通鑑八六作「擊」，以下文所敍觀之，顒傳、通鑑是。此「迎」字疑涉上文「求迎」而誤。

〔五〕臣從弟祗爲州都　各本「州都」下有「督」字，李校：「州都」下「督」字衍，晉人稱本州大中正爲州都。按：宋本正無「督」字，今從之。

〔六〕後顒聞三王兵盛　周校：三王者，齊、成都、河間也。河間所聞當云二王，顒傳作「二王」。

〔七〕素升　周校：「升」未詳，疑「弁」字之誤。

〔八〕中書令李晅　愍紀作「中書郎李昕」，王浚傳及通鑑八七又作「李絙」。

〔九〕趙染　愍紀、劉琨傳作「趙冉」。

〔一〇〕採稆自存　「稆」原作「梠」，據通鑑八九、通志一二五改。

〔一一〕宋敞　通鑑八九作「宗敞」。

〔一二〕模以軍司謝班伐之　「伐」，各本作「代」，今從殿本。模伐疋，見南陽王模傳。

〔一三〕瀘水　南陽王模傳作「盧水」。

〔一四〕愍帝以疋爲驃騎將軍　周校：「愍帝」當作「懷帝」。本傳疋後破劉曜，迎秦王，奉爲皇太子，秦王後立爲愍帝，此時不得先有愍帝。

〔一五〕西平太守　周校：「新平」誤「西平」，據麴允傳、劉聰載記。

〔一六〕夫護　通鑑八八及八七胡注「夫護」皆作「天護」。

晉書卷六十一

列傳第三十一

周浚 子嵩 謨 從父弟馥

周浚字開林，汝南安成人也。父裴，〔一〕少府卿。浚性果烈，以才理見知，有人倫鑒識。鄉人史曜素微賤，衆所未知，浚獨引之爲友，遂以妹妻之，曜竟有名於世。浚初不應州郡之辟，後仕魏爲尚書郎。累遷御史中丞，拜折衝將軍、揚州刺史，封射陽侯。隨王渾伐吳，攻破江西屯戍，與孫皓中軍大戰，斬僞丞相張悌等首級數千，俘馘萬計，進軍屯于横江。

時聞龍驤將軍王濬既破上方，別駕何惲說浚曰：「張悌率精鋭之卒，悉吳國之衆，殄滅於此，吳之朝野莫不震懾。今王龍驤既破武昌，兵威甚盛，順流而下，所向輒克，土崩之勢見矣。竊謂宜速渡江，直指建鄴，大軍卒至，奪其膽氣，可不戰而擒。」浚善其謀，便使白渾。

惲曰：「渾闇於事機，而欲愼己免咎，必不我從。」浚固使白之，渾果曰：「受詔但令江北抗衡吳軍，不使輕進。貴州雖武，豈能獨平江東！今者違命，勝不足多；若其不勝，爲罪已重。且詔令龍驤受我節度，但當具君舟楫，一時俱濟耳。」惲曰：「龍驤克萬里之寇，以既濟之功來受節度，未之聞也。且握兵之要，可則奪之，所謂受命不受辭也。今渡江必全克獲，將有何慮？若疑於不濟，不可謂智；知而不行，不可謂忠，實鄙州上下所以恨恨也。」渾執不聽。居無何而濬至，渾召之不來，乃直指三山，〔三〕孫晧遂降於濬。渾深恨之，而欲與濬爭功。惲牋與浚曰：「書貴克讓，易大謙光，斯古文所詠，道家所崇。前破張悌，吳人失氣，龍驤因之，陷其區宇。論其前後，我實緩師，動則爲傷，事則不及。而今方競其功。彼既不呑聲，將虧雍穆之弘，興矜爭之鄙，斯愚情之所不取也。」浚得牋，卽諫止渾，渾不能納，遂相表奏。

浚既濟江，與渾共行吳城壘，綏撫新附，以功進封成武侯，食邑六千戶，賜絹六千匹。明年，移鎭秣陵。時吳初平，屢有逃亡者，頻討平之。賓禮故老，搜求俊乂，甚有威德，吳人悅服。

初，吳之未平也，浚在弋陽，南北爲互市，而諸將多相襲奪以爲功。吳將蔡敏守于沔中，其兄珪爲將在秣陵，與敏書曰：「古者兵交，使在其間，軍國固當舉信義以相高。而聞疆埸之上，往往有襲奪互市，甚不可行，弟愼無爲小利而忘大備也。」候者得珪書以呈浚，浚曰：「君子也。」及渡江，求珪，得之，問其本，曰：「汝南人也。」浚戲之曰：「吾固疑吳無君子，而卿果吾鄉人。」

遷侍中。武帝問浚：「卿宗後生，稱誰爲可？」答曰：「臣叔父子恢，稱重臣宗；從父子馥，稱清臣宗。」帝並召用。浚轉少府，以本官領將作大匠。改營宗廟訖，增邑五百戶。後代王渾爲使持節、都督揚州諸軍事、安東將軍，卒于位。三子：顗、嵩、謨。顗嗣爵，〔三〕別有傳云。

嵩字仲智，狷直果俠，每以才氣陵物。元帝作相，引爲參軍。及帝爲晉王，又拜奉朝請。嵩上疏曰：「臣聞取天下者，常以無事。及其有事，不足以取天下。故古之王者，必應天順時，義全而後取，讓成而後得，是以享世長久，重光萬載也。今議者以殿下化流江漢，澤被六州，功濟蒼生，欲推崇尊號。臣謂今梓宮未反，舊京未淸，義夫泣血，士女震動；宜深明周公之道，先雪社稷大恥，盡忠言嘉謀之助，以時濟弘仁之功，崇謙謙之美，推後己之誠；然後揖讓以謝天下，誰敢不應，誰敢不從！」由是忤旨，出爲新安太守。

嵩怏怏不悅，臨發，與散騎郎張嶷在侍中戴邈坐，褒貶朝士，又詆毁邈，邈密表之。帝召嵩入，面責之曰：「卿矜豪傲慢，敢輕忽朝廷，由吾不德故耳。」嵩跪謝曰：「昔唐虞至聖，四凶在朝。陛下雖聖明御世，亦安能無碌碌之臣乎！」帝怒，收付廷尉。廷尉華恒以嵩大不敬棄市論，疑以扇和減罪除名。時顗方貴重，帝隱忍。久之，補廬陵太守，不之職，更拜御史中丞。

是時帝以王敦勢盛，漸疏忌王導等。嵩上疏曰：

臣聞明君思隆其道，故賢智之士樂在其朝；忠臣將明其節，故量時而後仕。樂在其朝，故無過任之譏；將明其節，故無過寵之謗。是以君臣並隆，功格天地。近代以來，德廢道衰，君懷術以御臣，臣挾利以事君，君臣交利而禍亂相尋，故得失之迹難可詳言。臣請較而明之。

夫傅說之相高宗，申召之輔宣王，管仲之佐齊桓，衰范之翼晉文，或宗師其道，垂拱受成，委以權重，終致匡主，未有憂其逼己，還爲國蠹者也。始田氏擅齊，〔四〕王莽簒漢，皆藉封土之强，假累世之寵，因闇弱之主，資母后之權，樹比周之黨，階絕滅之勢，然後乃能行其私謀，以成簒奪之禍耳。豈遇立功之主，爲天人所相，而能運其姦計，以濟其不軌者哉！光武以王族奮於閭閻，因時之望，收攬英奇，遂續漢業，以美中興之功。及天下既定，頗廢黜功臣者，何哉？武力之士不達國體，以立一時之功，不可久假以權勢，其興廢之事，亦可見矣。近者三國鼎峙，並以雄略之才，命世之能，皆委賴俊哲，終成功業，貽之後嗣，未有愆失遺方來之恨者也。

今王導、王廙等，方之前賢，猶有所後。至於忠素竭誠，義以輔上，共隆洪基，翼成大業，亦昔之亮也。雖陛下乘奕世之德，有天人之會，割據江東，奄有南極，龍飛海嵎，興復舊物，此亦羣才之明，豈獨陛下之力也。今王業雖建，羯寇未梟，天下蕩蕩，不賓者衆，公私匱竭，倉庾未充，梓宮沈淪，妃后不反，正委賢任能推轂之日也。功業垂就，晉祚方隆，而一旦聽孤臣之言，惑疑似之說，乃更以危爲安，以疏易親，放逐舊德，以佞伍賢，遠虧既往之明，顧傷伊管之交，傾巍巍之望，喪如山之功，將令賢智杜心，義士喪志，近招當時之患，遠遺來世之笑。夫安危在號令，存亡在寄任，以古推今，豈可不寒心而哀歎哉！

臣兄弟受遇，無彼此之嫌，而臣干犯時諱，觸忤龍鱗者何？誠念社稷之憂，欲報之於陛下也。古之明王，思聞其過，悟逆旅之言，〔五〕以明成敗之由，故採納愚言，以考虛實，上爲宗廟無窮之計，下收億兆元元之命。臣不勝憂憤，竭愚以聞。

疏奏，帝感悟，故導等獲全。

王敦既害顗而使人弔嵩，嵩曰：「亡兄天下人，爲天下人所殺，復何所弔！」敦甚銜之，懼失人情，故未加害，用爲從事中郎。嵩，王應嫂父也，以顗橫遇禍，意恒憤憤，嘗衆中云：「應不宜統兵。」敦密使妖人李脫誣嵩及周莚潛相署置，遂害之。嵩精於事佛，臨刑猶於市誦經云。

謨以顗故，頻居顯職。王敦死後，詔贈戴若思、譙王承等，而未及顗。時謨爲後軍將軍，上疏曰：

臣亡兄顗，昔蒙先帝顧眄之施，特垂表啓，以參戎佐，顯居上列，遂管朝政，並與羣后共隆中興，仍典選曹，重蒙寵授，忝位師傅，得與陛下揖讓抗禮，恩結特隆。加以鄙族結婚帝室，義深任重，庶竭股肱，以報所受。凶逆所忌，惡直醜正。身陷極禍，忠不忘君，守死善道，有隕無二。顗之云亡，誰不痛心，況臣同生，能不哀結！王敦無君，由來實久，元惡之甚，古今無二。幸賴陛下聖聰神武，故能摧破凶强，撥亂反正，以寧區宇。前軍事之際，聖恩不遺，取顗息閔，得充近侍。臣時面啓，欲令閔還襲臣亡父侯爵。時卞壼、庾亮並侍御坐，壼云：「事了當論顯贈。」時未淹久，言猶在耳。至於譙王承、甘卓，已蒙淸復，王澄久遠，猶在論議。況顗忠以衞主，身死王事，雖嵇紹之不違難，何以過之！至今不聞復封加贈褒顯之言。不知顗有餘責，獨負殊恩，爲朝廷急於時務，不暇論及？此臣所以痛心疾首，重用哀歎者也。不勝辛酸，冒陳愚款。

疏奏，不報。謨復重表，然後追贈顗官。

謨歷少府、丹楊尹、侍中、中護軍，封西平侯。卒贈金紫光祿大夫，謚曰貞。

馥字祖宣，浚從父弟也。父蕤，安平太守。馥少與友人成公簡齊名，俱起家爲諸王文學，累遷司徒左西屬。〔六〕司徒王渾表「馥理識清正，兼有才幹，主定九品，檢括精詳。臣委任責成，褒貶允當，請補尚書郎」。許之。稍遷司徒左長史、吏部郎，選舉精密，論望益美。轉御史中丞、侍中，拜徐州刺史，加冠軍將軍、假節。徵爲廷尉。

惠帝幸鄴，成都王穎以馥守河南尹。陳昣、上官巳等奉淸河王覃爲太子，加馥衞將軍、錄尚書，馥辭不受。覃令馥與上官巳合軍，馥以巳小人縱暴，終爲國賊，乃共司隸滿奮等謀共除之，謀泄，爲巳所襲，奮被害，馥走得免。及巳爲張方所敗，召馥還攝河南尹。暨東海王越迎大駕，以馥爲中領軍，未就，遷司隸校尉，加散騎常侍、假節，都督諸軍事於澠池。帝還宮，出爲平東將軍、都督揚州諸軍事，代劉準爲鎭東將軍，與周玘等討陳敏，滅之，以功封永寧伯。

馥自經世故，每欲維正朝廷，忠情懇至。以東海王越不盡臣節，每言論厲然，越深憚之。馥覩羣賊孔熾，洛陽孤危，乃建策迎天子遷都壽春。永嘉四年，與長史吳思、司馬殷識上書曰：「不圖厄運遂至於此！戎狄交侵，畿甸危逼。臣輒與祖納、裴憲、華譚、孫惠等三十人伏思大計，僉以殷人有屢遷之事，周王有岐山之徙，方今王都罄乏，不可久居，河朔蕭條，崤函險澀，宛都屢敗，江漢多虞，於今平夷，東南爲愈。淮揚之地，北阻塗山，南抗靈嶽，名川四帶，有重險之固。是以楚人東遷，遂宅壽春，徐、邳、東海，亦足戍禦。且運漕四通，無患空乏。雖聖上神聰，元輔賢明，居儉守約，用保宗廟，未若相土遷宅，以享永祚。臣謹選精卒三萬，奉迎皇駕。輒檄前北中郎將裴憲行使持節、監豫州諸軍事、東中郎將，風馳即路。荆、湘、江、揚各先運四年米租十五萬斛，布絹各十四萬匹，以供大駕。令王浚、苟晞共平河朔，臣等勠力以啓南路。遷都弭寇，其計並得。皇輿來巡，臣宜轉據江州，以恢王略。知無不爲，古人所務，敢竭忠誠，庶報萬分。朝遂夕隕，猶生之願。」

越與苟晞不協，馥不先白於越，而直上書，越大怒。先是，越召馥及淮南太守裴碩，馥不肯行，而令碩率兵先進。碩貳於馥，乃舉兵稱馥擅命，已奉越密旨圖馥，遂襲之，爲馥所敗。碩退保東城，求救於元帝。帝遣揚威將軍甘卓、建威將軍郭逸攻馥于壽春。安豐太守孫惠帥衆應之，使謝摛爲檄。摛，馥之故將也。馥見檄，流涕曰：「必謝摛之辭。」摛聞之，遂毁草。旬日而馥衆潰，奔于項，爲新蔡王確所拘，憂憤發病卒。

初，華譚之失廬江也，往壽春依馥，及馥軍敗，歸于元帝。帝問曰：「周祖宣何至於反？」譚對曰：「周馥雖死，天下尚有直言之士。馥見寇賊滋蔓，王威不振，故欲移都以紓國難。方伯不同，遂致其伐。曾不踰時，而京都淪沒。若使從馥之謀，或可後亡也。原情求實，何得爲反！」帝曰：「馥位爲征鎭，握兵方隅，召而不入，危而不持，亦天下之罪人也。」譚曰：「然。馥振纓中朝，素有俊彥之稱；出據方嶽，實有偏任之重，而高略不舉，往往失和，危而不持，當與天下共受其責。然謂之反，不亦誣乎！」帝意始解。

馥有二子：密、矯。密字泰玄，性虛簡，時人稱爲清士，位至尚書郎。矯字正玄，亦有才幹。

成公簡

成公簡字宗舒，東郡人也。家世二千石。性朴素，不求榮利，潛心味道，罔有干其志者。默識過人。張茂先每言：「簡清靜比楊子雲，默識擬張安世。」後爲中書郎。時馥已爲司隸校尉，遷鎭東將軍。簡自以才高而在馥之下，謂馥曰：「楊雄爲郎，三世不徙，而王莽、董賢位列三司，古今一揆耳。」馥甚慚之。官至太子中庶子、散騎常侍。永嘉末，奔苟晞，與晞同沒。

苟晞

苟晞字道將，河內山陽人也。少爲司隸部從事，校尉石鑒深器之。東海王越爲侍中，引爲通事令史，累遷陽平太守。齊王冏輔政，晞參冏軍事，拜尙書右丞，轉左丞，廉察諸曹，八坐以下皆側目憚之。及冏誅，晞亦坐免。長沙王乂爲驃騎將軍，以晞爲從事中郎。惠帝征成都王穎，以爲北軍中候。及帝還洛陽，晞奔范陽王虓，虓承制用晞行兗州刺史。

汲桑之破鄴也，東海王越出次官渡以討之，命晞爲前鋒。桑素憚之，於城外爲栅以自守。晞將至，頓軍休士，先遣單騎示以禍福。桑衆大震，棄栅宵遁，嬰城固守。晞陷其九壘，遂定鄴而還。西討呂朗等，滅之。後高密王泰討青州賊劉根，破汲桑故將公師藩，〔七〕敗石勒於河北，威名甚盛，時人擬之韓白。進位撫軍將軍、假節、都督青兗諸軍事，封東平郡侯，邑萬戶。

晞練於官事，文簿盈積，斷決如流，人不敢欺。其從母依之，奉養甚厚。從母子求爲將，晞距之曰：「吾不以王法貸人，將無後悔邪？」固欲之，晞乃以爲督護。後犯法，晞杖節斬之，從母叩頭請救，不聽。既而素服哭之，流涕曰：「殺卿者兗州刺史，哭弟者苟道將。」其杖法如此。

晞見朝政日亂，懼禍及己，而多所交結，每得珍物，即貽都下親貴。兗州去洛五百里，恐不鮮美，募得千里牛，每遣信，旦發暮還。

初，東海王越以晞復其讎恥，甚德之，引升堂，結爲兄弟。越司馬潘滔等說曰：「兗州要衝，魏武以之輔相漢室。苟晞有大志，非純臣，久令處之，則患生心腹矣。若遷于青州，厚其名號，晞必悅。公自牧兗州，經緯諸夏，藩衞本朝，此所謂謀之於未有，爲之於未亂也。」越以爲然，乃遷晞征東大將軍、開府儀同三司，加侍中、假節、都督青州諸軍事，領青州刺史，進爲郡公。晞乃多置參佐，轉易守令，以嚴刻立功，日加斬戮，流血成川，人不堪命，號曰「屠伯」。

頓丘太守魏植爲流人所逼，衆五六萬，大掠兗州。晞出屯無鹽，以弟純領青州，刑殺更甚於晞，百姓號「小苟酷於大苟」。晞尋破植。

時潘滔及尙書劉望等共誣陷晞，晞怒，表求滔等首，又請越從事中郎劉洽爲軍司，越皆不許。晞於是昌言曰：「司馬元超爲宰相不平，使天下淆亂，苟道將豈可以不義使之？韓信不忍衣食之惠，死於婦人之手。今將誅國賊，尊王室，桓文豈遠哉！」乃移告諸州，稱己功伐，陳越罪狀。

時懷帝惡越專權，乃詔晞曰：「朕以不德，戎車屢興，上懼宗廟之累，下愍兆庶之困，當賴方嶽，爲國藩翰。公威震赫然，梟斬藩、桑，走降喬、朗，魏植之徒復以誅除，豈非高識明斷，朕用委成。加王彌、石勒爲社稷之憂，故有詔委統六州。而公謙分小節，〔八〕稽違大命，非所謂與國同憂也。今復遣詔，便施檄六州，協同大舉，翦除國難，稱朕意焉。」晞復移諸征鎮州郡曰：「天步艱險，禍難殷流，劉元海造逆於汾陰，石世龍階亂於三魏，荐食畿甸，覆喪鄴都，結壘近郊，仍震兗豫，害三刺史，殺二都督，郡守官長，堙沒數十，百姓流離，肝腦塗地。晞以虛薄，負荷國重，是以弭節海隅，援枹曹衛。猥被中詔，委以關東，督統諸軍，欽承詔命。剋今月二日，當西經濟黎陽，卽日得滎陽太守丁嶷白事，李惲、陳午等救懷諸軍與羯大戰，皆見破散。懷城已陷，河內太守裴整爲賊所執。宿衞闕乏，天子蒙難，宗廟之危，甚於累卵。承問之日，憂歎累息。晞以爲先王選建明德，庸以服章，所以藩固王室，無俾城壞。是以舟檝不固，齊桓責楚；襄王逼狄，晉文致討。夫翼奬皇家，宣力本朝，雖陷湯火，大義所甘。加諸方牧，俱受榮寵，義同畢力，以報國恩。晞雖不武，首啓戎行，秣馬裹糧，以俟方鎭。凡我同盟，宜同赴救。顯立名節，在此行矣。」

會王彌遣曹嶷破琅邪，北攻齊地。苟純城守，嶷衆轉盛，連營數十里。晞還，登城望之，有懼色，與賊連戰，輒破之。後簡精銳，與賊大戰，會大風揚塵，晞遂敗績，棄城夜走。嶷追至東山，部衆皆降嶷。晞單騎奔高平，收邸閣，募得數千人。

帝又密詔晞討越，晞復上表曰：「殿中校尉李初至，奉被手詔，肝心若裂。東海王越得以宗臣遂執朝政，委任邪佞，寵樹姦黨，至使前長史潘滔、從事中郎畢邈、主簿郭象等操弄天權，刑賞由己。尚書何綏、中書令繆播、太僕繆胤、黃門侍郎應紹，皆是聖詔親所抽拔，而滔等妄構，陷以重戮。帶甲臨宮，誅討后弟，翦除宿衞，私樹國人。崇奬魏植，招誘逋亡，覆喪州郡。王塗圮隔，方貢乖絕，宗廟闕烝嘗之饗，聖上有約食之匱。鎮東將軍周馥、豫州刺史馮嵩、前北中郎將裴憲，並以天朝空曠，權臣專制，事難之興，慮在旦夕，各率士馬，奉迎皇輿，思隆王室，以盡臣禮。而滔、邈等劫越出關，矯立行臺，逼徙公卿，擅爲詔令，縱兵寇抄，茹食居人，交尸塞路，暴骨盈野。遂令方鎮失職，城邑蕭條，淮豫之萌，陷離塗炭。臣雖憤懣，守局東嵎，自奉明詔，三軍奮厲，卷甲長驅，次于倉垣。即日承司空、博陵公浚書，稱殿中中郎劉權齎詔，敕浚與臣共克大舉。輒遣前鋒征虜將軍王讚徑至項城，使越稽首歸政，斬送滔等。伏願陛下寬宥宗臣，聽越還國。其餘逼迫，宜蒙曠蕩。輒寫詔宣示征鎮，顯明義舉。遣揚烈將軍閻弘步騎五千，鎮衞宗廟。」

五年，帝復詔晞曰：「太傅信用姦佞，阻兵專權，內不遵奉皇憲，外不協比方州，遂令戎狄充斥，所在犯暴。留軍何倫抄掠宮寺，劫剝公主，殺害賢士，悖亂天下，不可忍聞。雖惟親親，宜明九伐。詔至之日，其宣告天下，率齊大舉，桓文之績，一以委公。其思盡諸宜，善建弘略。道濇，故練寫副，手筆示意。」晞表曰：「奉被手詔，委臣征討，喻以桓文，紙練兼備，伏讀跪歎，五情惶怛。自頃宰臣專制，委杖佞邪，內擅朝威，外殘兆庶，矯詔專征，遂圖不軌，縱兵寇掠，陵踐宮寺。前司隸校尉劉暾、御史中丞溫畿、右將軍杜育，並見攻劫。廣平、武安公主，先帝遺體，咸被逼辱。逆節虐亂，莫此之甚。輒祗奉前詔，部分諸軍，遣王讚率陳午等將兵詣項，龔行天罰。」

初，越疑晞與帝有謀，使遊騎於成皐間，獲晞使，果得詔令及朝廷書，遂大構疑隙。越出牧豫州以討晞，復下檄說晞罪惡，遣從事中郎楊瑁爲兗州，與徐州刺史裴盾共討晞。晞使騎收河南尹潘滔，滔夜遁，及執尚書劉曾、侍中程延，斬之。會越薨，盾敗，詔晞爲大將軍大都督、督青徐兗豫荆揚六州諸軍事，增邑二萬戶，加黃鉞，先官如故。

晞以京邑荒饉日甚，寇難交至，表請遷都，遣從事中郎劉會領船數十艘，宿衞五百人，獻穀千斛以迎帝。朝臣多有異同。俄而京師陷，晞與王讚屯倉垣。豫章王端及和郁等東奔晞，晞率羣官尊端爲皇太子，置行臺。端承制以晞領太子太傅、都督中外諸軍、錄尚書，自倉垣徙屯蒙城，讚屯陽夏。

晞出於孤微，位至上將，志頗盈滿，奴婢將千人，侍妾數十，終日累夜不出戶庭，刑政苛虐，縱情肆欲。遼西閻亨以書固諫，晞怒，殺之。晞從事中郎明預有疾居家，聞之，乃轝病諫晞曰：「皇晉遭百六之數，當危難之機，明公親稟廟算，將爲國家除暴。閻亨美士，奈何無罪一旦殺之！」晞怒曰：「我自殺閻亨，何關人事，而轝病來罵我！」左右爲之戰慄，預曰：「以明公以禮見進，預欲以禮自盡。今明公怒預，其若遠近怒明公何！昔堯舜之在上也，以和理而興；桀紂之在上也，以惡逆而滅。天子且猶如此，況人臣乎！願明公且置其怒而思預之言。」晞有慚色。由是衆心稍離，莫爲致用，加以疾疫饑饉，其將溫畿、傅宣皆叛之。石勒攻陽夏，滅王讚，馳襲蒙城，執晞，署爲司馬，月餘乃殺之。晞無子，弟純亦遇害。

華軼

華軼字彥夏，平原人，魏太尉歆之曾孫也。祖表，太中大夫。父澹，河南尹。軼少有才氣，聞於當世，汎愛博納，衆論美之。初爲博士，累遷散騎常侍。東海王越牧兗州，引爲留府長史。永嘉中，歷振威將軍、江州刺史。雖逢喪亂，每崇典禮，置儒林祭酒以弘道訓，乃下教曰：「今大義頹替，禮典無宗，朝廷滯議，莫能攸正，常以慨然，宜特立此官，以弘其事。軍諮祭酒杜夷，棲情玄遠，確然絕俗，才學精博，道行優備，其以爲儒林祭酒。」俄被越檄使助討諸賊，軼遣前江夏太守陶侃爲揚武將軍，率兵三千屯夏口，以爲聲援。軼在州甚有威惠，州之豪士接以友道，得江表之歡心，流亡之士赴之如歸。

時天子孤危，四方瓦解，軼有匡天下之志，每遣貢獻入洛，不失臣節。謂使者曰：「若洛都道斷，可輸之琅邪王，以明吾之爲司馬氏也。」軼自以受洛京所遣，而爲壽春所督，時洛京尚存，不能祇承元帝教命，郡縣多諫之，軼不納，曰：「吾欲見詔書耳。」時帝遣揚烈將軍周訪率衆屯彭澤以備軼，訪過姑孰，著作郎干寶見而問之，訪曰：「大府受分，令屯彭澤，彭澤，江州西門也。華彥夏有憂天下之誠，而不欲碌碌受人控御，頃來紛紜，粗有嫌隙。今又無故以兵守其門，將成其釁。吾當屯尋陽故縣，既在江西，可以扞禦北方，又無嫌於相逼也。」尋洛都不守，司空荀藩移檄，而以帝爲盟主。既而帝承制改易長吏，軼又不從命，於是遣左將軍王敦都督甘卓、周訪、宋典、趙誘等討之。軼遣別駕陳雄屯彭澤以距敦，自爲舟軍以爲外援。武昌太守馮逸次于湓口，訪擊逸，破之。前江州刺史衞展不爲軼所禮，心常怏怏。至是，與豫章太守周廣爲內應，潛軍襲軼，軼衆潰，奔于安城，追斬之，及其五子，傳首建鄴。

初，廣陵高悝寓居江州，軼辟爲西曹掾，尋而軼敗，悝藏匿軼二子及妻，崎嶇經年。既而遇赦，悝攜之出首，帝嘉而宥之。

劉喬　孫耽　耽子柳

劉喬字仲彥，南陽人也。其先漢宗室，封安衆侯，傳襲歷三代。祖廙，魏侍中。父阜，陳留相。喬少爲祕書郎，建威將軍王戎引爲參軍。伐吳之役，戎使喬與參軍羅尚濟江，破武昌，還授滎陽令，遷太子洗馬。以誅楊駿功，賜爵關中侯，拜尚書右丞。豫誅賈謐，封安衆男，累遷散騎常侍。

齊王冏爲大司馬，初，嵇紹爲冏所重，每下階迎之。喬言於冏曰：「裴、張之誅，朝臣畏憚孫秀，故不敢不受財物。嵇紹今何所逼忌，故畜裴家車牛、張家奴婢邪？樂彥輔來，公未嘗下牀，何獨加敬於紹？」冏乃止。紹謂喬曰：「大司馬何故不復迎客？」喬曰：「似有正人言，以卿不足迎者。」紹曰：「正人爲誰？」喬曰：「其則不遠。」紹默然。

頃之，遷御史中丞。冏腹心董艾勢傾朝廷，百僚莫敢忤旨。喬二旬之中，奏劾艾罪釁者六。艾諷尚書右丞苟晞免喬官，復爲屯騎校尉。張昌之亂，喬出爲威遠將軍、豫州刺史，與荆州刺史劉弘共討昌，進左將軍。

惠帝西幸長安，喬與諸州郡舉兵迎大駕。東海王越承制轉喬安北將軍、冀州刺史，以范陽王虓領豫州刺史。喬以虓非天子命，不受代，發兵距之。潁川太守劉輿昵於虓，喬上尚書列輿罪惡。河間王顒得喬所上，乃宣詔使鎮南將軍劉弘、征東大將軍劉準、平南將軍彭城王釋與喬幷力攻虓於許昌。〔九〕與弟琨率衆救虓，未至而虓敗，虓乃與琨俱奔河北。未幾，琨率突騎五千濟河攻喬，喬劫琨父蕃，以檻車載之，據考城以距虓，衆不敵而潰。

喬復收散卒，屯于平氏。河間王顒進喬鎭東將軍、假節，以其長子祐爲東郡太守，又遣劉弘、劉準、彭城王釋等率兵援喬。弘與喬牋曰：「適承范陽欲代明使君。明使君受命本朝，列居方伯，當官而行，同奬王室，橫見遷代，誠爲不允。然古人有言，牽牛以蹊人之田，信有罪矣，而奪之牛，罰亦重矣。明使君不忍亮直狷介之忿，甘爲戎首，竊以爲過。何者？至人之道，用行舍藏。跨下之辱，猶宜俯就，況於換代之嫌，纖介之釁哉！范陽國屬，使君庶姓，周之宗盟，疏不間親，曲直既均，責有所在。廉藺區區戰國之將，猶能升降以利社稷，況命世之士哉！今天下紛紜，主上播越，正是忠臣義士同心勠力之時。弘實闇劣，過蒙國恩，願與使君共戴盟主，雁行下風，掃除凶寇，救蒼生之倒懸，反北辰於太極。此功未立，不宜乖離。備蒙顧遇，情隆於常，披露丹誠，不敢不盡。春秋之時，諸侯相伐，復爲和親者多矣。願明使君迴旣往之恨，追不二之蹤，解連環之結，修如初之好。范陽亦將悔前之失，思崇後信矣。」

東海王越將討喬，弘又與越書曰：「適聞以吾州將擅舉兵逐范陽，當討之，誠明同異、懲禍亂之宜。然吾竊謂不可。何者？今北辰遷居，元首移幸，羣后抗義以謀王室，吾州將荷國重恩，列位方伯，亦伐鼓卽戎，勠力致命之秋也。而范陽代之，吾州將不從，由代之不允，但矯枉過正，更以爲罪耳。昔齊桓赦射鉤之讎而相管仲，晉文忘斬袪之怨而親勃鞮，方之於今，當何有哉！且君子躬自厚而薄責於人，今姦臣弄權，朝廷困逼，此四海之所危懼，宜釋私嫌，共存公義，含垢匿瑕，忍所難忍，以大逆爲先，奉迎爲急，不可思小怨忘大德也。苟崇忠恕，共明分局，連旗推鋒，各致臣節，吾州將必輸寫肝膽，以報所蒙，實不足計一朝之謬，發赫然之怒，使韓盧東郭相困而爲豺狼之擒也。吾雖庶姓，負乘過分，實願足下率齊內外，以康王室，竊恥同儕自爲蠹害。貪獻所懷，惟足下圖之。」又上表曰：「范陽王虓欲代豫州刺史喬，喬舉兵逐虓，司空、東海王越以喬不從命討之。臣以爲喬忝受殊恩，顯居州司，自欲立功於時，以徇國難，無他罪闕，而范陽代之，代之爲非。然喬亦不得以虓之非，專威輒討，誠應顯戮以懲不恪。然自頃兵戈紛亂，猜禍鋒生，恐疑隙構於羣王，災難延于宗子，權柄隆於朝廷，逆順效於成敗，今夕爲忠，明旦爲逆，翩其反而，互爲戎首，載籍以來，骨肉之禍未有如今者也。臣竊悲之，痛心疾首。今邊陲無備豫之儲，中華有杼軸之困，而股肱之臣不惟國體，職競尋常，自相楚剝，爲害轉深，積毀銷骨。萬一四夷乘虛爲變，此亦猛獸交鬭，自效於卞莊者矣。臣以爲宜速發明詔，詔越等令兩釋猜嫌，各保分局。自今以後，其有不被詔書擅與兵馬者，天下共伐之。詩云：『誰能執熱，逝不以濯？』若誠濯之，必無灼爛之患，永有泰山之固矣。」

時河間王顒方距關東，倚喬爲助，不納其言。東海王越移檄天下，帥甲士三萬，將入關迎大駕，軍次于蕭，喬懼，遣子祐距越於蕭縣之靈壁。劉琨分兵向許昌，許昌人納之。琨自滎陽率兵迎越，遇祐，衆潰見殺。〔一〇〕喬衆遂散，與五百騎奔平氏。帝還洛陽，大赦，越復表喬爲太傅軍諮祭酒。越薨，復以喬爲都督豫州諸軍事、鎮東將軍、豫州刺史。卒於官，時年六十三。愍帝末，追贈司空。子挺，潁川太守。挺子耽。

耽字敬道。少有行檢，以義尚流稱，爲宗族所推。博學，明習詩、禮、三史。歷度支尚書，加散騎常侍。在職公平廉慎，所莅著績。桓玄，耽女壻也。及玄輔政，以耽爲尚書令，加侍中，不拜，改授特進、金紫光祿大夫。尋卒，追贈左光祿大夫、開府。耽子柳。

柳字叔惠，亦有名譽。少登清官，歷尚書左右僕射。時右丞傅迪好廣讀書而不解其義，柳唯讀老子而已，迪每輕之。柳云：「卿讀書雖多，而無所解，可謂書簏矣。」時人重其言。出爲徐、兗、江三州刺史。卒，贈右光祿大夫、開府儀同三司。喬弟乂，始安太守。乂子成，丹楊尹。

史臣曰：周浚人倫鑒悟，周馥理識精詳，華軼動顧禮經，劉喬志存諒直，用能歷官內外，咸著勳庸。而祖宣獻策遷都，乖忤於東海，彥夏係心宸極，獲罪於琅邪，乃被以惡名，加其顯戮，豈不哀哉！向若違左衽於伊川，建右社於淮服，據方城之險，藉全楚之資，簡練吳越之兵，漕引淮海之粟，縱未能祈天永命，猶足以紓難緩亡。嗟乎！「不用其良，覆俾我悖」，其此之謂也。荀晞擢自庸微，位居上將，釋位之功未立，貪暴之釁已彰，假手世龍，以至屠戮，斯所謂「殺人多矣，能無及此乎」！

贊曰：開林才理，爰登貴仕，績著折衝，化行江汜。軼既尊主，馥亦勤王，背時獲戾，違天不祥。喬爲戎首，未識行藏。道將鞠旅，威名克舉，貪虐有聞，忠勤未取。

校勘記

〔一〕父裴　勞校：「裴」當作「斐」。斐著汝南先賢傳五卷，見隋書經籍志。

〔二〕三山　原作「三江山」。勞校：「江」字衍。按：勞說是，今據王濬傳删。

〔三〕顗嗣爵　「顗」，各本誤作「覬」，今從宋本。事亦見顗傳。

〔四〕始田氏擅齊　册府五二八「始」作「如」。

〔五〕悟逆旅之言　册府五二八「逆旅」作「逆耳」。

〔六〕累遷司徒左西屬　御覽二〇九引作「遷司徒左曹掾」。

〔七〕後高密王泰至破汲桑故將公師藩　讀書記疑：「後高密王泰」五字疑誤。泰卒於元康九年，不與苟晞同時。校文：「後」下疑奪「從」字。周校：當作「破汲桑及成都王穎故將公師藩」。

〔八〕謙分小節　册府四一五「分」作「介」。

〔九〕彭城王釋　「釋」，各本作「繹」。通鑑考異云，喬傳「釋」作「繹」，帝紀、宗室傳皆作「釋」，蓋喬傳誤。今據改。下同。

〔一〇〕遇祐衆潰見殺　周校：當重「祐」字，作「遇祐，祐衆潰見殺」，與下「喬衆遂散」句乃合。

晉書卷六十二

列傳第三十二

劉琨 子羣 琨兄輿 輿子演

劉琨字越石，中山魏昌人，漢中山靖王勝之後也。〔一〕祖邁，有經國之才，爲相國參軍、散騎常侍。父蕃，清高沖儉，位至光祿大夫。琨少得儁朗之目，與范陽祖納俱以雄豪著名。年二十六，爲司隸從事。時征虜將軍石崇河南金谷澗中有別廬，冠絕時輩，引致賓客，日以賦詩。琨預其間，文詠頗爲當時所許。祕書監賈謐參管朝政，京師人士無不傾心。〔二〕石崇、歐陽建、陸機、陸雲之徒，並以文才降節事謐，琨兄弟亦在其間，號曰「二十四友」。太尉高密王泰辟爲掾，頻遷著作郎、太學博士、尚書郎。

趙王倫執政，以琨爲記室督，轉從事中郎。倫子荂，卽琨姊壻也，故琨父子兄弟並爲倫所委任。及篡，荂爲皇太子，琨爲荂詹事。三王之討倫也，以琨爲冠軍、假節，與孫秀子會率宿衞兵三萬距成都王穎，戰于黄橋，〔三〕琨大敗而還，焚河橋以自固。及齊王冏輔政，以其父兄皆有當世之望，故特宥之，拜兄輿爲中書郎，琨爲尚書左丞，轉司徒左長史。冏敗，范陽王虓鎭許昌，引爲司馬。

及惠帝幸長安，東海王越謀迎大駕，以琨父蕃爲淮北護軍、豫州刺史。劉喬攻范陽王虓於許昌也，琨與汝南太守杜育等率兵救之，未至而虓敗，琨與虓俱奔河北，琨之父母遂爲劉喬所執。琨乃說冀州刺史温羨，使讓位于虓。及虓領冀州，遣琨詣幽州，乞師於王浚，得突騎八百人，與虓濟河，共破東平王楙於廩丘，南走劉喬，始得其父母。又斬石超，降呂朗，因統諸軍奉迎大駕於長安。以勳封廣武侯，邑二千戶。

永嘉元年，〔四〕爲幷州刺史，加振威將軍，領匈奴中郎將。琨在路上表曰：「臣以頑蔽，志望有限，因緣際會，遂忝過任。九月末得發，道嶮山峻，胡寇塞路，輒以少擊衆，冒險而進，頓伏艱危，辛苦備嘗，即日達壺口關。臣自涉州疆，目覩困乏，流移四散，十不存二，攜老扶弱，不絕於路。及其在者，鬻賣妻子，生相捐棄，死亡委危，〔五〕白骨横野，哀呼之聲，感傷和氣。羣胡數萬，周帀四山，動足遇掠，開目覩寇。唯有壺關，可得告糴。而此二道，九州之險，數人當路，則百夫不敢進，公私往反，沒喪者多。嬰守窮城，不得薪采，耕牛既盡，又乏田器。以臣愚短，當此至難，憂如循環，不遑寢食。臣伏思此州雖云邊朔，實邇皇畿，南通河內，東連司冀，北捍殊俗，西禦强虜，是勁弓良馬勇士精銳之所出也。當須委輸，乃全其命。今上尚書，請此州穀五百萬斛，絹五百萬匹，緜五百萬斤。願陛下時出臣表，速見聽處。」朝廷許之。

時東嬴公騰自晉陽鎭鄴，幷土饑荒，百姓隨騰南下，餘戶不滿二萬，寇賊縱橫，道路斷塞。琨募得千餘人，轉鬭至晉陽。府寺焚毁，僵尸蔽地，其有存者，飢羸無復人色，荆棘成林，豺狼滿道。琨翦除荆棘，收葬枯骸，造府朝，建市獄。寇盜互來掩襲，恒以城門爲戰場，百姓負楯以耕，屬鞬而耨。琨撫循勞徠，甚得物情。劉元海時在離石，相去三百許里。琨密遣離間其部雜虜，降者萬餘落。元海甚懼，遂城蒲子而居之。在官未朞，流人稍復，雞犬之音復相接矣。琨父蕃自洛赴之，人士奔迸者多歸於琨。琨善於懷撫，而短於控御，一日之中，雖歸者數千，去者亦以相繼。然素奢豪，嗜聲色，雖暫自矯勵，而輒復縱逸。

河南徐潤者，以音律自通，遊于貴勢，琨甚愛之，署爲晉陽令。潤恃寵驕恣，干預琨政。奮威護軍令狐盛性亢直，數以此爲諫，幷勸琨除潤，琨不納。初，單于猗㐌以救東嬴公騰之功，琨表其弟猗盧爲代郡公，與劉希合衆於中山。王浚以琨侵己之地，數來擊琨，琨不能抗，由是聲實稍損。徐潤又譖令狐盛於琨曰：「盛將勸公稱帝矣。」琨不之察，便殺之。琨母曰：「汝不能弘經略，駕豪傑，專欲除勝己以自安，當何以得濟！如是，禍必及我。」不從。盛子泥奔于劉聰，具言虛實。聰大喜，以泥爲鄉導。屬上黨太守襲醇降于聰，〔六〕鴈門烏丸復反，琨親率精兵出禦之。聰遣子粲及令狐泥乘虛襲晉陽，太原太守高喬以郡降聰，琨父母並遇害。琨引猗盧幷力攻粲，大敗之，死者十五六。琨乘勝追之，更不能克。猗盧以爲聰未可滅，遺琨牛羊車馬而去，留其將箕澹、〔七〕段繁等戍晉陽。琨志在復讎，而屈於力弱，泣血尸立，撫慰傷痍，移居陽邑城，〔八〕以招集亡散。

愍帝卽位，拜大將軍、都督幷州諸軍事，加散騎常侍、假節。琨上疏謝曰：

陛下略臣大愆，錄臣小善，猥蒙天恩，光授殊寵，顯以蟬冕之榮，崇以上將之位。伏省詔書，五情飛越。

臣聞晉文以郤縠爲元帥而定霸功，高祖以韓信爲大將而成王業，咸有敦詩閱禮之德，戎昭果毅之威，故能振豐功於荆南，拓洪基於河北。況臣凡陋，擬蹤前哲，俯懼折鼎，慮在覆餗。昔曹沫三北，而收功於柯盟；馮異垂翅，而奮翼於澠池，皆能因敗爲成，以功補過。陛下宥過之恩已隆，而臣自新之善不立。臣雖不逮，預聞前訓，恭讓之節，臣猶庶幾。所以冒承寵命者，實欲沒身報國，輒死自效，要以致命寇場，盡其臣節。至於寵榮之施，非言辭所謝。又謁者史蘭、殿中中郎王春等繼至，奉詔，臣俯尋聖旨，伏紙飲淚。

臣聞夷險流行，古今代有，靈厭皇德，曾未悔禍。蟻狄縱毒於神州，夷裔肆虐於上國，七廟闕禋祀之饗，百官喪彝倫之序，梓宮淪辱，山陵未兆，率土永慕，思同考妣。陛下龍姿日茂，叡質彌光，升區宇於既穨，崇社稷於已替，四海之內，肇有上下，九服之萌，復覩典制。伏惟陛下蒙塵于外，越在秦郊，蒸嘗之敬在心，桑梓之思未克。臣備位歷年，才質駑下，丘山之釁已彰，豪釐之效未著。頃以時宜，權假位號，竟無殪戎之績，而有負乘之累，當肆刑書，以明黜陟。是以臣前表上聞，敢緣愚款，乞奉先朝之班，苟存偏師之職，赦其三敗之愆，收其一功之用，得騁志虜場，快意大逆，雖身膏野草，無恨黃壚。〔九〕陛下偏恩過隆，曲蒙擢拔，遂授上將，位兼常伯，征討之務，得從事宜。拜命驚惶，五情戰悸，懼於隕越，以爲朝羞。昔申胥不徇伯舉，而成公壻之勳；伍員不從城父，而濟入郢之庸。臣雖頑凶，無覬古人，其於被堅執銳，致身寇讎，所謂天地之施，羣生莫謝不勝。受恩至深，謹拜表陳聞。

及麴允敗，劉曜斬趙冉，〔一〇〕琨又表曰：

逆胡劉聰，敢率犬羊，馮陵輦轂，人神發憤，遐邇奮怒。伏省詔書，相國、南陽王保，太尉、涼州刺史軌，糾合二州，同恤王室，冠軍將軍允、護軍將軍綝，總齊六軍，勠力國難，王旅大捷，俘馘千計，旌旗首於晉路，金鼓振於河曲，崤函無虔劉之警，汧隴有安業之慶，斯誠宗廟社稷陛下神武之所致。含氣之類，莫不引領，況臣之心，能無踊躍。

臣前表當與鮮卑猗盧剋今年三月都會平陽，會匈羯石勒以三月三日徑掩薊城，大司馬、博陵公浚受其僞和，爲勒所虜，勒勢轉盛，欲來襲臣。城塢駭懼，志在自守。又猗盧國內欲生姦謀，幸盧警慮，尋皆誅滅。遂使南北顧慮，用愆成舉，臣所以泣血宵吟，扼腕長歎者也。勒據襄國，與臣隔山，寇騎朝發，夕及臣城，同惡相求，其徒實繁。自東北八州，勒滅其七，先朝所授，存者唯臣。是以勒朝夕謀慮，以圖臣爲計，闚伺間隙，寇抄相尋，戎士不得解甲，百姓不得在野。天網雖張，靈澤未及，唯臣孑然與寇爲伍。自守則稽聰之誅，進討則勒襲其後，進退唯谷，首尾狼狽。徒懷憤踊，力不從願，慚怖征營，痛心疾首，形留所在，神馳寇庭。秋穀既登，胡馬已肥，前鋒諸軍並有至者，臣當首啓戎行，身先士卒。臣與二虜，勢不並立，聰、勒不梟，臣無歸志。庶憑陛下威靈，使微意獲展，然後隕首謝國，沒而無恨。

三年，帝遣兼大鴻臚趙廉持節拜琨爲司空、都督并冀幽三州諸軍事。琨上表讓司空，受都督，剋期與猗盧討劉聰。尋猗盧父子相圖，盧及兄子根皆病死，〔二〕部落四散。琨子遵先質於盧，衆皆附之。及是，遵與箕澹等帥盧衆三萬人，馬牛羊十萬，悉來歸琨，琨由是復振，率數百騎自平城撫納之。屬石勒攻樂平，太守韓據請救於琨，而琨自以士衆新合，欲因其銳以威勒。箕澹諫曰：「此雖晉人，久在荒裔，未習恩信，難以法御。今內收鮮卑之餘穀，外抄殘胡之牛羊，且閉關守險，務農息士，既服化感義，然後用之，則功可立也。」琨不從，悉發其衆，命澹領步騎二萬爲前驅，琨自爲後繼。勒先據險要，設伏以擊澹，大敗之，一軍皆沒，并土震駭。尋又炎旱，琨窮蹙不能復守。幽州刺史鮮卑段匹磾數遣信要琨，欲與同獎王室。琨由是率衆赴之，從飛狐入薊。匹磾見之，甚相崇重，與琨結婚，約爲兄弟。

是時西都不守，元帝稱制江左，琨乃令長史溫嶠勸進，於是河朔征鎮夷夏一百八十人連名上表，語在元紀。令報曰：「豺狼肆毒，荐覆社稷，億兆顒顒，延首罔繫。是以居于王位，以答天下，庶以克復聖主，掃蕩讎恥，豈可猥當隆極，此孤之至誠著於遐邇者也。公受奕世之寵，極人臣之位，忠允義誠，精感天地。實賴遠謀，共濟艱難。南北迥邈，同契一致，萬里之外，心存咫尺。公其撫寧華戎，致罰醜類。動靜以聞。」

建武元年，琨與匹磾期討石勒，匹磾推琨爲大都督，喢血載書，檄諸方守，俱集襄國。琨、匹磾進屯固安，以俟衆軍。匹磾從弟末波納勒厚賂，獨不進，乃沮其計。琨、匹磾以勢弱而退。是歲，元帝轉琨爲侍中、太尉，其餘如故，并贈名刀。琨答曰：「謹當躬自執佩，馘截二虜。」

匹磾奔其兄喪，琨遣世子羣送之，而末波率衆要擊匹磾而敗走之，羣爲末波所得。末波厚禮之，許以琨爲幽州刺史，共結盟而襲匹磾，密遣使齎羣書請琨爲內應，而爲匹磾邏騎所得。時琨別屯故征北府小城，不之知也。因來見匹磾，匹磾以羣書示琨曰：「意亦不疑公，是以白公耳。」琨曰：「與公同盟，志獎王室，仰憑威力，庶雪國家之恥。若兒書密達，亦終不以一子之故負公忘義也。」匹磾雅重琨，初無害琨志，將聽還屯。其中弟叔軍好學有智謀，爲匹磾所信，謂匹磾曰：「吾胡夷耳，所以能服晉人者，畏吾衆也。今我骨肉構禍，是其良圖之日，若有奉琨以起，吾族盡矣。」匹磾遂留琨。琨之庶長子遵懼誅，與琨左長史楊橋、幷州治中如綏閉門自守。匹磾諭之不得，因縱兵攻之。琨將龍季猛迫於乏食，遂斬橋、綏而降。

初，琨之去晉陽也，慮及危亡而大恥不雪，亦知夷狄難以義伏，冀輸寫至誠，僥倖萬一。每見將佐，發言慷慨，悲其道窮，欲率部曲死於賊壘。斯謀未果，竟爲匹磾所拘。自知必死，神色怡如也。爲五言詩贈其別駕盧諶曰：

握中有懸璧，本是荊山球。惟彼太公望，昔是渭濱叟。鄧生何感激，千里來相求。白登幸曲逆，鴻門賴留侯。重耳憑五賢，小白相射鉤。能隆二伯主，安問黨與讎！中夜撫枕歎，想與數子遊。吾衰久矣夫，何其不夢周？誰云聖達節，知命故無憂。宣尼悲獲麟，西狩泣孔丘。功業未及建，夕陽忽西流。時哉不我與，去矣如雲浮。朱實隕勁風，繁英落素秋。狹路傾華蓋，駭駟摧雙輈。何意百鍊剛，化爲繞指柔。

琨詩託意非常，攄暢幽憤，遠想張陳，感鴻門、白登之事，用以激諶。諶素無奇略，以常詞酬和，殊乖琨心，重以詩贈之，乃謂琨曰：「前篇帝王大志，非人臣所言矣。」

然琨既忠於晉室，素有重望，被拘經月，遠近憤歎。匹磾所署代郡太守辟閭嵩，與琨所署鴈門太守王據、後將軍韓據連謀，密作攻具，欲以襲匹磾。而韓據女爲匹磾兒妾，聞其謀而告之匹磾，於是執王據、辟閭嵩及其徒黨悉誅之。會王敦密使匹磾殺琨，匹磾又懼衆反己，遂稱有詔收琨。初，琨聞敦使至，謂其子曰：「處仲使來而不我告，是殺我也。死生有命，但恨讎恥不雪，無以下見二親耳。」因歔欷不能自勝。匹磾遂縊之，時年四十八。子姪四人俱被害。〔一三〕朝廷以匹磾尚彊，當爲國討石勒，不舉琨哀。

三年，琨故從事中郎盧諶、崔悅等上表理琨曰：

臣聞經國之體，在於崇明典刑；立政之務，在於固愼關塞。況方岳之臣，殺生之柄，而可不正其枉直，以杜其姦邪哉！

竊見故司空、廣武侯琨，在惠帝擾攘之際，值羣后鼎沸之難，勠力皇家，義誠彌厲，躬統華夷，親受矢石，石超授首，呂朗面縛，社稷克寧，鑾輿反駕，奉迎之勳，琨實爲隆，此琨效忠之一驗也。其後幷州刺史、東嬴公騰以晉川荒匱，移鎭臨漳，太原、西河盡徙三魏。琨受任并州，屬承其弊，到官之日，遺戶無幾，當易危之勢，處難濟之土，鳩集傷痍，撫和戎狄，數年之間，公私漸振。會京都失守，羣逆縱逸，邊萌頓仆，苟懷宴安，咸以爲并州之地四塞爲固，且可閉關守險，畜資養徒，抗辭厲聲，忠亮奮發，以爲天子沈辱而不隕身死節，情非所安，遂乃跋履山川，東西征討。屠各乘虛，晉陽沮潰，琨父母罹屠戮之殃，門族受殲夷之禍。向使琨從州人之心，爲自守之計，則聖朝未必加誅，而族黨可以不喪。及猗盧敗亂，晉人歸奔，琨於平城納其初附。將軍箕澹又以爲此雖晉人，久在荒裔，難以法整，不可便用。琨又讓之，義形於色。假從澹議，偷於苟存，則晏然於并土，必不亡身於燕薊也。琨自以備位方嶽，綱維不舉，無緣虛荷大任，坐居三司，是以陛下登阼，便引愆告遜，前後章表，具陳誠款。尋令從事中郎臣續澹以章綬節傳奉還本朝，與匹磾使榮邵期一時俱發。又匹磾以琨王室大臣，懼奪己威重，忌琨之形，漸彰於外。琨知其如此，慮不可久，欲遣妻息大小盡詣京城，以其門室一委陛下。有征舉之會，則身充一卒；若匹磾縱凶慝，則妻息可免。具令臣澹密宣此旨，求詔敕路次，令相迎衞。會王成從平陽逃來，說南陽王保稱號隴右，士衆甚盛，當移關中。匹磾聞此，私懷顧望，留停榮邵，欲遣前兼鴻臚邊邈奉使詣保，懼澹獨南，言其此事，遂不許引路。丹誠赤心，卒不上達。匹磾兄眷喪亡，嗣子幼弱，欲因奔喪奪取其國。又自以欺國陵家，懷邪樂禍，恐父母宗黨不容其罪，是以卷甲櫜弓，陰圖作亂，欲害其從叔麟、從弟末波等，以取其國。匹磾親信密告麟、波，麟、波乃遣人距之，匹磾僅以身免。百姓謂匹磾已沒，皆憑向琨。若琨于時有害匹磾之情，則居然可擒，不復勞於人力。自此之後，上下並離，匹磾遂欲盡勸胡晉，徙居上谷。琨深不然之，勸移厭次，南憑朝廷。匹磾不能納，反禍害父息四人，從兄二息同時并命。琨未遇害，知匹磾必有禍心，語臣等云：「受國厚恩，不能克報，雖才略不及，亦由遇此厄運。人誰不死，死生命也。唯恨下不能效節於一方，上不得歸誠於陛下。」辭旨慷慨，動於左右。匹磾既害琨，橫加誣謗，言琨欲闚神器，謀圖不軌。琨免述囂頑凶之思，又無信布懼誅之情，崎嶇亂亡之際，夾肩異類之間，而有如此之心哉！雖臧獲之愚，厮養之智，猶不爲之，況在國士之列，忠節先著者乎！

匹磾之害琨，稱陛下密詔。琨信有罪，陛下加誅，自當肆諸市朝，與衆棄之，不令殊俗之豎戮台輔之臣，亦已明矣。然則擅詔有罪，雖小必誅；矯制有功，雖大不論，正以興替之根咸在於此，開塞之由不可不閉故也。而匹磾無所顧忌，怙亂專殺，虛假王命，虐害鼎臣，辱諸夏之望，敗王室之法，是可忍也，孰不可忍！若聖朝猶加隱忍，未明大體，則不逞之人襲匹磾之跡，殺生自由，好惡任意，陛下將何以誅之哉！折衝厭難，唯存戰勝之將；除暴討亂，必須知略之臣。故古語云「山有猛獸，藜藿爲之不採」，非虛言矣。自河以北，幽并以南，醜類有所顧憚者，唯琨而已。琨受害之後，羣凶欣欣，莫不得意，鼓行中州，曾無纖介，此又華夷小大所以長歎者也。

伏惟陛下叡聖之隆，中興之緒，方將平章典刑，以經序萬國。而琨受害非所，冤痛已甚，未聞朝廷有以甄論。昔壺關三老訟衞太子之罪，谷永、劉向辨陳湯之功，下足以明功罪之分，上足以悟聖主之懷。臣等祖考以來，世受殊遇，入侍翠幄，出簪彤管，弗克負荷，播越遐荒，與琨周旋，接事終始，是以仰慕三臣在昔之義，謹陳本末，冒以上聞，仰希聖朝曲賜哀察。

太子中庶子溫嶠又上疏理之，帝乃下詔曰：「故太尉、廣武侯劉琨忠亮開濟，乃誠王家，不幸遭難，志節不遂，朕甚悼之。往以戎事，未加弔祭。其下幽州，便依舊弔祭。」贈侍中、太尉，諡曰愍。

琨少負志氣，有縱橫之才，善交勝己，而頗浮誇。與范陽祖逖爲友，聞逖被用，與親故書曰：「吾枕戈待旦，志梟逆虜，常恐祖生先吾著鞭。」其意氣相期如此。在晉陽，嘗爲胡騎所圍數重，城中窘迫無計，琨乃乘月登樓淸嘯，賊聞之，皆悽然長歎。中夜奏胡笳，賊又流涕歔欷，有懷土之切。向曉復吹之，賊並棄圍而走。子羣嗣。

羣字公度，少拜廣武侯世子。隨父在晉陽，遭逢寇亂，數領偏軍征討。性清愼，有裁斷，得士類歡心。及琨爲匹磾所害，琨從事中郞盧諶等率餘衆奉羣依末波。溫嶠前後表稱：「姨弟劉羣，內弟崔悅、盧諶等，皆在末波中，翹首南望。愚謂此等並有文思，於人之中少可愍惜。如蒙錄召，繼絕興亡，則陛下更生之恩，望古無二。」咸康二年，成帝詔徵羣等，爲末波兄弟愛其才，託以道險不遣。

石季龍滅遼西，羣及諶、悅同沒胡中，季龍皆優禮之，以羣爲中書令。至冉閔敗後，羣遇害。時勒及季龍得公卿人士多殺之，其見擢用，終至大官者，唯有河東裴憲，渤海石璞，〔三〕滎陽鄭系，潁川荀綽，北地傅暢及羣、悅、諶等十餘人而已。

輿字慶孫。儁朗有才局，與琨並尙書郭奕之甥，名著當時。京都爲之語曰：「洛中奕奕，慶孫、越石。」辟宰府尙書郞。兄弟素侮孫秀，及趙王倫輔政，孫秀執權，並免其官。妹適倫世子荂，荂與秀不協，復以輿爲散騎侍郞。齊王冏輔政，以輿爲中書侍郞。

東海王越、范陽王虓之舉兵也，以輿爲潁川太守。及河間王顒檄劉喬討虓於許昌，矯詔曰：「潁川太守劉輿迫脅范陽王虓，距逆詔命，多樹私黨，擅劫郡縣，合聚兵衆。輿兄弟昔因趙王婚親，擅弄權勢，凶狡無道，久應誅夷，以遇赦令，得全首領。小人不忌，爲惡日滋，輒用苟晞爲兗州，斷截王命。鎮南大將軍弘，平南將軍、彭城王釋，〔四〕征東大將軍準，各勒所領，徑會許昌，與喬并力。今遣右將軍張方爲大都督，督建威將軍呂朗、陽平太守刁默，率步騎十萬，同會許昌，以除輿兄弟。敢有舉兵距違王命，誅及五族。能殺輿兄弟送首者，封三千戶縣侯，賜絹五千匹。」

虓之敗，輿與之俱奔河北。虓既鎮鄴，以輿爲征虜將軍、魏郡太守。

虓薨，東海王越將召之，或曰：「輿猶膩也，近則汚人。」及至，越疑而御之。輿密視天下兵簿及倉庫、牛馬、器械、水陸之形，皆默識之。是時軍國多事，每會議，自潘滔以下，莫知所對。輿既見越，應機辯畫，越傾膝酬接，卽以爲左長史。越既總錄，以輿爲上佐，賓客滿筵，文案盈机，遠近書記日有數千，終日不倦，或以夜繼之，皆人人歡暢，莫不悅附。命議如流，酬對款備，時人服其能，比之陳遵。時稱越府有三才：潘滔大才，劉輿長才，裴邈清才。越誅繆播、王延等，皆輿謀也。延愛妾荆氏有音伎，延尙未殯，輿便娉之。未及迎，又爲太傅從事中郎王儁所爭奪。御史中丞傅宣劾奏，越不問輿，而免儁官。輿乃說越，遣琨鎮并州，爲越北面之重。洛陽未敗，病指疽卒，時年四十七。追贈驃騎將軍。先有功封定襄侯，謚曰貞。子演嗣。

演字始仁。初辟太尉掾，除尚書郎，以父憂去職。服闋，襲爵，太傅、東海王越引爲主簿。遷太子中庶子，出爲陽平太守。自洛奔琨，琨以爲輔國將軍、魏郡太守。琨將討石勒，以演領勇士千人，行北中郎將、兗州刺史，鎭廩丘。演斬王桑，走趙固，得衆七千人。爲石勒所攻，演距戰，勒退。元帝拜爲都督、後將軍，假節。後爲石季龍所圍，求救於邵續、段龕，龕騎救之，季龍走，隨龕屯厭次，被害。

弟胤爲琨引兵，路逢烏桓賊，戰沒。胤弟挹初爲太傅、東海王越掾，與琨俱被害。挹弟啓，啓弟逖，與琨子羣俱在末波中，後並入石季龍。啓爲季龍尙書僕射，後歸國，穆帝拜爲前將軍，加給事中。永和九年，隨中軍將軍殷浩北伐，爲姚襄所敗，啓戰沒。逖爲季龍侍中，隨啓歸國，拜驍騎將軍。

祖逖 兄納

祖逖字士稚，范陽遒人也。世吏二千石，爲北州舊姓。父武，晉王掾、上谷太守。逖少孤，兄弟六人。兄該、納等並開爽有才幹。逖性豁蕩，不修儀檢，年十四五猶未知書，諸兄每憂之。然輕財好俠，慷慨有節尙，每至田舍，輒稱兄意散穀帛以賙貧乏，鄉黨宗族以是重之。後乃博覽書記，該涉古今，往來京師，見者謂逖有贊世才具。僑居陽平。年二十四，陽平辟察孝廉，司隸再辟舉秀才，皆不行。與司空劉琨俱爲司州主簿，情好綢繆，共被同寢。中夜聞荒雞鳴，蹴琨覺曰：「此非惡聲也。」因起舞。逖、琨並有英氣，每語世事，或中宵起坐，相謂曰：「若四海鼎沸，豪傑並起，吾與足下當相避于中原耳。」

辟齊王冏大司馬掾、長沙王乂驃騎祭酒，轉主簿，累遷太子中舍人、豫章王從事中郎。從惠帝北伐，王師敗績於蕩陰，遂退還洛。大駕西幸長安，關東諸侯范陽王虓、高密王略、平昌公模等競召之，皆不就。東海王越以逖爲典兵參軍、濟陰太守，母喪不之官。

及京師大亂，逖率親黨數百家避地淮泗，以所乘車馬載同行老疾，躬自徒步，藥物衣糧與衆共之，又多權略，是以少長咸宗之，推逖爲行主。達泗口，元帝逆用爲徐州刺史，尋徵軍諮祭酒，居丹徒之京口。

逖以社稷傾覆，常懷振復之志。賓客義徒皆暴桀勇士，逖遇之如子弟。時揚土大饑，此輩多爲盜竊，攻剽富室，逖撫慰問之曰：「比復南塘一出不？」或爲吏所繩，逖輒擁護救解之。談者以此少逖，然自若也。時帝方拓定江南，未遑北伐，逖進說曰：「晉室之亂，非上無道而下怨叛也。由藩王爭權，自相誅滅，遂使戎狄乘隙，毒流中原。今遺黎旣被殘酷，人有奮擊之志。大王誠能發威命將，使若逖等爲之統主，則郡國豪傑必因風向赴，沈溺之士欣於來蘇，庶幾國恥可雪，願大王圖之。」帝乃以逖爲奮威將軍、豫州刺史，給千人廩，布三千匹，不給鎧仗，使自招募。仍將本流徙部曲百餘家渡江，中流擊楫而誓曰：「祖逖不能淸中原而復濟者，有如大江！」辭色壯烈，衆皆慨歎。屯于江陰，〔三〕起冶鑄兵器，得二千餘人而後進。

初，北中郎將劉演距于石勒也，流人塢主張平、樊雅等在譙，演署平爲豫州刺史，雅爲譙郡太守。又有董瞻、于武、謝浮等十餘部，衆各數百，皆統屬平。逖誘浮使取平，浮譎平與會，遂斬以獻逖。帝嘉逖勳，使運糧給之，而道遠不至，軍中大饑。進據太丘。樊雅遣衆夜襲逖，遂入壘，拔戟大呼，直趣逖幕，軍士大亂。逖命左右距之，督護董昭與賊戰，走之。逖率衆追討，而張平餘衆助雅攻逖。蓬陂塢主陳川，自號寧朔將軍、陳留太守。逖遣使求救於川，川遣將李頭率衆援之，逖遂克譙城。

初，樊雅之據譙也，逖以力弱，求助於南中郎將王含，含遣桓宣領兵助逖。逖既克譙，宣等乃去。石季龍聞而引衆圍譙，含又遣宣救逖，季龍聞宣至而退。宣遂留，助逖討諸屯塢未附者。

李頭之討樊雅也，力戰有勳。逖時獲雅駿馬，頭甚欲之而不敢言，逖知其意，遂與之。頭感逖恩遇，每歎曰：「若得此人爲主，吾死無恨。」川聞而怒，遂殺頭。頭親黨馮寵率其屬四百人歸于逖，川益怒，遣將魏碩掠豫州諸郡，大獲子女車馬。逖遣將軍衞策邀擊於谷水，盡獲所掠者，皆令歸本，軍無私焉。川大懼，遂以衆附石勒。逖率衆伐川，石季龍領兵五萬救川，逖設奇以擊之，季龍大敗，收兵掠豫州，徙陳川還襄國，留桃豹等守川故城，住西臺。逖遣將韓潛等鎮東臺。同一大城，賊從南門出入放牧，逖軍開東門，相守四旬。逖以布囊盛土如米狀，使千餘人運上臺，又令數人擔米，僞爲疲極而息于道，賊果逐之，皆棄擔而走。賊既獲米，謂逖士衆豐飽，而胡戍饑久，益懼，無復膽氣。石勒將劉夜堂以驢千頭運糧以饋桃豹，逖遣韓潛、馮鐵等追擊於汴水，盡獲之。豹宵遁，退據東燕城，逖使潛進屯封丘以逼之。馮鐵據二臺，逖鎮雍丘，數遣軍要截石勒，勒屯戍漸蹙。候騎常獲濮陽人，逖厚待遣歸，咸感逖恩德，率鄉里五百家降逖。勒又遣精騎萬人距逖，復爲逖所破，勒鎮戍歸附者甚多。時趙固、上官巳、李矩、〔一六〕郭默等各以詐力相攻擊，逖遣使和解之，示以禍福，遂受逖節度。逖愛人下士，雖疏交賤隸，皆恩禮遇之，由是黄河以南盡爲晉土。河上堡固先有任子在胡者，皆聽兩屬，時遣游軍僞抄之，明其未附。諸塢主感戴，胡中有異謀，輒密以聞。前後克獲，亦由此也。其有微功，賞不踰日。躬自儉約，勸督農桑，克己務施，不畜資產，子弟耕耘，負擔樵薪，又收葬枯骨，爲之祭醊，百姓感悅。嘗置酒大會，耆老中坐流涕曰：「吾等老矣！更得父母，死將何恨！」乃歌曰：「幸哉遺黎免俘虜，三辰既朗遇慈父。玄酒忘勞甘瓠脯，何以詠恩歌且舞。」其得人心如此。故劉琨與親故書，盛贊逖威德。詔進逖爲鎮西將軍。

石勒不敢窺兵河南，使成皋縣修逖母墓，因與逖書，求通使交市。逖不報書，而聽互市，收利十倍，於是公私豐贍，士馬日滋。方當推鋒越河，掃清冀朔，會朝廷將遣戴若思爲都督，逖以若思是吳人，雖有才望，無弘致遠識，且已翦荆棘，收河南地，而若思雍容，一旦來統之，意甚怏怏。且聞王敦與劉隗等構隙，慮有內難，大功不遂。感激發病，乃致妻孥汝南大木山下。時中原士庶咸謂逖當進據武牢，而反置家險阨，或諫之，不納。逖雖內懷憂憤，而圖進取不輟，營繕武牢城，城北臨黃河，西接成皋，四望甚遠。逖恐南無堅壘，必爲賊所襲，乃使從子汝南太守濟率汝陽太守張敞、新蔡內史周閎率衆築壘。未成，而逖病甚。先是，華譚、庾闡問術人戴洋，洋曰：「祖豫州九月當死。」初有妖星見於豫州之分，歷陽陳訓又謂人曰：「今年西北大將當死。」逖亦見星，曰：「爲我矣！方平河北，而天欲殺我，此乃不祐國也。」俄卒於雍丘，時年五十六。豫州士女若喪考妣，譙梁百姓爲之立祠。册贈車騎將軍。王敦久懷逆亂，畏逖不敢發，至是始得肆意焉。尋以逖弟約代領其衆。約別有傳。逖兄納。

納字士言，最有操行，能清言，文義可觀。性至孝，少孤貧，常自炊爨以養母。平北將軍王敦聞之，〔一七〕遺其二婢，辟爲從事中郎。有戲之曰：「奴價倍婢。」納曰：「百里奚何必輕於五羖皮邪！」轉尙書三公郞，累遷太子中庶子。歷官多所駁正，有補於時。齊王冏建義，趙王倫收冏弟北海王寔及前黃門郎弘農董祚弟艾，與冏俱起，皆將害之，納上疏救焉，並見宥。

後爲中護軍、太子詹事，封晉昌公。以洛下將亂，乃避地東南。元帝作相，引爲軍諮祭酒。納好弈棊，王隱謂之曰：「禹惜寸陰，不聞數棊。」對曰：「我亦忘憂耳。」隱曰：「蓋聞古人遭逢，則以功達其道，若其不遇，則以言達其道。古必有之，今亦宜然。當晉未有書，而天下大亂，舊事蕩滅，君少長五都，遊宦四方，華裔成敗，皆當聞見，何不記述而有裁成？應仲遠作風俗通，崔子眞作政論，蔡伯喈作勸學篇，史游作急就章，猶皆行於世，便成沒而不朽。僕雖無才，非志不立，故疾沒世而無聞焉，所以自强不息也。況國史明乎得失之跡，俱取散愁，此可兼濟，何必圍棊然後忘憂也！」納喟然歎曰：「非不悅子之道，力不足耳。」乃言之於帝曰：「自古小國猶有史官，況於大府，安可不置。」因舉隱，稱「清純亮直，學思沈敏，五經羣史多所綜悉，且好學不倦，從善如流。若使修著一代之典，褒貶與奪，誠一時之儁也。」帝以問記室參軍鍾雅，雅曰：「納所舉雖有史才，而今未能立也。」事遂停。然史官之立，自納始也。

初，弟約與逖同母，偏相親愛，納與約異母，頗有不平，乃密以啓帝，稱「約懷陵上之性，抑而使之可也。今顯侍左右，假其權勢，將爲亂階」。人謂納與約異母，忌其寵貴，乃露其表以示約，約憎納如讎，朝廷因此棄納。納既閑居，但清談、披閱文史而已。及約爲逆，朝野歎納有鑒裁焉。溫嶠以納州里父黨，敬而拜之。嶠既爲時用，盛言納有名理，除光祿大夫。

納嘗問梅陶曰：「君鄉里立月旦評，何如？」陶曰：「善褒惡貶，則佳法也。」納曰：「未益。」時王隱在坐，因曰：「尙書稱『三載考績，三考黜陟幽明』，何得一月便行褒貶！」陶曰：「此官法也。月旦，私法也。」隱曰：「易稱『積善之家必有餘慶，積不善之家必有餘殃』，稱家者豈不是官？必須積久，善惡乃著，公私何異！古人有言，貞良而亡，先人之殃；酷烈而存，先人之勳。累世乃著，豈但一月！若必月旦，則顏回食埃，不免貪汚；盜蹠引少，則爲淸廉。朝種暮穫，善惡未定矣。」時梅陶及鍾雅數說餘事，納輒困之，因曰：「君汝潁之士，利如錐；我幽冀之士，鈍如槌。持我鈍槌，捶君利錐，皆當摧矣。」陶、雅並稱「有神錐，不可得槌」。納曰：「假有神錐，必有神槌。」雅無以對。卒於家。

史臣曰：劉琨弱齡，本無異操，飛纓賈謐之館，借箸馬倫之幕，當于是日，實佻巧之徒歟！祖逖散穀周貧，聞雞暗舞，思中原之燎火，幸天步之多艱，原其素懷，抑爲貪亂者矣。及金行中毁，乾維失統，三后流亡，遞縈居彘之禍，六戎横噬，交肆長蛇之毒，於是素絲改色，跅弛易情，各運奇才，並騰英氣，遇時屯而感激，因世亂以驅馳，陳力危邦，犯疾風而表勁，勵其貞操，契寒松而立節，咸能自致三鉉，成名一時。古人有言曰：「世亂識忠良。」蓋斯之謂矣。天不祚晉，方啓戎心，越石區區，獨禦鯨鯢之鋭，推心異類，竟終幽圄，痛哉！士稚叶迹中興，克復九州之半，而災星告釁，笠轂徒招，惜矣！

贊曰：越石才雄，臨危效忠。枕戈長息，投袂徽功。踦軀汾晉，契闊獯戎。見欺段氏，于嗟道窮！祖生烈烈，夙懷奇節。扣楫中流，誓清凶孽。鄰醜景附，遺萌載悦。天妖是徵，國恥奚雪！

校勘記

〔一〕中山靖王　「靖」，各本皆作「静」，惟局本作「靖」，蓋據史記五宗世家改，今從之。

〔二〕京師人士　「士」，各本作「事」，今從殿本。

〔三〕戰于黄橋　成都王穎傳謂此戰于溫，惠紀謂戰于溴水，此云「黄橋」，似誤。

〔四〕永嘉元年　通鑑八六載于光熙元年，以懷紀永嘉元年四月現保晉陽及下文現表「九月末得發」

推之，琨受任當在永嘉元年之前，通鑑較確。

〔五〕死亡委危　宋本、毛本、殿本及御覽三二〇引、册府四二九「危」作「厄」。然「委危」「委厄」，詞皆晦澀。

〔六〕襲醇　勞校：懷紀作「龐淳」。按：通鑑考異引劉琨答太傅府書作「龐惇」。

〔七〕箕澹　斠注：劉聰、石勒載記、魏書衞操傳、敦煌石室本晉紀均作「姬澹」。

〔八〕陽邑城　周校：懷紀、劉聰載記「陽邑」皆作「陽曲」。按：通鑑八八、八九亦皆作「陽曲」。陽曲在晉陽（今太原市）北四十五里，今曰陽曲鎮；陽邑卽今太谷東之陽邑鎮。

〔九〕黃墟　册府三七〇引「墟」作「壚」。黃壚出淮南子覽冥。

〔一〇〕趙冉　斠注：麴允傳、劉聰載記均作「趙染」。

〔一一〕盧及兄子根皆病死　猗盧爲其子六脩所殺，不得云「病死」。根卽魏書、北史魏本紀之普根。通鑑八八、八九亦作「普根」。

〔一二〕子姪四人俱被害　據下盧諶、崔悅表云「禍害父息四人，從兄二息同時並命」，敦煌石室本晉紀亦云「害琨父息四人，兄息、從兄息二人」，則此傳「四人」當作「六人」。

〔一三〕石璞　斠注：石崇傳「璞」作「樸」。

〔一四〕彭城王釋　見卷六十一校記。

〔一五〕屯于江陰　逖既北渡，不得再屯江陰。建康實錄五、通志一二五及御覽三〇七、册府四一三皆作「淮陰」，疑是。

〔一六〕李矩　「矩」，各本誤作「距」，今從宋本。

〔一七〕平北將軍王敦　考異：敦未嘗爲平北將軍，世說德行注以爲王乂。王衍傳，乂爲平北將軍。

晉書卷六十三

列傳第三十三

邵續

邵續字嗣祖，魏郡安陽人也。父乘，散騎侍郎。續朴素有志烈，博覽經史，善談理義，妙解天文。初爲成都王穎參軍，穎將討長沙王乂，續諫曰：「續聞兄弟如左右手，今明公當天下之敵，而欲去一手乎？續竊惑之。」穎不納。後爲苟晞參軍，除沁水令。

時天下漸亂，續去縣還家，糾合亡命，得數百人。王浚假續綏集將軍、樂陵太守，屯厭次，以續子乂爲督護。續綏懷流散，多歸附之。石勒既破浚，遣乂還招續，續以孤危無援，權附於勒，勒亦以乂爲督護。既而段匹磾在薊，遺書要續俱歸元帝，〔一〕續從之。其下諫曰：「今棄勒歸匹磾，任子危矣。」續垂泣曰：「我出身爲國，豈得顧子而爲叛臣哉！」遂絕於勒，勒乃害乂。續懼勒攻，先求救於匹磾，匹磾遣弟文鴦救續。文鴦未至，勒已率八千騎圍續。勒素畏鮮卑，及聞文鴦至，乃棄攻具東走。續與文鴦追勒至安陵，不及，虜勒所署官，幷驅三千餘家，又遣騎入散勒北邊，〔二〕掠常山，亦二千家而還。

匹磾既殺劉琨，夷晉多怨叛，遂率其徒依續。勒南和令趙領等率廣川、渤海千餘家背勒歸續。而帝以續爲平原樂安太守、右將軍、冀州刺史，進平北將軍、假節，封祝阿子。續遣兄子武邑內史存與文鴦率匹磾衆就食平原，爲石季龍所破。續先與曹嶷亟相侵掠，嶷因存等敗，乃破續屯田，又抄其戶口。續首尾相救，疲於奔命。太興初，續遣存及文鴦屯濟南黃巾固，因以逼嶷，嶷懼，求和。俄而匹磾率衆攻段末杯，石勒知續孤危，遣季龍乘虛圍續。季龍騎至城下，掠其居人，續率衆出救，季龍伏騎斷其後，遂爲季龍所得，使續降其城。續呼其兄子竺等曰：「吾志雪國難，以報所受，不幸至此。汝等努力自勉，便奉匹磾爲主，勿有二心。」

時帝既聞續沒，下詔曰：「邵續忠烈在公，義誠慷慨，綏集荒餘，憂國亡身。功勳未遂，不幸陷沒，朕用悼恨于懷。所統任重，宜時有代。其部曲文武，已共推其息緝爲營主。續之忠誠，著于公私，今立其子，足以安衆，一以續本位卽授緝，使總率所統，效節國難，雪其家仇。」

季龍遣使送續於勒，勒使使徐光讓之曰：〔三〕「國家應符撥亂，八表宅心，遺晉怖威，遠竄揚越。而續蟻封海阿，跋扈王命，以夷狄不足爲君邪？何無上之甚也！國有常刑，於分甘乎？」續對曰：「晉末饑亂，奔控無所，保合鄉宗，庶全老幼。屬大王龍飛之始，委命納質，精誠無感，不蒙慈恕。言歸遺晉，仍荷寵授，誓盡忠節，實無二心。且受彼厚榮，而復二三其趣者，恐亦不容於明朝矣。周文生于東夷，大禹出於西羌，帝王之興，蓋惟天命所屬，德之所招，當何常邪！伏惟大王聖武自天，道隆虞夏，凡在含生，孰不延首神化，恥隔皇風，而況囚乎！使囚去眞卽僞，不得早叩天門者，大王負囚，囚不負大王也。釁鼓之刑，囚之恒分，但恨天實爲之，謂之何哉！」勒曰：「其言慨至，孤愧之多矣。夫忠于其君者，乃吾所求也。」命張賓延之于館，厚撫之，尋以爲從事中郎。令自後諸克敵擒俊，皆送之，不得輒害，冀獲如續之流。

初，季龍之攻續也，朝廷有王敦之逼，不遑救恤。續旣爲勒所執，身灌園鬻菜，以供衣食。勒屢遣察之，歎曰：「此眞高人矣。不如是，安足貴乎！」嘉其淸苦，數賜穀帛。每臨朝嗟歎，以勵羣官。

續被獲之後，存及竺、緝等與匹磾嬰城距寇，而帝又假存揚武將軍、武邑太守。勒屢遣季龍攻之，戰守疲苦，不能自立。久之，匹磾及其弟文鴦與竺、緝等悉見獲，惟存得潰圍南奔，在道爲賊所殺。續竟亦遇害。

李矩

李矩字世迴，平陽人也。童齔時，與羣兒聚戲，便爲其率，計畫指授，有成人之量。及長，爲吏，送故縣令於長安，征西將軍梁王肜以爲牙門。伐氐齊萬年有殊功，封東明亭侯。還爲本郡督護。太守宋冑欲以所親吳畿代之，矩謝病去。畿恐矩復還，陰使人刺矩，會有人救之，故得免。屬劉元海攻平陽，百姓奔走，矩素爲鄉人所愛，乃推爲塢主，東屯滎陽，後移新鄭。

矩勇毅多權略，志在立功，東海王越以爲汝陰太守。永嘉初，使矩與汝南太守袁孚率衆修洛陽千金堨，以利運漕。及洛陽不守，太尉荀藩奔陽城，衞將軍華薈奔成皋。時大饑，賊帥侯都等每略人而食之，藩、薈部曲多爲所啖。矩討都等滅之，乃營護藩、薈，各爲立屋宇，輸穀以給之。及藩承制，建行臺，假矩滎陽太守。矩招懷離散，遠近多附之。

石勒親率大衆襲矩，矩遣老弱入山，令所在散牛馬，因設伏以待之。賊爭取牛馬，伏發，齊呼，聲動山谷，遂大破之，斬獲甚衆，勒乃退。藩表元帝，加矩冠軍將軍，軺車幢蓋，進封陽武縣侯，領河東、平陽太守。時饑饉相仍，又多疫癘，矩垂心撫恤，百姓賴焉。會長安羣盜東下，所在多虜掠，矩遣部將擊破之，盡得賊所略婦女千餘人。諸將以非矩所部，欲遂留之。矩曰：「俱是國家臣妾，焉有彼此！」乃一時遣之。

時劉琨所假河內太守郭默爲劉元海所逼，〔四〕乞歸於矩，矩將使其甥郭誦迎致之，而不敢進。會劉琨遣參軍張肇，率鮮卑范勝等五百餘騎往長安，屬默被圍，道路不通，將還依邵續。行至矩營，矩謂肇曰：「默是劉公所授，公家之事，知無不爲。」屠各舊畏鮮卑，遂邀肇爲聲援，肇許之。賊望見鮮卑，不戰而走。誦潛遣輕舟濟河，使勇士夜襲懷城，掩賊留營，又大破之。默遂率其屬歸于矩。後劉聰遣從弟暢步騎三萬討矩，屯于韓王故壘，相去七里，遣使招矩。時暢卒至，矩未暇爲備，遣使奉牛酒詐降于暢，潛匿精勇，見其老弱。暢不以爲虞，大饗渠帥，人皆醉飽。矩謀夜襲之，兵士以賊衆，皆有懼色。矩令郭誦禱鄭子產祠曰：「君昔相鄭，惡鳥不鳴。凶胡臭羯，何得過庭！」使巫揚言：「東里有敎，當遣神兵相助。」將士聞之，皆踴躍爭進。乃使誦及督護楊璋等選勇敢千人，夜掩暢營，獲鎧馬甚多，斬首數千級，暢僅以身免。

先是，郭默聞矩被攻，遣弟芝率衆援之。旣而聞破暢，芝復馳來赴矩。矩乃與芝馬五百匹，分軍爲三道，夜追賊，復大獲而旋。

先是，聰使其將趙固鎭洛陽，長史周振與固不協，密陳固罪。矩之破暢也，帳中得聰書，敕暢平矩訖，過洛陽，收固斬之，便以振代固。矩送以示固，固卽斬振父子，遂率騎一千來降，矩還令守洛。後數月，聰遣其太子粲率劉雅生等步騎十萬屯孟津北岸，〔五〕分遣雅生攻趙固於洛。固奔陽城山，遣弟告急，矩遣郭誦屯洛口以救之。誦使將張皮簡精卒千人夜渡河。粲候者告有兵至，粲恃其衆，不以爲虞。既而誦等奄至，十道俱攻，粲衆驚擾，一時奔潰，殺傷太半，因據其營，獲其器械軍資不可勝數。及旦，粲見皮等人少，更與雅生悉餘衆攻之，苦戰二十餘日不能下。矩進救之，使壯士三千泛舟迎皮。賊臨河列陣，作長鉤以鉤船，連戰數日不得渡。矩夜遣部將格增潛濟入皮壘，與皮選精騎千餘，而殺所獲牛馬，焚燒器械，夜突圍而出，奔武牢。聰追之，不及而退。聰因憤恚，發病而死。帝嘉其功，除矩都督河南三郡軍事、安西將軍、滎陽太守，封脩武縣侯。

及劉粲嗣位，昏虐日甚，其將靳準乃起兵殺粲，幷其宗族，發聰冢，斬其尸，遣使歸矩，稱「劉元海屠各小醜，因大晉事故之際，作亂幽幷，矯稱天命，至令二帝幽沒虜庭。輒率衆扶侍梓宮，因請上聞」。矩馳表于帝，帝遣太常韓胤等奉迎梓宮，未至而準已爲石勒、劉曜所沒。矩以衆少不足立功，每慷慨憤歎。及帝踐阼，以爲都督司州諸軍事、司州刺史，改封平陽縣侯，將軍如故。時弘農太守尹安、振威將軍宋始等四軍並屯洛陽，各相疑阻，莫有固志。矩、默各遣千騎至洛以鎮之。安等乃同謀告石勒，勒遣石生率騎五千至洛陽，矩、默軍皆退還。俄而四將復背勒，遣使乞迎，默又遣步卒五百人入洛。石生以四將相謀，不能自安，乃虜宋始一軍，渡河而南。百姓相率歸矩，於是洛中遂空。〔六〕矩乃表郭誦爲揚武將軍、陽翟令，阻水築壘，且耕且守，爲滅賊之計。屬趙固死，石生遣騎襲誦，誦多計略，賊至，輒設伏破之，虜掠無所得。生怒，又自率四千餘騎暴掠諸縣，因攻誦壘，接戰須臾，退軍堮坂。誦率勁勇五百追及生於磐脂故亭，又大破之。矩以誦功多，表加赤幢曲蓋，封吉陽亭侯。

郭默欲侵祖約，矩禁之不可，遂爲約所破。石勒遣其養子恩襲默，默懼後患未已，將降於劉曜，遣參軍鄭雄詣矩謀之，矩距而不許。後勒遣其將石良率精兵五千襲矩，矩逆擊不利。郭誦弟元復爲賊所執，賊遣元以書說矩曰：「去年東平曹嶷，西賓猗盧，矩如牛角，何不歸命？」矩以示誦，誦曰：「昔王陵母在賊，猶不改意，弟當何論！」勒復遣誦麈尾馬鞭，以示殷勤，誦不答。勒將石生屯洛陽，大掠河南，矩、默大饑，默因復說矩降曜。矩旣爲石良所破，遂從默計，遣使於曜。曜遣從弟岳軍于河陰，欲與矩謀攻石生。勒遣將圍岳，岳閉門不敢出。默後爲石恩所敗，〔七〕自密南奔建康。矩聞之大怒，遣其將郭誦等齎書與默，又敕誦曰：「汝識脣亡之談不？迎接郭默，皆由於卿，臨難逃走，其必留之。」誦追及襄城，默自知負矩，棄妻子而遁。誦擁其餘衆而歸，矩待其妻子如初。劉岳以外援不至，降于石季龍。〔八〕

矩所統將士有陰欲歸勒者，矩知之而不能討，乃率衆南走，將歸朝廷，衆皆道亡，惟郭誦及參軍郭方，功曹張景，主簿苟遠，將軍騫韜、江霸、梁志、司馬尚、季弘、李瓌、段秀等百餘人棄家送矩。至於魯陽縣，矩墜馬卒，葬襄陽之峴山。

段匹磾

段匹磾，東部鮮卑人也。種類勁健，世爲大人。父務勿塵，遣軍助東海王越征討有功，王浚表爲親晉王，封遼西公，嫁女與務勿塵，以結鄰援。懷帝卽位，以務勿塵爲大單于，匹磾爲左賢王，率衆助國征討，假撫軍大將軍。務勿塵死，弟涉復辰以務勿塵子疾陸眷襲號。劉曜逼洛陽，王浚遣督護王昌等率疾陸眷及弟文鴦、從弟末杯攻石勒於襄國。勒敗還壘，末杯追入壘門，爲勒所獲。勒質末杯，遣使求和於疾陸眷。疾陸眷將許之，文鴦諫曰：「受命討勒，寧以末杯一人，故縱成擒之寇？旣失浚意，且有後憂，必不可許。」疾陸眷不聽，以鎧馬二百五十匹、金銀各一簏贖末杯。勒歸之，又厚以金寶綵絹報疾陸眷。疾陸眷令文鴦與石季龍同盟，約爲兄弟，遂引騎還。昌等不能獨守，亦還。

建武初，匹磾推劉琨爲大都督，結盟討勒，并檄涉復辰、疾陸眷、末杯等三面俱集襄國，琨、匹磾進屯固安，以候衆軍。勒懼，遣間使厚賂末杯。然末杯旣思報其舊恩，且因匹磾在外，欲襲奪其國，乃間匹磾於涉復辰、疾陸眷曰：「以父兄而從子弟邪？雖一旦有功，匹磾獨收之矣。」涉復辰等以爲然，引軍而還。匹磾亦止。會疾陸眷病死，匹磾自薊奔喪，至於右北平。末杯宣言匹磾將篡，出軍擊敗之。末杯遂害涉復辰及其子弟黨與二百餘人，自立爲單于。

及王浚敗，匹磾領幽州刺史，劉琨自幷州依之，復與匹磾結盟，俱討石勒。匹磾復爲末杯所敗，士衆離散，懼琨圖己，遂害之，於是晉人離散矣。匹磾不能自固，北依邵續，末杯又攻敗之。匹磾被瘡，謂續曰：「吾夷狄慕義，以至破家，君若不忘舊要，與吾進討，君之惠也。」續曰：「賴公威德，續得效節。今公有難，豈敢不俱！」遂幷力追末杯，斬獲略盡。又令文鴦北討末杯弟於薊城，及還，去城八十里，聞續已沒，衆懼而散，復爲石季龍所遮，文鴦以其親兵數百人力戰破之，始得入城。季龍復抄城下，文鴦登城臨見，欲出擊之，匹磾不許。文鴦曰：「我以勇聞，故百姓杖我。見人被略而不救，非丈夫也。令衆失望，誰復爲我致死乎！」遂將壯士數十騎出戰，殺胡甚多。遇馬乏，伏不能起。季龍呼曰：「大兄與我俱是戎狄，久望共同。天不違願，今日相見，何故復戰？請釋杖。」文鴦罵曰：「汝爲寇虐，久應合死。吾兄不用吾計，故令汝得至此。吾寧死，不爲汝擒。」遂下馬苦戰，槊折，執刀力戰不已。季龍軍四面解馬羅披自鄣，前捉文鴦。文鴦戰自辰至申，力極而後被執。城內大懼。匹磾欲單騎歸朝，續弟樂安內史洎勒兵不許。洎復欲執臺使王英送於季龍，匹磾正色責之曰：「卿不能遵兄之志，逼吾不得歸朝，亦以甚矣，復欲執天子使者，我雖胡夷，所未聞也。」因謂英曰：「匹磾世受重恩，不忘忠孝。今日事逼，欲歸罪朝廷，而見逼迫，忠款不遂。若得假息，未死之日，心不忘本。」遂渡黃河南。匹磾著朝服，持節，賓從出見季龍曰：「我受國恩，志在滅汝。不幸吾國自亂，以至於此。既不能死，又不能爲汝敬也。」勒及季龍素與匹磾結爲兄弟，季龍起而拜之。匹磾到襄國，又不爲勒禮，常著朝服，持晉節。經年，國中謀推匹磾爲主，事露，被害。文鴦亦遇鴆而死，惟末波存焉。及死，弟牙立。牙死，其後從祖就陸眷之孫遼立。

自務勿塵已後，值晉喪亂，自稱位號，據有遼西之地，而臣御晉人。其地西盡幽州，東界遼水。然所統胡晉可三萬餘家，控弦可四五萬騎，而與石季龍遞相侵掠，連兵不息，竟爲季龍所破，徙其遺黎數萬家於司雍之地。其子蘭復聚兵，與季龍爲患久之。及石氏之亡，末波之子勤鳩集胡羯得萬餘人，保枉人山，自稱趙王，附于慕容儁。俄爲冉閔所敗，徙于繹幕，僭卽尊號。儁遣慕容恪擊之，勤懼而降。

魏浚 族子該

魏浚，東郡東阿人也，寓居關中。初爲雍州小吏，河間王顒敗亂之際，〔九〕以爲武威將軍。後爲度支校尉，有幹用。永嘉末，與流人數百家東保河陰之硤石。時京邑荒儉，浚劫掠得穀麥，獻之懷帝，帝以爲揚威將軍、平陽太守，度支如故。以亂不之官。及洛陽陷，屯于洛北石梁塢，撫養遺衆，漸修軍器。其附賊者，皆先解喻，說大晉運數靈長，行已建立，歸之者甚衆。其有恃遠不從命者，遣將討之，服從而已，不加侵暴。於是遠近感悅，襁負至者漸衆。〔一〇〕

劉琨承制，假浚河南尹。時太尉荀藩建行臺在密縣，浚詣藩諮謀軍事，藩甚悅，要李矩同會。矩將夜赴之，矩官屬以浚不可信，不宜夜往。矩曰：「忠臣同心，將何疑乎！」及會，客主盡歡，浚因與矩相結而去。

劉曜忌浚得衆，率衆軍圍之。劉演、郭默遣軍來救，曜分兵逆于河北，乃伏兵深隱處，以邀演、默軍，大破之，盡虜演等騎。浚夜遁走，爲曜所得，遂死之。追贈平西將軍。族子該領其衆。

該一名亥，本僑居京兆陰磐。〔一一〕河間王顒之伐趙王倫，以該爲將兵都尉。及劉曜攻洛陽，隨浚赴難，先領兵守金墉城，故得無他。曜引去，餘衆依之。

時杜預子尹爲弘農太守，屯宜陽界一泉塢，數爲諸賊所抄掠。尹要該共距之，該遣其將馬瞻將三百人赴尹。瞻知其無備，夜襲尹殺之，迎該據塢。塢人震懼，並服從之。乃與李矩、郭默相結以距賊。荀藩卽以該爲武威將軍，統城西雍涼人，使討劉曜。元帝承制，加冠軍將軍、河東太守，督護河東、河南、平陽三郡。

曜嘗攻李矩，該破之。及矩將迎郭默，該遣軍助之，又與河南尹任愔相連結。後漸饑弊，曜寇日至，欲率衆南徙，衆不從，該遂單騎走至南陽。帝又以爲前鋒都督、平北將軍、雍州刺史。馬瞻率該餘衆降曜。曜徵發旣苦，瞻又驕虐，部曲遣使呼該，該密往赴之，其衆殺瞻而納該。該遷於新野，率衆助周訪討平杜曾，詔以該爲順陽太守。

王敦之反也，梁州刺史甘卓不從，欲觀該去就，試以敦旨動之。該曰：「我本去賊，惟忠於國。今王公舉兵向天子，非吾所宜與也。」遂距而不應。及蘇峻反，率衆救臺，軍次石頭，受陶侃節度。峻未平，該病篤還屯，卒於道，葬于武陵。從子雄統其衆。

郭默

郭默，河內懷人。少微賤，以壯勇事太守裴整，爲督將。永嘉之亂，默率遺衆自爲塢主，以漁舟抄東歸行旅，積年遂致巨富，流人依附者漸衆。撫循將士，甚得其歡心。

默婦兄同郡陸嘉取官米數石餉妹，默以爲違制，將殺嘉，嘉懼，奔石勒。默乃自射殺婦，以明無私。遣使謁劉琨，琨加默河內太守。劉元海遣從子曜討默，曜列三屯圍之，欲使餓死。默送妻子爲質，幷請糴焉。糴畢，設守。曜怒，沈默妻子于河而攻之。默遣弟芝求救于劉琨，琨知默狡猾，留之而緩其救。默更遣人告急。會芝出城浴馬，使强與俱歸。默乃遣芝質於石勒，勒以默多詐，封默書與劉曜。默使人伺得勒書，便突圍投李矩。後與矩幷力距劉、石，事見矩傳。

太興初，除潁川太守。默與石悤戰敗，矩轉蹙弱，默深憂懼，解印授其參軍殷嶠，謂之曰：「李使君遇吾甚厚，今遂棄去，無顏謝之，三日可白吾去也。」乃奔陽翟。矩聞之，大怒，遣其將郭誦追默，至襄城，及之。默棄家人，單馬馳去。默至京都，明帝授征虜將軍。劉遐卒，以默爲北中郎將、監淮北軍事、假節。遐故部曲李龍等謀反，詔默與右衞將軍趙胤討平之。

朝廷將徵蘇峻，懼其爲亂，召默拜後將軍，領屯騎校尉。初戰有功，及六軍敗績，南奔。郗鑒議於曲阿北大業里作壘，以分賊勢，使默守之。峻遣韓晃等攻默甚急，壘中頗乏水，默懼，分人馬出外，乃潛從南門邀出，留人堅守。會峻死，圍解，徵爲右軍將軍。

默樂爲邊將，不願宿衞，及赴召，謂平南將軍劉胤曰：「我能禦胡而不見用。右軍主禁兵，若疆埸有虞，被使出征，方始配給，將卒無素，恩信不著，以此臨敵，少有不敗矣。時當爲官擇才，若人臣自擇官，安得不亂乎！」胤曰：「所論事雖然，非小人所及也。」當發，求資於胤。時胤被詔免官，不卽歸罪，方自申理，而驕侈更甚，遠近怪之。

初，默之被徵距蘇峻也，下次尋陽，見胤，胤參佐張滿等輕默，倮露視之，默常切齒。至是，胤臘日餉默酒一器，肫一頭，默對信投之水中，忿憤益甚。又僑人蓋肫先略取祖煥所殺孔煒女爲妻，煒家求之，張滿等使還其家，肫不與，因與胤、滿有隙。至是，肫謂默曰：「劉江州不受免，密有異圖，與長史司馬張滿、荀楷等日夜計謀，反逆已形，惟忌郭侯一人，云當先除郭侯而後起事。禍將至矣，宜深備之。」默既懷恨，便率其徒候旦門開襲胤。胤將吏欲距默，默呴之曰：「我被詔有所討，動者誅及三族。」遂入至內寢。胤尚與妾臥，默牽下斬之。出取胤僚佐張滿、荀楷等，誣以大逆。傳胤首于京師，詐作詔書，宣視內外。掠胤女及諸妾，幷金寶還船。初云下都，俄而還，停胤故府，招桓宣、王愆期。愆期懼逼，勸默爲平南、江州，默從之。愆期因逃盧山，桓宣固守不應。

司徒王導懼不可制，乃大赦天下，梟胤首于大航，以默爲西中郎將、豫州刺史。〔一二〕武昌太守鄧嶽馳白太尉陶侃，〔一三〕侃聞之，投袂起曰：「此必詐也。」卽日率衆討默，上疏陳默罪惡。導聞之，乃收胤首，詔庾亮助侃討默。默欲南據豫章，而侃已至城下，築土山以臨之。諸軍大集，圍之數重。侃惜默驍勇，欲活之，遣郭誦見默，默許降，而默將張丑、宋侯等恐爲侃所殺，〔一四〕故致進退，不時得出。攻之轉急，宋侯遂縛默求降，卽斬于軍門，同黨死者四十人，傳首京師。

史臣曰：邵、李、魏、郭等諸將，契闊喪亂之辰，驅馳戎馬之際，威懷足以容衆，勇略足以制人，乃保據危城，折衝千里，招集義勇，抗禦仇讎，雖艱阻備嘗，皆乃心王室。而矩能以少擊衆，戰勝獲多，遂使玄明憤恚，世龍挫衄。惜其寡弱，功虧一簣。方之數子，其最優乎！默既拔迹危亡，參陪朝伍，忿因眦睚，禍及誅夷，非夫狂悖，豈宜至此！段匹磾本自遐方，而係心朝廷，始則盡忠國難，終乃抗節虜廷，自蘇子卿以來，一人而已。越石之見誅段氏，實以威名；匹磾之取戮世龍，亦由衆望：禍福之應，何其速哉！詩云：「無言不酬，無德不報」，此之謂也。

贊曰：邵李諸將，實惟忠壯。蒙犯艱危，驅馳亭鄣。力小任重，功虧身喪。匹磾勁烈，隕身全節。默實凶殘，自貽罪戾。

校勘記

〔一〕遺書要續　周校：「遺」誤「遣」。按：通志一二五作「遺」。

〔二〕又遣騎入散勒北邊　通志一二五「入散」作「入抄」。

〔三〕勒使使徐光讓之　通志一二五不重「使」字。

〔四〕郭默爲劉元海所逼　舉正：此時劉元海已死，當云劉曜。按：通鑑八九正作「曜」。

〔五〕劉雅生　劉聰、劉粲、劉曜載記皆作「劉雅」，無「生」字。

〔六〕乃虜宋始一軍渡河而南至洛中遂空　通鑑九一敍此事云：「石生虜宋始一軍，北渡河。於是河南之民皆相帥歸矩，洛陽遂空。」較明確。

〔七〕石悤　石勒載記「悤」作「聰」。下同。

〔八〕劉岳以外援不至降于石季龍　石勒、石季龍載記及通鑑九三俱謂劉岳爲石季龍所擒，非降。疑是。

〔九〕敗亂之際　「際」，各本作「後」，今從宋本。通志一二五亦作「際」。

〔一〇〕襁負至者漸衆　「漸」，各本作「甚」，今從宋本。通志一二五亦作「漸」。

〔一一〕陰磐　周校：地理志作「陰般」。

〔一二〕豫州刺史　舉正：「豫」當爲「江」，時庾亮爲豫州刺史。按：陶侃傳及通鑑九四並作「江州」。

〔一三〕武昌太守鄧嶽　舉正：桓宣傳嶽乃西陽太守，武昌則劉詡。按：通鑑九四、建康實錄七同宣傳。

〔一四〕宋侯　勞校：陶侃傳作「宗侯」。

晉書卷六十四

列傳第三十四

武十三王

武帝二十六男：楊元后生毗陵悼王軌、惠帝、秦獻王柬。審美人生城陽懷王景、楚隱王瑋、長沙厲王乂。徐才人生城陽殤王憲。匱才人生東海沖王祗。趙才人生始平哀王裕。趙美人生代哀王演。李夫人生淮南忠壯王允、吳孝王晏。嚴保林生新都懷王該。陳美人生清河康王遐。諸姬生汝陰哀王謨。程才人生成都王穎。王才人生孝懷帝。楊悼后生渤海殤王恢。餘八子不顯母氏，並早夭，又無封國及追謚，今並略之。其瑋、乂、穎自有傳。

毗陵悼王軌字正則，初拜騎都尉，年二歲而夭。太康十年，追加封謚，以楚王瑋子義嗣。〔一〕

秦獻王柬字弘度，沈敏有識量。泰始六年，封汝南王。咸寧初，徙封南陽王，拜左將軍、領右軍將軍、散騎常侍。武帝嘗幸宣武場，以三十六軍兵簿令柬料校之，柬一省便擿脫謬，帝異之，於諸子中尤見寵愛。以左將軍居齊獻王故府，甚貴寵，爲天下所屬目。性仁訥，無機辯之譽。太康十年，徙封於秦，邑八萬戶。于時諸王封中土者皆五萬戶，以柬與太子同產，故特加之。轉鎭西將軍、西戎校尉、假節，與楚、淮南王俱之國。

及惠帝卽位，來朝，拜驃騎將軍、開府儀同三司，加侍中、錄尚書事，進位大將軍。時楊駿伏誅，柬旣痛舅氏覆滅，甚有憂危之慮，屢述武帝旨，請還藩，而汝南王亮留柬輔政。及亮與楚王瑋被誅，時人謂柬有先識。

元康元年薨，時年三十，朝野痛惜之。葬禮如齊獻文王攸故事，〔二〕廟設軒懸之樂。無子，以淮南王允子郁爲嗣，與允俱被害。永寧二年，追謚曰悼。又以吳王晏子鄴嗣。懷帝崩，鄴入纂帝位，〔三〕國絕。

城陽懷王景字景度，出繼叔父城陽哀王兆後。泰始五年受封，六年薨。

東海沖王祗字敬度，泰始九年五月受封。殤王薨，復以祗繼兆，其年薨，時年三歲。

始平哀王裕字濬度，咸寧三年受封，其年薨，年七歲。無子，以淮南王允子迪爲嗣。太康十年，改封漢王，爲趙王倫所害。

淮南忠壯王允字欽度，咸寧三年，封濮陽王，拜越騎校尉。太康十年，徙封淮南，仍之國，都督揚江二州諸軍事、鎮東大將軍、假節。元康九年入朝。

初，愍懷之廢，議者將立允爲太弟。會趙王倫廢賈后，詔遂以允爲驃騎將軍、開府儀同三司、侍中，都督如故，領中護軍。允性沈毅，宿衞將士皆敬服之。

倫既有篡逆志，允陰知之，稱疾不朝，密養死士，潛謀誅倫。倫甚憚之，轉爲太尉，外示優崇，實奪其兵也。允稱疾不拜。倫遣御史逼允，收官屬以下，劾以大逆。允恚，視詔，乃孫秀手書也。大怒，便收御史，將斬之，御史走而獲免，斬其令史二人。厲色謂左右曰：「趙王欲破我家！」遂率國兵及帳下七百人直出，大呼曰：「趙王反，我將攻之，佐淮南王者左袒。」於是歸之者甚衆。允將赴宮，尚書左丞王輿閉東掖門，允不得入，遂圍相府。允所將兵，皆淮南奇才劍客也。與戰，頻敗之，倫兵死者千餘人。太子左率陳徽勒東宮兵鼓譟於內以應，允結陳於承華門前，弓弩齊發，射倫，飛矢雨下。主書司馬眭祕以身蔽倫，〔四〕箭中其背而死。倫官屬皆隱樹而立，每樹輒中數百箭，自辰至未。徽兄淮時爲中書令，〔五〕遣麾騶虞幡以解鬬。倫子虔爲侍中，在門下省，密要壯士，約以富貴。於是遣司馬督護伏胤領騎四百從宮中出，舉空版，詐言有詔助淮南王允。允不之覺，開陳納之，下車受詔，爲胤所害，時年二十九。初，倫兵敗，皆相傳曰：「已擒倫矣。」百姓大悅。既而聞允死，莫不歎息。允三子皆被害，坐允夷滅者數千人。

及倫誅，齊王冏上表理允曰：「故淮南王允忠孝篤誠，憂國忘身，討亂奮發，幾於克捷。遭天凶運，奄至隕沒，逆黨遘惡，并害三子，冤魂酷毒，莫不悲酸。洎興義兵，淮南國人自相率領，衆過萬人，人懷慷愾，愍國統滅絕，發言流涕。臣輒以息超繼允後，以慰存亡。」有詔改葬，賜以殊禮，追贈司徒。冏敗，超被幽金墉城。後更以吳王晏子祥爲嗣，拜散騎常侍。洛京傾覆，爲劉聰所害。

代哀王演字宏度，太康十年受封。少有廢疾，不之國，演常止于宮中。薨，無子，以成都王穎子廓爲嗣，改封中都王，後與穎俱死。

新都王該字玄度，咸寧三年受封，太康四年薨，時年十二。無子，國除。

清河康王遐字深度，美容儀，有精彩，武帝愛之。既受封，出繼叔父城陽哀王兆。太康十年，增封渤海郡，歷右將軍、散騎常侍、前將軍。元康初，進撫軍將軍，加侍中。遐長而懦弱，無所是非。性好內，不能接士大夫。及楚王瑋之舉兵也，使遐收衞瓘，而瓘故吏榮晦遂盡殺瓘子孫，遐不能禁，爲世所尤。永康元年薨，時年二十八。四子：覃、籥、銓、端。〔六〕覃嗣立。

及沖太孫薨，齊王冏表曰：「東宮曠然，冢嗣莫繼。天下大業，帝王神器，必建儲副，以固洪基。今者後宮未有孕育，不可庶幸將來而虛天緒，非祖宗之遺志，社稷之長計也。禮，兄弟之子猶子，故漢成無嗣，繼由定陶；孝和之絕，安以紹興。此先王之令典，往代之成式也。清河王覃神姿岐嶷，慧智早成，康王正妃周氏所生，先帝衆孫之中，於今爲嫡。昔薄姬賢明，文則承位。覃外祖恢世載名德，覃宜奉宗廟之重，統無窮之祚，以寧四海顒顒之望。覃兄弟雖並出紹，可簡令淑還爲國胤，不替其嗣。輒諮大將軍穎及羣公卿士，咸同大願。請具禮儀，擇日迎拜。」遂立覃爲皇太子。既而河間王顒脅遷大駕，表成都王穎爲皇太弟，廢覃復爲清河王。初，覃爲清河世子，所佩金鈴欻生隱起如麻粟，祖母陳太妃以爲不祥，毁而賣之。占者以金是晉行大興之祥，覃爲皇胤，是其瑞也。毁而賣之，象覃見廢不終之驗也。永嘉初，前北軍中候任城呂雍、度支校尉陳顏等謀立覃爲太子，事覺，幽於金墉城。未幾，被害，時年十四，葬以庶人禮。

籥初封新蔡王，覃薨，還封淸河王。

銓初封上庸王，懷帝卽位，更封豫章王。二年，立爲皇太子。洛京傾覆，沒于劉聰。

端初封廣川王，銓之爲皇太子也，轉封豫章，禮秩如皇子，拜散騎常侍、平南將軍、都督江州諸軍事、假節。當之國，會洛陽陷沒，端東奔苟晞於蒙。晞立爲皇太子，七十日，爲石勒所沒。

汝陰哀王謨字令度，太康七年薨，時年十一。無後，國除。

吳敬王晏字平度，〔七〕太康十年受封，食丹楊、吳興并吳三郡，歷射聲校尉、後軍將軍。與兄淮南王允共攻趙王倫，允敗，收晏付廷尉，欲殺之。傅祗於朝堂正色而爭，於是羣官並諫，倫乃貶爲賓徒縣王。後徙封代王。倫誅，詔復晏本封，拜上軍大將軍、開府，加侍中。長沙王乂、成都王穎之相攻也，乂以晏爲前鋒都督，數交戰。永嘉中，爲太尉、大將軍。

晏爲人恭愿，才不及中人，於武帝諸子中最劣。又少有風疾，視瞻不端，後轉增劇，不堪朝覲。及洛京傾覆，晏亦遇害，時年三十一。愍帝卽位，追贈太保。五子，長子不顯名，與晏同沒。餘四子：祥、鄴、固、衍。〔八〕祥嗣淮南王允。鄴卽愍帝。固初封漢王，改封濟南。衍初封新都王，改封濟陰，爲散騎常侍。皆沒于賊。

渤海殤王恢字思度，太康五年薨，時年二歲，追加封謚。

元四王

元帝六男：宮人荀氏生明帝及琅邪孝王裒。石婕妤生東海哀王沖。王才人生武陵威王晞。鄭夫人生琅邪悼王煥及簡文帝。

琅邪孝王裒字道成，母荀氏，以微賤入宮，元帝命虞妃養之。裒初繼叔父長樂亭侯渾，後徙封宣城郡公，拜後將軍。及帝爲晉王，有司奏立太子，帝以裒有成人之量，過於明帝，從容謂王導曰：「立子以德不以年。」導曰：「世子、宣城俱有朗儁之目，固當以年。」於是太子位遂定。更封裒琅邪，嗣恭王後，改食會稽、宣城邑五萬二千戶，拜散騎常侍、使持節、都督青徐兗三州諸軍事、車騎將軍，徵還京師。建武元年薨，年十八，贈車騎大將軍，加侍中。及妃山氏薨，祔葬，穆帝更贈哀太保。子哀王安國立，未踰年薨。

東海哀王沖字道讓。元帝以東海王越世子毗沒于石勒，不知存亡，乃以沖繼毗後，稱東海世子，以毗陵郡增本封邑萬戶，又改食下邳、蘭陵，以越妃裴氏爲太妃，拜長水校尉。高選僚佐，以沛國劉耽爲司馬，潁川庾懌爲功曹，吳郡顧和爲主簿。永昌初，遷中軍將軍，加散騎常侍。及東海太妃薨，因發毗喪。沖卽王位，以滎陽益東海國，轉車騎將軍，徙驃騎將軍。咸康七年薨，年三十一，贈侍中、驃騎大將軍、儀同三司，無子。

成帝臨崩，詔曰：「哀王無嗣，國統將絕，朕所哀怛。其以小晚生奕繼哀王爲東海王。」以道遠，罷滎陽，更以臨川郡益東海。及哀帝以琅邪王卽尊位，徙奕爲琅邪王，東海國闕無嗣。奕後入纂大業，桓溫廢之，復爲東海王，旣而貶爲海西公，東海國又闕嗣。隆安三年，安帝詔以會稽忠王次子彥璋爲東海王，〔九〕繼哀王爲曾孫，改食吳興郡。爲桓玄所害，國除。

武陵威王晞字道叔，出繼武陵王喆後，太興元年受封。咸和初，拜散騎常侍。後以湘東增武陵國，除左將軍，遷鎮軍將軍，加散騎常侍。康帝即位，加侍中、特進。建元初，領祕書監。穆帝即位，轉鎮軍大將軍，遷太宰。太和初，加羽葆鼓吹，入朝不趨，贊拜不名，劍履上殿。固讓。

晞無學術而有武幹，爲桓溫所忌。及簡文帝即位，溫乃表晞曰：「晞體自皇極，故寵靈光世，不能率由王度，修己慎行，而聚納輕剽，苞藏亡命。又息綜矜忍，〔一〇〕虐加于人。袁眞叛逆，事相連染。頃自猜懼，將成亂階。請免晞官，以王歸藩，免其世子綜官，解子𨓆散騎常侍。」𨓆以梁王隨晞，晞既見黜，送馬八十五匹、三百人杖以歸溫。溫又逼新蔡王晃使自誣與晞、綜及著作郎殷涓、太宰長史庾倩、〔一一〕掾曹秀、舍人劉彊等謀逆，遂收付廷尉，請誅之。簡文帝不許，溫於是奏徙新安郡，家屬悉從之，而族誅殷涓等，廢晃徙衡陽郡。

太元六年，晞卒于新安，時年六十六。孝武帝三日臨于西堂，詔曰：「感惟摧慟，便奉迎靈柩，并改移妃應氏及故世子梁王諸喪，家屬悉還。」復下詔曰：「故前武陵王體自皇極，克己思愆。仰惟先朝仁宥之旨，豈可情禮靡寄！其追封新寧郡王，邑千戶。」晞三子：綜、𨓆、遵。以遵嗣。追贈綜給事中，𨓆散騎郎。十二年，追復晞武陵國，綜、𨓆各復先官，𨓆還繼梁國。

梁王瓊字賢明，出繼梁王翹，官至永安太僕，與父晞俱廢。薨，子龢嗣。太元中復國。薨，子珍之嗣。桓玄篡位，國人孔樸奉珍之奔于壽陽。〔一三〕桓玄敗，珍之歸朝廷。大將軍武陵王令曰：「梁王珍之理悟貞立，蒙險違難，撫義懷順，載奔闕庭。值壽陽擾亂，在危克固，且可通直散騎郎。」累遷游擊將軍、左衞、太常。劉裕伐姚泓，請爲諮議參軍。裕將弱王室，誣其罪害之。

忠敬王遵字茂遠。初襲封新寧，時年十二，受拜流涕，哀慼左右。右將軍桓伊嘗詣遵，遵曰：「門何爲通桓氏？」左右曰：「伊與桓溫疏宗，相見無嫌。」遵曰：「我聞人姓木邊，便欲殺之，況諸桓乎！」由是少稱聰慧。

及晞追復封武陵王，以遵嗣，歷位散騎常侍、祕書監、太常、中領軍。桓玄用事，拜金紫光祿大夫。玄篡，貶爲彭澤侯，遣之國。行次石頭，夜濤水入淮，船破，未得發。會義旗興，復還國第。朝廷稱受密詔，使遵總攝萬機，加侍中、大將軍，移入東宮，內外畢敬。遷轉百官，稱制書；又敎稱令書。安帝反正，更拜太保，加班劍二十人。義熙四年薨，時年三十五，詔賜東園溫明祕器，朝服一具，衣一襲，錢百萬，布千匹，策贈太傅，葬加殊禮。子定王季度立，拜散騎侍郎。薨，子球之立。宋興，國除。

琅邪悼王煥字耀祖。母有寵，元帝特所鍾愛。初繼帝弟長樂亭侯渾，後封顯義亭侯。尙書令刁協奏：「昔魏臨淄侯以邢顒爲家丞，劉楨爲庶子。今侯幼弱，宜選明德。」帝令曰：「臨淄萬戶封，又植少有美才，能同遊田蘇者。今晚生矇弱，何論於此！間封此兒，不以寵稚子也。亡弟當應繼嗣，不獲已耳。家丞、庶子，足以攝祠祭而已，豈宜屈賢才以受無用乎！」及煥疾篤，帝爲之徹膳，乃下詔封爲琅邪王，嗣恭王後。俄而薨，年二歲。

帝悼念無已，將葬，以煥既封列國，加以成人之禮，詔立凶門柏歷，備吉凶儀服，營起陵園，功役甚衆。琅邪國右常侍會稽孫霄上疏諫曰：

臣聞法度典制，先王所重，吉凶之禮，事貴不過。是以世豐不使奢放，凶荒必務約殺。朝聘嘉會，足以展庠序之儀；殯葬送終，務以稱哀榮之情。上無奢泰之謬，下無匱竭之困。故華元厚葬，君子謂之不臣；嬴博至儉，仲尼稱其合禮。明傷財害時，古人之所譏；節省簡約，聖賢之所嘉也。語曰，上之化下，如風靡草。京邑翼翼，四方所則，明教化法制，不可不慎也。陛下龍飛踐阼，興微濟弊，聖懷勞謙，務從簡儉，憲章舊制，猶欲節省，禮典所無，而反尙飾，此臣愚情竊所不安也。棺槨輿服旒翣之屬，禮典舊制，不可廢闕。凶門柏歷，禮典所無，天晴可不用，遇雨則無益，此至宜節省者也。若琅邪一國一時所用，不爲大費，臣在機近，義所不言。今天臺所居，王公百僚聚在都輦，凡有喪事，皆當供給材木百數、竹薄千計，凶門兩表，衣以細竹及材，價直既貴，又非表凶哀之宜，如此過飾，宜從粗簡。

又案禮記，國君之葬，棺椁之間容柷，大夫容壺，士容甒。以壺甒爲差，則柷財大於壺明矣，椁周於棺，椁不甚大也。語曰，葬者藏也，藏欲其深而固也。椁大則難爲堅固，無益於送終，而有損於財力。凶荒殺禮，經國常典，既減殺而猶過舊，此爲國之所厚惜也。又禮，將葬，遷柩于廟祖而行，及墓卽窆，葬之日卽反哭而虞。如此，則柩不宿於墓上也。聖人非不哀親之在土而無情於丘墓，蓋以墓非安神之所，故修虞於殯宮。始則營草宮於山陵，遷神柩於墓側，又非典也。非禮之事，不可以訓萬國。

臣至愚至賤，忽求革前之非，可謂狂瞽不知忌諱。然今天下至弊，自古所希，宗廟社稷，遠託江表半州之地，凋殘以甚。加之荒旱，百姓困瘁，非但不足，死亡是懼。此乃陛下至仁之所矜愍，可憂之至重也。正是匡矯末俗，改張易調之時，而猶當竭已罷之人，營無益之事，殫已困之財，修無用之費，此固臣之所不敢安也。今琅邪之於天下，國之最大，若割損非禮之事，務遵古典，上以彰聖朝簡易之至化，下以表萬世無窮之規則，此芻蕘之言有補萬一，塵露之微有增山海。

表寢不報。

永昌元年，立煥母弟昱爲琅邪王，卽簡文帝也。咸和二年，徙封會稽，以康帝爲琅邪王。康帝卽位，哀帝爲琅邪王。哀帝卽位，廢帝爲琅邪王。廢帝卽位，又以簡文帝攝行琅邪王國祀。簡文登阼，國遂無嗣。帝臨崩，封少子道子爲琅邪王。太元十七年，道子爲會稽王，更以恭帝爲琅邪王。恭帝卽位，於是琅邪國除。

簡文三子

簡文帝七子：王皇后生會稽思世子道生、皇子俞生。胡淑儀生臨川獻王郁、皇子朱生。王淑儀生皇子天流。李夫人生孝武帝、會稽文孝王道子。俞生、朱生、天流並早夭，今並略之。

會稽思世子道生字延長。帝爲會稽王，立道生爲世子，拜散騎侍郎、給事中。性疏躁，不修行業，多失禮度，竟以幽廢而卒，時年二十四，無後。及孝武帝卽位，嘗晝日見道生及臨川獻王郁，郁曰：「大郎饑乏辛苦。」言竟不見。帝傷感，因以西陽王羕玄孫珣之爲後。珣之歷吳興太守。劉裕之伐關中，以爲諮議參軍。時帝道方謝，珣之爲宗室之美，與梁王珍之俱被害。

臨川獻王郁字深仁，幼而敏慧。道生初以無禮失旨，郁數勸以敬愼之道。道生不納，郁爲之流涕，簡文帝深器異之。年十七而薨。久之，追諡獻世子。寧康初，贈左將軍，加散騎常侍，追封郡王，以武陵威王會孫寶爲嗣，〔一三〕追尊其母胡淑儀爲臨川太妃。

寶字弘文，歷祕書監、太常、左將軍、散騎常侍、護軍將軍。宋興，以爲金紫光祿大夫，降爲西豐侯，食邑千戶。

會稽文孝王道子字道子。出後琅邪孝王，少以淸澹爲謝安所稱。年十歲，封琅邪王，食邑一萬七千六百五十一戶，攝會稽國五萬九千一百四十戶。太元初，拜散騎常侍、中軍將軍，進驃騎將軍。後公卿奏：「道子親賢莫二，宜正位司徒。」固讓不拜。使錄尚書六條事，尋加開府，領司徒。及謝安薨，詔曰：「新喪哲輔，華戎未一，自非明賢懋德，莫能綏御內外。司徒、琅邪王道子體道自然，神識穎遠，實當旦奭之重，宜總二南之任，可領揚州刺史、錄尚書、假節、都督中外諸軍事。衞府文武，一以配驃騎府。」讓不受。數年，領徐州刺史、太子太傅。公卿又奏：「宜進位丞相、揚州牧、假黃鉞，羽葆鼓吹。」並讓不受。

于時孝武帝不親萬機，但與道子酣歌爲務，姏姆尼僧，尤爲親暱，並竊弄其權。凡所幸接，皆出自小豎。郡守長吏，多爲道子所樹立。既爲揚州總錄，勢傾天下，由是朝野奔湊。中書令王國寶性卑佞，特爲道子所寵昵。官以賄遷，政刑謬亂。又崇信浮屠之學，用度奢侈，下不堪命。太元以後，爲長夜之宴，蓬首昏目，政事多闕。桓玄嘗候道子，正遇其醉，賓客滿坐，道子張目謂人曰：「桓溫晚塗欲作賊，云何？」玄伏地流汗不得起。長史謝重舉板答曰：「故宣武公黜昏登聖，功超伊霍，紛紜之議，宜裁之聽覽。」道子頷曰：「儂知儂知。」因舉酒屬玄，玄乃得起。由是玄益不自安，切齒於道子。

于時朝政既紊，左衞領營將軍會稽許榮上疏曰：「今臺府局吏、直衞武官及僕隸婢兒取母之姓者，本臧獲之徒，無鄉邑品第，皆得命議，用爲郡守縣令，並帶職在內，委事於小吏手中；僧尼乳母，競進親黨，又受貨賂，輒臨官領衆。無衞霍之才，而比方古人，爲患一也。臣聞佛者清遠玄虛之神，以五誡爲教，絕酒不淫。而今之奉者，穢慢阿尼，酒色是耽，其違二矣。夫致人于死，未必手刃害之。若政教不均，暴濫無罪，必夭天命，其違三矣。盜者未必躬竊人財，江乙母失布，罪由令尹。今禁令不明，劫盜公行，其違四矣。在上化下，必信爲本。昔年下書，敕使盡規，而衆議兼集，無所採用，其違五矣。尼僧成羣，依傍法服。五誡粗法，尚不能遵，況精妙乎！而流惑之徒，競加敬事，又侵漁百姓，取財爲惠，亦未合布施之道也。」又陳「太子宜出臨東宮，克奬德業」。疏奏，並不省。中書郎范甯亦深陳得失，帝由是漸不平於道子，然外每優崇之。國寶卽甯之甥，以諂事道子，甯奏請黜之。國寶懼，使陳郡袁悅之因尼妙音致書與太子母陳淑媛，〔一四〕說國寶忠謹，宜見親信。帝因發怒，斬悅之。國寶甚懼，復譖甯於帝。帝不獲已，流涕出甯爲豫章太守。道子由是專恣。

嬖人趙牙出自優倡，茹千秋本錢塘捕賊吏，因賂諂進，道子以牙爲魏郡太守，千秋驃騎諮議參軍。牙爲道子開東第，築山穿池，列樹竹木，功用鉅萬。道子使宮人爲酒肆，沽賣於水側，與親昵乘船就之飲宴，以爲笑樂。帝嘗幸其宅，謂道子曰：「府內有山，因得遊矚，甚善也。然修飾太過，非示天下以儉。」道子無以對，唯唯而已，左右侍臣莫敢有言。帝還宮，道子謂牙曰：「上若知山是板築所作，爾必死矣。」牙曰：「公在，牙何敢死！」營造彌甚。千秋賣官販爵，聚資貨累億。

又道子既爲皇太妃所愛，親遇同家人之禮，遂恃寵乘酒，時失禮敬。帝益不能平，然以太妃之故，加崇禮秩。博平令吳興聞人奭上疏曰：「驃騎諮議參軍茹千秋協輔宰相，起自微賤，竊弄威權，衒賣天官。其子壽齡爲樂安令，贓私狼藉，畏法奔逃，竟無罪罰，傲然還縣。又尼姏屬類，傾動亂時。轂賤人饑，流殣不絕，由百姓單貧，役調深刻。又振武將軍庾恒鳴角京邑，主簿戴良夫苦諫被囚，殆至沒命。而恒以醉酒見怒，良夫以執忠廢棄。又權寵之臣，各開小府，施置吏佐，無益於官，有損於國。」疏奏，帝益不平，而逼於太妃，無所廢黜，乃出王恭爲兗州，殷仲堪爲荆州，王珣爲僕射，王雅爲太子少傅，以張王室，而潛制道子也。道子復委任王緒，由是朋黨競扇，友愛道盡。太妃每和解之，而道子不能改。

中書郎徐邈以國之至親，唯道子而已，宜在敦穆，從容言於帝曰：「昔漢文明主，猶悔淮南；世祖聰達，負愧齊王。兄弟之際，實宜深愼。」帝納之，復委任道子如初。

時有人爲雲中詩以指斥朝廷曰：「相王沈醉，輕出敎命。捕賊千秋，干豫朝政。王愷守常，國寶馳競。荆州大度，散誕難名；盛德之流，法護、王甯；仲堪、仙民，特有言詠；東山安道，執操高抗，何不徵之，以爲朝匠？」荆州，謂王忱也；法護，卽王珣；甯，卽王恭；仙民，卽徐邈字；安道，戴逵字也。

及恭帝爲琅邪王，道子受封會稽國，幷宣城爲五萬九千戶。安帝踐阼，有司奏：「道子宜進位太傅、揚州牧、中書監，假黃鉞，備殊禮。」固辭不拜，又解徐州。詔內外衆事，動靜諮之。帝既冠，道子稽首歸政，王國寶始總國權，勢傾朝廷。王恭乃舉兵討之。道子懼，收國寶付廷尉，幷其從弟琅邪內史緒悉斬之，以謝於恭，恭卽罷兵。道子乞解中外都督、錄尙書以謝方岳，詔不許。

道子世子元顯，時年十六，爲侍中，心惡恭，請道子討之。乃拜元顯爲征虜將軍，其先衞府及徐州文武悉配之。屬道子妃薨，帝下詔曰：「會稽王妃尊賢莫二，朕義同所親。今葬加殊禮，一依琅邪穆太妃故事。元顯夙令光懋，乃心所寄，誠孝性蒸蒸，至痛難奪。然不以家事辭王事，陽秋之明義；不以私限違公制，中代之變禮。故閔子腰絰，山王逼屈。良以至感由中，軌容著外，〔三〕有禮無時，賢哲斯順。須妃葬畢，可居職如故。」

于時王恭威振內外，道子甚懼，復引譙王尚之以爲腹心。尚之說道子曰：「藩伯强盛，宰相權輕，宜密樹置，以自藩衞。」道子深以爲然，乃以其司馬王愉爲江州刺史以備恭，與尚之等日夜謀議，以伺四方之隙。王恭知之，復舉兵，以討尚之爲名。荆州刺史殷仲堪、豫州刺史庾楷、廣州刺史桓玄並應之。道子使人說楷曰：「本情相與，可謂斷金。往年帳中之歓，結帶之言，寧可忘邪！卿今棄舊交，結新援，忘王恭疇昔陵侮之恥乎，若乃欲委體而臣之。若恭得志，以卿爲反覆之人，必不相信，何富貴可保，禍敗亦旋及矣！」楷怒曰：「王恭昔赴山陵，相王憂懼無計，我知事急，卽勒兵而至。去年之事，亦俟命而奮。我事相王，無相負者。旣不能距恭，反殺國寶。自爾已來，誰復敢攘袂於君之事乎！庾楷實不能以百口助人屠滅，當與天下同舉，誅鉏姦臣，何憂府不開，爵不至乎！」時楷已應恭檄，正徵士馬。信反，朝廷憂懼，於是內外戒嚴。元顯攘袂慷慨謂道子曰：「去年不討王恭，致有今役。今若復從其欲，則太宰之禍至矣。」道子日飲醇酒，而委事於元顯。元顯雖年少，而聰明多涉，志氣果銳，以安危爲己任。尙之爲之羽翼。時相傳會者，皆謂元顯有明帝神武之風。於是以爲征討都督、假節，統前將軍王珣、〔一六〕左將軍謝琰及將軍桓之才、毛泰、高素等伐恭，〔一七〕滅之。

既而楊佺期、桓玄、殷仲堪等復至石頭，元顯於竹里馳還京師，遣丹楊尹王愷、鄱陽太守桓放之、新蔡內史何嗣、潁川太守溫詳、新安太守孫泰等，發京邑士庶數萬人，據石頭以距之。道子將出頓中堂，忽有驚馬蹂藉軍中，因而擾亂，赴江而死者甚衆。仲堪既知王恭敗死，狼狽西走，與桓玄屯于尋陽。朝廷嚴兵相距，內外騷然。詔元顯甲杖百人入殿，尋加散騎常侍、中書令，又領中領軍，持節、都督如故。

會道子有疾，加以昏醉，元顯知朝望去之，謀奪其權，諷天子解道子揚州、司徒，而道子不之覺。元顯自以少年頓居權重，慮有譏議，於是以琅邪王領司徒，元顯自爲揚州刺史。既而道子酒醒，方知去職，於是大怒，而無如之何。廬江太守會稽張法順以刀筆之才，爲元顯謀主，交結朋援，多樹親黨，自桓謙以下，諸貴遊皆斂衽請交。元顯性苛刻，生殺自己，法順屢諫，不納。又發東土諸郡免奴爲客者，號曰「樂屬」，移置京師，以充兵役，東土嚚然，人不堪命，天下苦之矣。既而孫恩乘釁作亂，加道子黃鉞，元顯爲中軍以討之。又加元顯錄尙書事。然道子更爲長夜之飮，政無大小，一委元顯。時謂道子爲東錄，元顯爲西錄。西府車騎塡湊，東第門下可設雀羅矣。元顯無良師友，正言弗聞，諂譽日至，或以爲一時英傑，或謂爲風流名士，由是自謂無敵天下，故驕侈日增。帝又以元顯有翼亮之功，加其所生母劉氏爲會稽王夫人，金章紫綬。會洛陽覆沒，道子以山陵幽辱，上疏送章綬，請歸藩，不許。及太皇太后崩，詔道子乘輿入殿。元顯因諷禮官下議，稱己德隆望重，旣錄百揆，內外羣僚皆應盡敬。於是公卿皆拜。于時軍旅荐興，國用虛竭，自司徒已下，日廩七升，而元顯聚斂不已，富過帝室。及謝琰爲孫恩所害，元顯求領徐州刺史，加侍中、後將軍、開府儀同三司、都督十六州諸軍事，封其子彥璋爲東海王。尋以星變，元顯解錄，復加尙書令。

會孫恩至京口，元顯柵斷石頭，率兵距戰，頻不利。道子無他謀略，唯日禱蔣侯廟爲厭勝之術。旣而孫恩遁于北海，桓玄復據上流，致牋於道子曰：「賊造近郊，以風不得進，以雨不致火，食盡故去耳，非力屈也。昔國寶卒後，王恭不乘此威入統朝政，足見其心非侮於明公也，而謂之非忠。今之貴要腹心，有時流清望者誰乎？豈可云無佳勝，直是不能信之耳。用理之人，然後可以信義相期；求利之徒，豈有所惜而更委信邪？爾來一朝一夕，遂成今日之禍矣。阿衡之重，言何容易，求福則立至，干忤或致禍。在朝君子，豈不有懷，但懼害及身耳。玄忝任在遠，是以披寫事實。」元顯覽而大懼。張法順謂之曰：「桓玄承籍門資，素有豪氣，旣幷殷、楊，專有荆楚。然桓氏世在西藩，人或爲用，而第下之所控引，止三吳耳。孫恩爲亂，東土塗地，編戶饑饉，公私不贍，玄必乘此縱其姦兇，竊用憂之。」元顯曰：「爲之柰何？」法順曰：「玄始據荆州，人情未輯，方就綏撫，未遑他計。及其如此，發兵誅之，使劉牢之爲前鋒，而第下以大軍繼進，桓玄之首必懸於麾下矣。」元顯以爲然，遣法順至京口，謀於牢之，而牢之有疑色。法順還，說元顯曰：「觀牢之顏色，必貳於我，未若召入殺之。不爾，敗人大事。」元顯不從。

道子尋拜侍中、太傅，置左右長史、司馬、從事中郎四人，崇異之儀，備盡盛典。其驃騎將軍僚佐文武，即配太傅府。加元顯侍中、驃騎大將軍、開府、征討大都督、十八州諸軍事，〔一八〕儀同三司，加黃鉞，班劍二十人，以伐桓玄，竟以牢之爲前鋒。法順又言於元顯曰：「自舉大事，未有威斷，桓謙兄弟每爲上流耳目，斬之，以孤荆楚之望。且事之濟不，繼在前軍，而牢之反覆，萬一有變，則禍敗立至。可令牢之殺謙兄弟，以示不貳。若不受命，當逆爲其所。」元顯曰：「非牢之無以當桓玄。且始事而誅大將，人情必動，二三不可。」于時揚土饑虛，運漕不繼，玄斷江路，商旅遂絕。於是公私匱乏，士卒唯給粰橡。

大軍將發，玄從兄驃騎長史石生馳使告玄。玄進次尋陽，傳檄京師，罪狀元顯。俄而玄至西陽，帝戎服餞元顯于西池，始登舟而玄至新亭。元顯棄船退屯國子學堂。明日，列陣于宣陽門外，元顯佐吏多散走。或言玄已至大桁，劉牢之遂降于玄。元顯迴入宣陽門，牢之參軍張暢之率衆逐之，衆潰。元顯奔入相府，唯張法順隨之。問計於道子，道子對之泣。玄遣太傅從事中郎毛泰收元顯送于新亭，縛於舫前而數之。元顯答曰：「爲王誕、張法順所誤。」於是送付廷尉，并其六子皆害之。玄又奏：「道子酣縱不孝，當棄市。」詔徙安成郡，使御史杜竹林防衛，竟承玄旨酖殺之，時年三十九。帝三日哭於西堂。

及玄敗，大將軍、武陵王遵承旨下令曰：「故太傅公阿衡二世，契闊皇家，親賢之重，地無與二。驃騎大將軍內總朝維，外宣威略，志蕩世難，以寧國祚。天未靜亂，禍酷備鍾，悲動區宇，痛貫人鬼，感惟永往，心情崩隕。今皇祚反正，幽顯式敍，宜崇明國體，以述舊典。便可追崇太傅爲丞相，加殊禮，一依安平獻王故事。追贈驃騎爲太尉，加羽葆鼓吹。丞相墳塋翳然，飄薄非所，須南道清通，便奉迎神柩。太尉宜便遷改。可下太史詳吉日，定宅兆。」於是遣通直常侍司馬珣之迎道子柩于安成。時寇賊未平，喪不時達。義熙元年，合葬於王妃陵。追諡元顯曰忠。以臨川王寶子脩之爲道子嗣，尊妃王氏爲太妃。義熙中，有稱元顯子秀熙避難蠻中而至者，太妃請以爲嗣，於是脩之歸于別第。劉裕意其詐而案驗之，果散騎郎滕羨奴勺藥也，竟坐棄市。太妃不悟，哭之甚慟。脩之復爲嗣。薨，諡悼王，無子，國除。

史臣曰：泰始之受終也，乃憲章往昔，稽古前王，廣誓山河，大開藩屏，文昭武穆，方駕於魯、衞、應、韓；磐石犬牙，連衡於吳、楚、齊、代。然而作法於亂，付託非才，何曾歎經國之無謀，郭欽識危亡之有兆。及宮車晏駕，墳土未乾，國難荐臻，朝章弛廢。重以八王繼亂，九服沸騰，戎羯交馳，乘輿幽逼，瑤枝瓊萼，隨鋒鏑而消亡；朱芾綠車，與波塵而殄瘁。遂使茫茫禹跡，咸窟穴於豺狼；惵惵周餘，竟沈淪於塗炭。嗚呼！運極數窮，一至于此！詳觀載籍，未或前聞。道子地則親賢，任惟元輔，耽荒麴糵，信惑讒諛。遂使尼媼竊朝權，姦邪制國命，始則彝倫攸斁，終則宗社淪亡。元顯以童丱之年，受棟梁之寄，專制朝廷，陵蔑君親，奮庸瑣之常材，抗姦凶之巨寇，喪師殄國，不亦宜乎！斯則元顯爲安帝之孫强，道子實晉朝之宰嚭者也。列代之崇建維城，用藩王室；有晉之分封子弟，實樹亂階。詩云：「懷德惟寧，宗子維城。無俾城壞，無獨斯畏。」城旣壞矣，畏也宜哉！典午之喪亂弘多，實此之由矣。

贊曰，帝子分封，嬰此鞠凶。札瘥繼及，禍難仍鍾。秦獻聰悟，淸河內顧。淮南忠勇，宣城識度。道子昏凶，遂傾國祚。

校勘記

〔一〕以楚王瑋子義嗣　武紀「義」作「儀」。義，與扶風王義同名，武紀作「儀」，蓋是。

〔二〕葬禮如齊獻文王攸故事　周校：「文」衍文。

〔三〕鄴入纂帝位　「纂」，各本作「篡」，今從殿本。

〔四〕畦祕　斠注：王應麟姓氏急就篇注曰晉眭秘，是宋本作「眭」，不作「畦」。按：通鑑八三、姓觿「畦」並作「眭」。

〔五〕徽兄淮　勞校：「淮」當作「準」，卽廣陵公陳準也。

〔六〕覃籥銓端　考異：懷紀，「立豫章王詮爲皇太子」，卽銓。按：元紀、王彌傳均作「詮」。

〔七〕吳敬王晏　勞校：上文「李夫人生吳孝王晏」，愍紀亦作「孝王」，傳云「敬王」，疑誤。

〔八〕祥鄴固衍　勞校：惠紀「固」作「國」。

〔九〕彥璋爲東海王　何無忌傳、魏書司馬叡傳「璋」並作「章」。

〔一〇〕息綜　簡文紀「綜」作「總」。世說黜免注引司馬晞傳作「琮」。

〔一一〕太宰長史庾倩　「倩」，各本均作「蒨」。周校：「蒨」當作「倩」，照庾冰傳。按：世說雅量、賢媛注引中興書、賞譽注引徐廣晉紀、世說人名譜、通鑑一〇三並作「倩」，「蒨」誤，今據改。

〔一二〕國人孔樸　梁王肜傳「國人」作「國臣」，「孔樸」作「孔璞」，世說豪爽注引中興書亦作「孔璞」。

〔一三〕以武陵威王曾孫寶爲嗣　周校：孝武紀作「武陵王孫寶」。簡文、武陵兄弟，不當以武陵曾孫嗣簡文子。按：周校是。疑「曾」字衍文。

〔一四〕妙音　王國寶傳作「支妙音」。

〔一五〕軌容著外　「著」，各本作「者」，今從殿本。册府八六二亦作「著」。

〔一六〕前將軍王珣　「珣」，各本作「恂」，今從宋本。安紀、珣傳、王恭傳與宋本同。

〔一七〕桓之才　張森楷云：桓伊傳有弟不才，討孫恩有功，疑卽此人。「之」疑「不」之譌。按：桓不才亦見朱序傳及通鑑一一一。

〔一八〕十八州諸軍事　「十」上當有「督」字。

晉書卷六十五

列傳第三十五

王導 子悅 恬 洽 協 劭 薈 洽子珣 珉 劭子謐

王導字茂弘，光祿大夫覽之孫也。父裁，鎭軍司馬。導少有風鑒，識量淸遠。年十四，陳留高士張公見而奇之，謂其從兄敦曰：「此兒容貌志氣，將相之器也。」初襲祖爵卽丘子。司空劉寔尋引爲東閣祭酒，遷祕書郎、太子舍人、尙書郎，並不行。後參東海王越軍事。

時元帝爲琅邪王，與導素相親善。導知天下已亂，遂傾心推奉，潛有興復之志。帝亦雅相器重，契同友執。帝之在洛陽也，導每勸令之國。會帝出鎭下邳，請導爲安東司馬，軍謀密策，知無不爲。及徙鎭建康，吳人不附，居月餘，士庶莫有至者，導患之。會敦來朝，導謂之曰：「琅邪王仁德雖厚，而名論猶輕。兄威風已振，宜有以匡濟者。」會三月上巳，帝親觀禊，乘肩輿，具威儀，敦、導及諸名勝皆騎從。吳人紀瞻、顧榮，皆江南之望，竊覘之，見其如此，咸驚懼，乃相率拜於道左。導因進計曰：「古之王者，莫不賓禮故老，存問風俗，虛己傾心，以招俊乂。況天下喪亂，九州分裂，大業草創，急於得人者乎！顧榮、賀循，此土之望，未若引之以結人心。二子既至，則無不來矣。」帝乃使導躬造循、榮，二人皆應命而至，由是吳會風靡，百姓歸心焉。自此之後，漸相崇奉，君臣之禮始定。

俄而洛京傾覆，中州士女避亂江左者十六七，導勸帝收其賢人君子，與之圖事。時荊揚晏安，戶口殷實，導爲政務在清靜，每勸帝克己勵節，匡主寧邦。於是尤見委杖，情好日隆，朝野傾心，號爲「仲父」。帝嘗從容謂導曰：「卿，吾之蕭何也。」對曰：「昔秦爲無道，百姓厭亂，巨猾陵暴，人懷漢德，革命反正，易以爲功。自魏氏以來，迄于太康之際，公卿世族，豪侈相高，政教陵遲，不遵法度，羣公卿士，皆饜於安息，遂使姦人乘釁，有虧至道。然否終斯泰，天道之常。大王方立命世之勳，一匡九合，管仲、樂毅，於是乎在，豈區區國臣所可擬議！願深弘神慮，廣擇良能。顧榮、賀循、紀瞻、周玘，皆南土之秀，願盡優禮，則天下安矣。」帝納焉。

永嘉末，遷丹楊太守，加輔國將軍。導上牋曰：「昔魏武，達政之主也；荀文若，功臣之最也，封不過亭侯。倉舒，愛子之寵，贈不過別部司馬。以此格萬物，得不局跡乎！今者臨郡，不問賢愚豪賤，皆加重號，輒有鼓蓋，動見相準。時有不得者，或爲恥辱。天官混雜，朝望穨毁。導忝荷重任，不能崇浚山海，而開導亂源，饕竊名位，取紊彝典，謹送鼓蓋加崇之物，請從導始。庶令雅俗區别，羣望無惑。」帝下令曰：「導德重勳高，孤所深倚，誠宜表彰殊禮。而更約己冲心，進思盡誠，以身率衆，宜順其雅志，式允開塞之機。」拜寧遠將軍，尋加振威將軍。愍帝卽位，徵吏部郎，不拜。

晉國既建，以導爲丞相軍諮祭酒。桓彝初過江，見朝廷微弱，謂周顗曰：「我以中州多故，來此欲求全活，而寡弱如此，將何以濟！」憂懼不樂。往見導，極談世事，還，謂顗曰：「向見管夷吾，無復憂矣。」過江人士，每至暇日，相要出新亭飮宴。周顗中坐而歎曰：「風景不殊，舉目有江河之異。」皆相視流涕。惟導愀然變色曰：「當共勠力王室，克復神州，何至作楚囚相對泣邪！」衆收淚而謝之。俄拜右將軍、揚州刺史、監江南諸軍事，遷驃騎將軍，加散騎常侍、都督中外諸軍、領中書監、錄尙書事、假節，刺史如故。導以敦統六州，固辭中外都督。後坐事除節。

于時軍旅不息，學校未修，導上書曰：

夫風化之本在於正人倫，人倫之正存乎設庠序。庠序設，五教明，德禮洽通，彝倫攸敍，而有恥且格，父子兄弟夫婦長幼之序順，而君臣之義固矣。易所謂「正家而天下定」者也。故聖王蒙以養正，少而教之，使化霑肌骨，習以成性，遷善遠罪而不自知，行成德立，然後裁之以位。雖王之世子，猶與國子齒，使知道而後貴。其取才用士，咸先本之於學。故周禮，卿大夫獻賢能之書于王，〔一〕王拜而受之，所以尊道而貴士也。人知士之貴由道存，則退而修其身以及家，正其家以及鄉，學於鄉以登朝，反本復始，各求諸己，敦樸之業著，浮僞之競息，教使然也。故以之事君則忠，用之莅下則仁。孟軻所謂「未有仁而遺其親，義而後其君者也」。

自頃皇綱失統，頌聲不興，于今將二紀矣。傳曰「三年不爲禮，禮必壞；三年不爲樂，樂必崩」，而況如此之久乎！先進忘揖讓之容，後生惟金鼓是聞，干戈日尋，俎豆不設，先王之道彌遠，華僞之俗遂滋，非所以端本靖末之謂也。殿下以命世之資，屬陽九之運，禮樂征伐，翼成中興。誠宜經綸稽古，建明學業，以訓後生，漸之教義，使文武之道墜而復興，俎豆之儀幽而更彰。方今戎虜扇熾，國恥未雪，忠臣義夫所以扼腕拊心。苟禮儀膠固，淳風漸著，則化之所感者深而德之所被者大。使帝典闕而復補，皇綱弛而更張，獸心革面，饕餮檢情，揖讓而服四夷，緩帶而天下從。得乎其道，豈難也哉！故有虞舞干戚而化三苗，魯僖作泮宮而服淮夷。桓文之霸，皆先教而後戰。今若聿遵前典，興復道教，擇朝之子弟並入于學，選明博修禮之士而爲之師，化成俗定，莫尙於斯。

帝甚納之。

及帝登尊號，百官陪列，命導升御牀共坐。導固辭，至于三四，曰：「若太陽下同萬物，蒼生何由仰照！」帝乃止。進驃騎大將軍、儀同三司。以討華軼功，封武岡侯。進位侍中、司空、假節、錄尚書，領中書監。會太山太守徐龕反，帝訪可以鎮撫河南者，導舉太子左衞率羊鑒。既而鑒敗，抵罪。導上疏曰：「徐龕叛戾，久稽天誅，臣創議征討，調舉羊鑒。鑒闇懦覆師，有司極法。聖恩降天地之施，全其首領。然臣受重任，總錄機衡，使三軍挫衂，臣之責也。乞自貶黜，以穆朝倫。」詔不許。尋代賀循領太子太傅。時中興草創，未置史官，導始啓立，於是典籍頗具。時孝懷太子爲胡所害，始奉諱，有司奏天子三朝舉哀，羣臣一哭而已。導以爲皇太子副貳宸極，普天有情，宜同三朝之哀。從之。及劉隗用事，導漸見疏遠，任眞推分，澹如也。有識咸稱導善處興廢焉。

王敦之反也，劉隗勸帝悉誅王氏，論者爲之危心。導率羣從昆弟子姪二十餘人，每旦詣臺待罪。帝以導忠節有素，特還朝服，召見之。導稽首謝曰：「逆臣賊子，何世無之，豈意今者近出臣族！」帝跣而執之曰：「茂弘，方託百里之命於卿，是何言邪！」乃詔曰：「導以大義滅親，可以吾爲安東時節假之。」及敦得志，加導守尚書令。初，西都覆沒，海內思主，羣臣及四方並勸進於帝。時王氏強盛，有專天下之心，敦憚帝賢明，欲更議所立，導固爭乃止。

及此役也，敦謂導曰：「不從吾言，幾致覆族。」導猶執正議，敦無以能奪。

自漢魏已來，賜謚多由封爵，雖位通德重，先無爵者，例不加謚。導乃上疏，稱「武官有爵必謚，卿校常伯無爵不謚，甚失制度之本意也」。從之。自後公卿無爵而謚，導所議也。

初，帝愛琅邪王裒，將有奪嫡之議，以問導。導曰：「夫立子以長，且紹又賢，不宜改革。」帝猶疑之。導日夕陳諫，故太子卒定。

及明帝卽位，導受遺詔輔政，解揚州，遷司徒，一依陳羣輔魏故事。王敦又舉兵內向。時敦始寢疾，導便率子弟發哀，衆聞，謂敦死，咸有奮志。及帝伐敦，假導節，都督諸軍，領揚州刺史。敦平，進封始興郡公，邑三千戶，賜絹九千匹，進位太保，司徒如故，劍履上殿，入朝不趨，讚拜不名。固讓。帝崩，導復與庾亮等同受遺詔，共輔幼主，是爲成帝。加羽葆鼓吹，班劍二十人。及石勒侵阜陵，詔加導大司馬、假黃鉞，出討之。軍次江寧，帝親餞于郊。俄而賊退，解大司馬。

庾亮將徵蘇峻，訪之於導。導曰：「峻猜險，必不奉詔。且山藪藏疾，宜包容之。」固爭不從。亮遂召峻。既而難作，六軍敗績，導入宮侍帝。峻以導德望，不敢加害，猶以本官居己之右。峻又逼乘輿幸石頭，導爭之不得。峻日來帝前肆醜言，導深懼有不測之禍。時路永、匡術、賈寧並說峻，令殺導，盡誅大臣，更樹腹心。峻敬導，不納，故永等貳於峻。導使參軍袁耽潛諷誘永等，謀奉帝出奔義軍。而峻衞御甚嚴，事遂不果。導乃攜二子隨永奔于白石。

及賊平，宗廟宮室並爲灰燼，溫嶠議遷都豫章，三吳之豪請都會稽，二論紛紜，未有所適。導曰：「建康，古之金陵，舊爲帝里，又孫仲謀、劉玄德俱言王者之宅。古之帝王不必以豐儉移都，苟弘衞文大帛之冠，則無往不可。若不績其麻，則樂土爲虛矣。且北寇游魂，伺我之隙，一旦示弱，竄於蠻越，求之望實，懼非良計。今特宜鎮之以靜，羣情自安。」由是嶠等謀並不行。

導善於因事，雖無日用之益，而歲計有餘。時帑藏空竭，庫中惟有練數千端，鬻之不售，而國用不給。導患之，乃與朝賢俱制練布單衣，於是士人翕然競服之，練遂踊貴。乃令主者出賣，端至一金。其爲時所慕如此。

六年冬，蒸，詔歸胙於導，曰：「無下拜。」導辭疾不敢當。初，帝幼沖，見導，每拜。又嘗與導書手詔，則云「惶恐言」，中書作詔，則曰「敬問」，於是以爲定制。自後元正，導入，帝猶爲之興焉。

時大旱，導上疏遜位。詔曰：「夫聖王御世，動合至道，運無不周，故能人倫攸敍，萬物獲宜。朕荷祖宗之重，託於王公之上，不能仰陶玄風，俯洽宇宙，亢陽踰時，兆庶胥怨，邦之不臧，惟予一人。公體道明哲，弘猶深遠，勳格四海，翼亮三世，國典之不墜，實仲山甫補之。而猥崇謙光，引咎克讓，元首之愆，寄責宰輔，祇增其闕。博綜萬機，不可一日有曠。公宜遺履謙之近節，遵經國之遠略。門下速遣侍中以下敦喩。」導固讓。詔累逼之，然後視事。

導簡素寡欲，倉無儲穀，衣不重帛。帝知之，給布萬匹，以供私費。導有羸疾，不堪朝會，帝幸其府，縱酒作樂，後令輿車入殿，其見敬如此。

石季龍掠騎至歷陽，導請出討之。加大司馬、假黃鉞、中外諸軍事，〔三〕置左右長史、司馬，給布萬匹。俄而賊退，解大司馬，復轉中外大都督，進位太傅，又拜丞相，依漢制罷司徒官以幷之。册曰：「朕夙罹不造，肆陟帝位，未堪多難，禍亂旁興。公文貫九功，武經七德，外緝四海，內齊八政，天地以平，人神以和，業同伊尹，道隆姬旦。仰思唐虞，登庸雋乂，申命羣官，允釐庶績。朕思憑高謨，弘濟遠猷，維稽古建爾于上公，永爲晉輔。往踐厥職，敬敷道訓，以亮天工。不亦休哉！公其戒之！」

是歲，妻曹氏卒，贈金章紫綬。初，曹氏性妬，導甚憚之，乃密營別館，以處衆妾。曹氏知，將往焉。導恐妾被辱，遽令命駕，猶恐遲之，以所執麈尾柄驅牛而進。司徒蔡謨聞之，戲導曰：「朝廷欲加公九錫。」導弗之覺，但謙退而已。謨曰：「不聞餘物，惟有短轅犢車，長柄麈尾。」導大怒，謂人曰：「吾往與羣賢共游洛中，何曾聞有蔡克兒也。」

于時庾亮以望重地逼，出鎮於外。南蠻校尉陶稱閒說亮當舉兵內向，或勸導密爲之防。導曰：「吾與元規休慼是同，悠悠之談，宜絕智者之口。則如君言，元規若來，吾便角巾還第，復何懼哉！」又與稱書，以爲庾公帝之元舅，宜善事之。於是讒閒遂息。時亮雖居外鎮，而執朝廷之權，旣據上流，擁強兵，趣向者多歸之。導內不能平，常遇西風塵起，舉扇自蔽，徐曰：「元規塵汚人。」

自漢魏以來，羣臣不拜山陵。導以元帝睠同布衣，匪惟君臣而已，每一崇進，皆就拜，不勝哀戚。由是詔百官拜陵，自導始也。

咸康五年薨，〔三〕時年六十四。帝舉哀於朝堂三日，遣大鴻臚持節監護喪事，賵襚之禮，一依漢博陸侯及安平獻王故事。及葬，給九游轀輬車、黃屋左纛、前後羽葆鼓吹、武賁班劍百人，中興名臣莫與爲比。册曰：「蓋高位以酬明德，厚爵以答懋勳；至乎闔棺標跡，莫尚號謚，風流百代，於是乎在。惟公邁達沖虛，玄鑒劭邈；夷淡以約其心，體仁以流其惠；棲遲務外，則名雋中夏，應期濯纓，則潛算獨運。昔我中宗、肅祖之基中興也，下帷委誠而策定江左，拱己宅心而庶績咸熙。故能威之所振，寇虐改心，化之所鼓，檮杌易質；調陰陽之和，通彝倫之紀；遼隴承風，丹穴景附。隆高世之功，復宣武之績，舊物不失，公協其猷。若乃荷負顧命，保朕沖人，遭遇艱圮，夷險委順；拯其淪墜而濟之以道，扶其顛傾而弘之以仁，經緯三朝而蘊道彌曠。方賴高謨，以穆四海，昊天不弔，奄忽薨殂，朕用震慟于心。雖有殷之殞保衡，有周之喪二南，曷諭茲懷！今遣使持節、謁者僕射任瞻錫謚曰文獻，祠以太牢。魂而有靈，嘉茲榮寵！」

二弟：穎、敞，少與導俱知名，時人以穎方溫太眞，以敞比鄧伯道，並早卒。導六子：悅、恬、洽、協、劭、薈。

悅字長豫，弱冠有高名，事親色養，導甚愛之。導嘗共悅弈棊，爭道，導笑曰：「相與有瓜葛，那得爲爾邪！」導性儉節，帳下甘果爛敗，令棄之，云：「勿使大郎知。」悅少侍講東宮，歷吳王友、中書侍郎，先導卒，謚貞世子。先是，導夢人以百萬錢買悅，潛爲祈禱者備矣。尋掘地，得錢百萬，意甚惡之，一皆藏閉。及悅疾篤，導憂念特至，不食積日。忽見一人形狀甚偉，被甲持刀，導問：「君是何人？」曰：「僕是蔣侯也。公兒不佳，欲爲請命，故來耳。公勿復憂。」因求食，遂噉數升。食畢，勃然謂導曰：「中書患，非可救者。」言訖不見，悅亦殞絕。悅與導語，恒以愼密爲端。導還臺，及行，悅未嘗不送至車後，又恒爲母曹氏襞斂箱篋中物。悅亡後，導還臺，自悅常所送處哭至臺門，其母長封作篋，不忍復開。

悦無子，以弟恬子琨爲嗣，襲導爵丹楊尹，卒，贈太常。子嘏嗣，尚鄱陽公主，歷中領軍、尚書。卒，子恢嗣，義熙末，爲游擊將軍。

恬字敬豫。少好武，不爲公門所重。導見悦輒喜，見恬便有怒色。州辟別駕，不行，襲爵卽丘子。

性慠誕，不拘禮法。謝萬嘗造恬，既坐，少頃，恬便入內。萬以爲必厚待己，殊有喜色。恬久之乃沐頭散髮而出，據胡牀於庭中曬髮，神氣慠邁，竟無賓主之禮。萬悵然而歸。晚節更好士，多技藝，善弈棊，爲中興第一。

遷中書郎。帝欲以爲中書令，導固讓，從之。除後將軍、魏郡太守，加給事中，領兵鎮石頭。導薨，去官。俄起爲後將軍，復鎮石頭。轉吳國、會稽內史，加散騎常侍。卒，贈中軍將軍，謚曰憲。

洽字敬和，導諸子中最知名，與荀羨俱有美稱。弱冠，歷散騎、中書郎、中軍長史、司徒左長史、建武將軍、吳郡內史。徵拜領軍，〔四〕尋加中書令，固讓，表疏十上。穆帝詔曰：「敬和清裁貴令，昔爲中書郎，吾時尚小，數呼見，意甚親之。今所以用爲令，既機任須才，且欲時時相見，共講文章，待以友臣之義。而累表固讓，甚違本懷。其催洽令拜。」苦讓，遂不受。升平二年卒於官，年三十六。二子：珣、珉。

珣字元琳。弱冠與陳郡謝玄爲桓溫掾，俱爲溫所敬重，嘗謂之曰：「謝掾年四十，必擁旄杖節。王掾當作黑頭公。皆未易才也。」珣轉主簿。時溫經略中夏，竟無寧歲，軍中機務並委珣焉。文武數萬人，悉識其面。從討袁眞，封東亭侯，轉大司馬參軍、琅邪王友、中軍長史、給事黃門侍郎。

珣兄弟皆謝氏壻，以猜嫌致隙。太傅安既與珣絕婚，又離珉妻，由是二族遂成仇釁。時希安旨，乃出珣爲豫章太守，不之官。除散騎常侍，不拜。遷祕書監。安卒後，遷侍中，孝武深杖之。轉輔國將軍、吳國內史，在郡爲士庶所悅。徵爲尚書右僕射，領吏部，轉左僕射，加征虜將軍，復領太子詹事。

時帝雅好典籍，珣與殷仲堪、徐邈、王恭、郗恢等並以才學文章見昵於帝。及王國寶自媚於會稽王道子，而與珣等不協，帝慮晏駕後怨隙必生，故出恭、恢爲方伯，而委珣端右。珣夢人以大筆如椽與之，既覺，語人云：「此當有大手筆事。」俄而帝崩，哀册謚議，皆珣所草。

隆安初，國寶用事，謀黜舊臣，遷珣尚書令。王恭赴山陵，欲殺國寶，珣止之曰：「國寶雖終爲禍亂，要罪逆未彰，今便先事而發，必大失朝野之望。況擁强兵，竊發於京輦，誰謂非逆！國寶若遂不改，惡布天下，然後順時望除之，亦無憂不濟也。」恭迺止。既而謂珣曰：「比來視君，一似胡廣。」珣曰：「王陵廷爭，陳平愼默，但問歲終何如耳。」恭尋起兵，國寶將殺珣等，僅而得免，語在國寶傳。二年，恭復舉兵，假珣節，進衞將軍、都督琅邪水陸軍事。事平，上所假節，加散騎常侍。

四年，以疾解職。歲餘，卒，時年五十二。追贈車騎將軍、開府，謚曰獻穆。桓玄與會稽王道子書曰：「珣神情朗悟，經史明徹，風流之美，公私所寄。雖逼嫌謗，才用不盡；然君子在朝，弘益自多。時事艱難，忽爾喪失，歎懼之深，豈但風流相悼而已！其崎嶇九折，風霜備經，雖賴明公神鑒，亦識會居之故也。卒以壽終，殆無所哀。但情發去來，置之未易耳。」玄輔政，改贈司徒。

初，珣既與謝安有隙，在東聞安薨，便出京師，詣族弟獻之，曰：「吾欲哭謝公。」獻之驚曰：「所望於法護。」於是直前哭之甚慟。法護，珣小字也。珣五子：弘、虞、柳、〔五〕孺、曇首，宋世並有高名。

珉字季琰。少有才藝，善行書，名出珣右。時人爲之語曰：「法護非不佳，僧彌難爲兄。」僧彌，珉小字也。時有外國沙門，名提婆，妙解法理，爲珣兄弟講毗曇經。珉時尚幼，講未半，便云已解，卽於别室與沙門法綱等數人自講。法綱歎曰：「大義皆是，但小未精耳。」辟州主簿，舉秀才，不行。後歷著作、散騎郎、國子博士、黃門侍郎、侍中，代王獻之爲長兼中書令。二人素齊名，世謂獻之爲「大令」，珉爲「小令」。太元十三年卒，時年三十八，追贈太常。二子：朗、練。義熙中，並歷侍中。

協字敬祖，元帝撫軍參軍，〔六〕襲爵武岡侯，早卒，無子，以弟劭子謐爲嗣。

謐字稚遠。少有美譽，與譙國桓胤、太原王綏齊名。拜祕書郎，襲父爵，遷祕書丞，歷中軍長史、黃門郎、侍中。及桓玄舉兵，詔謐銜命詣玄，玄深敬昵焉。拜建威將軍、吳國內史，未至郡，玄以爲中書令、領軍將軍、吏部尚書，遷中書監，加散騎常侍，領司徒。及玄將篡，以謐兼太保，奉璽册詣玄。玄篡，封武昌縣開國公，加班劍二十人。

初，劉裕爲布衣，衆未之識也，惟謐獨奇貴之，嘗謂裕曰：「卿當爲一代英雄。」及裕破桓玄，謐以本官加侍中，領揚州刺史、錄尙書事。謐旣受寵桓氏，常不自安。護軍將軍劉毅嘗問謐曰：「璽綬何在？」謐益懼。會王綏以桓氏甥自疑，謀反，父子兄弟皆伏誅。謐從弟諶，少驍果輕俠，欲誘謐還吳，起兵爲亂，乃說謐曰：「王綏無罪，而義旗誅之，是除時望也。兄少立名譽，加位地如此，欲不危，得乎！」謐懼而出奔。劉裕牋詣大將軍、武陵王遵，遣人追躡。謐旣還，委任如先，加謐班劍二十人。義熙三年卒，時年四十八。追贈侍中、司徒，諡曰文恭。三子：瓘、球、琇。入宋，皆至大官。

劭字敬倫，歷東陽太守、吏部郎、司徒左長史、丹陽尹。劭美姿容，有風操，雖家人近習，未嘗見其墮替之容。桓溫甚器之。遷吏部尙書、尙書僕射，領中領軍，出爲建威將軍、吳國內史。卒，贈車騎將軍，諡曰簡。三子：穆、默、恢。穆，臨海太守。默，吳國內史，加二千石。恢，右衞將軍。穆三子：簡、智、超。默二子：鑒、惠。義熙中，並歷顯職。

薈字敬文。恬虛守靖，不競榮利，少歷淸官，除吏部郎、侍中、建威將軍、吳國內史。時年饑粟貴，人多餓死，薈以私米作饘粥，以飴餓者，所濟活甚衆。徵補中領軍，不拜。徙尙書，領中護軍，復爲征虜將軍、吳國內史。頃之，桓沖表請薈爲江州刺史，固辭不拜。轉督浙江東五郡、左將軍、會稽內史，進號鎭軍將軍，加散騎常侍。卒於官，贈衞將軍。子歆，歷太子中庶子、司徒左長史。以母喪，居于吳。王恭舉兵，假歆建武將軍、吳國內史，令起軍，助爲聲援。歆即墨絰合衆，誅殺異己，仍遣前吳國內史虞嘯父等入吳興、義興聚兵，輕俠赴者萬計。歆自謂義兵一動，勢必未寧，可乘間而取富貴。而曾不旬日，國寶賜死，恭罷兵，符歆去職。歆大怒，迴衆討恭。恭遣司馬劉牢之距戰于曲阿，歆衆潰奔走，遂不知所在。長子泰爲恭所殺，少子華以不知歆存亡，憂毀布衣蔬食。後從兄謐言其死所，華始發喪，入仕。

初，導渡淮，使郭璞筮之，卦成，璞曰：「吉，無不利。淮水絕，王氏滅。」其後子孫繁衍，竟如璞言。

史臣曰：飛龍御天，故資雲雨之勢；帝王興運，必俟股肱之力。軒轅，聖人也，杖師臣而授圖；商湯，哲后也，託負鼎而成業。自斯已降，罔不由之。原夫典午發蹤，本于陵寡，金行撫運，無德在時。九土未宅其心，四夷已承其弊。既而中原蕩覆，江左嗣興，兆著玄石之圖，乖少康之祀夏；時無思晉之士，異文叔之興劉；輔佐中宗，艱哉甚矣！茂弘策名枝屏，叶情交好，負其才智，恃彼江湖，思建克復之功，用成翌宣之道。於是王敦內侮，憑天邑而狠顧；蘇峻連兵，指宸居而隼擊。實賴元宰，固懷匪石之心；潛運忠謨，竟翦吞沙之寇。乃誠貫日，主垂餌以終全；貞志陵霜，國綴旒而不滅。觀其開設學校，存乎沸鼎之中，爰立章程，在乎櫛風之際；雖則世道多故，而規模弘遠矣。比夫蕭曹弼漢，六合爲家；奭望匡周，萬方同軌，功未半古，不足爲儔。至若夷吾體仁，能相小國；孔明踐義，善翊新邦，撫事論情，抑斯之類也。提挈三世，終始一心，稱爲「仲父」，蓋其宜矣。恬珣踵德，副呂虔之贈刀；謐乃隤聲，慚劉毅之徵璽。語曰：「深山大澤，有龍有蛇。」實斯之謂也。

贊曰：虋嘯猋馳，龍升雲映。武岡矯矯，匡時緝政。懿績克宣，忠規靡競。契叶三主，榮逾九命。貽刀表祥，筮水流慶。赫矣門族，重光斯盛。

校勘記

〔一〕卿大夫獻賢能之書于王　周校：「鄉」誤「卿」。按：此用周禮地官文，周說是。

〔二〕中外諸軍事　據成紀、通鑑九五，「中外諸軍事」上當脫「都督」二字。

〔三〕咸康五年薨　「咸康」原作「咸和」。勞校：「咸和」當作「咸康」。按：勞說是，今據成紀、通鑑九六、建康實錄七改。

〔四〕徵拜領軍　世說賞譽注引中興書作「中領軍」。洽以吳郡太守轉，資淺，似有「中」字是。

〔五〕柳　斠注：宋書王弘傳「柳」作「抑」。

〔六〕元帝撫軍參軍　姚鼐惜抱軒筆記：協安能上接元帝，蓋簡文爲撫軍將軍，協爲其參軍耳。勞校：元帝未嘗爲撫軍，疑是簡文之誤。

晉書卷六十六

列傳第三十六

劉弘

劉弘字和季，沛國相人也。祖馥，魏揚州刺史。父靖，鎭北將軍。弘有幹略政事之才，少家洛陽，與武帝同居永安里，又同年，共研席。以舊恩起家太子門大夫，累遷率更令，轉太宰長史。張華甚重之。由是爲寧朔將軍、假節、監幽州諸軍事，領烏丸校尉，甚有威惠，寇盜屏迹，爲幽朔所稱。以勳德兼茂，封宣城公。

太安中，張昌作亂，轉使持節、南蠻校尉、荆州刺史，率前將軍趙驤等討昌，自方城至宛、新野，所向皆平。及新野王歆之敗也，以弘代爲鎭南將軍、都督荆州諸軍事，餘官如故。弘遣南蠻長史陶侃爲大都護，參軍蒯恒爲義軍督護，〔一〕牙門將皮初爲都戰帥，進據襄陽。張昌并軍圍宛，敗趙驤軍，弘退屯梁。侃、初等累戰破昌，前後斬首數萬級。及到官，昌懼而逃，其衆悉降，荆土平。

初，弘之退也，范陽王虓遣長水校尉張奕領荆州。弘至，奕不受代，舉兵距弘。弘遣軍討奕，斬之，表曰：「臣以凡才，謬荷國恩，作司方州，奉辭伐罪，不能奮揚雷霆，折衝萬里，軍退於宛，分受顯戮。猥蒙含宥，被遣之職，即進達所鎮。而范陽王虓先遣前長水校尉張奕領荆州，臣至，不受節度，擅舉兵距臣。今張昌姦黨初平，昌未梟擒，益梁流人蕭條猥集，無賴之徒易相扇動，飆風駭蕩，則滄海横波，苟患失之，無所不至。比須表上，慮失事機，輒遣軍討奕，即梟其首。奕雖貪亂，欲爲荼毒，由臣劣弱，不勝其任，令奕肆心，以勞資斧，敢引覆餗之刑，甘受專輒之罪。」詔曰：「將軍文武兼資，前委方夏，宛城不守，咎由趙驤。將軍所遣諸軍，克滅羣寇，張奕貪禍，距違詔命。將軍致討，傳首闕庭，雖有不請之嫌，古人有專之之義。其恢宏奥略，鎮綏南海，以副推轂之望焉。」張昌竄于下雋山，〔三〕弘遣軍討昌，斬之，悉降其衆。

時荆部守宰多闕，弘請補選，帝從之。弘迺叙功銓德，隨才補授，甚爲論者所稱。乃表曰：「被中詔，敕臣隨資品選，補諸缺吏。夫慶賞刑威，非臣所專，且知人則哲，聖帝所難，非臣闇蔽所能斟酌。然萬事有機，豪釐宜慎，謹奉詔書，差所應用。蓋崇化莫若貴德，則所以濟屯，故太上立德，其次立功也。頃者多難，淳朴彌凋，臣輒以徵士伍朝補零陵太守，庶以懲波蕩之弊，養退讓之操。臣以不武，前退於宛，長史陶侃、參軍蒯恒、牙門皮初，勠力致討，蕩滅姦凶，侃恒各以始終軍事，初爲都戰帥，忠勇冠軍，漢沔清肅，實初等之勳也。司馬法『賞不踰時』，欲人知爲善之速福也。若不超報，〔三〕無以勸徇功之士，慰熊羆之志。臣以初補襄陽太守，侃爲府行司馬，使典論功事，恒爲山都令。詔惟令臣以散補空缺，然泝鄉令虞潭忠誠烈正，首唱義舉，舉善以敎，不能者勸，臣輒特轉潭補醴陵令。南郡廉吏仇勃，母老疾困，賊至守衞不移，以致拷掠，幾至隕命。尚書令史郭貞，張昌以爲尚書郎，欲訪以朝議，遁逃不出，昌質其妻子，避之彌遠。勃孝篤著於臨危，貞忠厲於强暴，雖各四品，皆可以訓奬臣子，長益風敎。臣輒以勃爲歸鄉令，貞爲信陵令。皆功行相參，循名校實，條列行狀，公文具上。」朝廷以初雖有功，襄陽又是名郡，名器宜慎，不可授初，乃以前東平太守夏侯陟爲襄陽太守，餘並從之。陟，弘之壻也。弘下敎曰：「夫統天下者，宜與天下一心；化一國者，宜與一國爲任。若必姻親然後可用，則荆州十郡，安得十女壻然後爲政哉！」乃表「陟姻親，舊制不得相監。皮初之勳宜見酬報」。詔聽之。

弘於是勸課農桑，寬刑省賦，歲用有年，百姓愛悅。弘嘗夜起，聞城上持更者歎聲甚苦，遂呼省之。兵年過六十，羸疾無襦。弘愍之，乃謫罰主者，遂給韋袍複帽，轉以相付。舊制，峴方二山澤中不聽百姓捕魚，弘下敎曰：「禮，名山大澤不封，與共其利。今公私幷兼，百姓無復厝手地，當何謂邪！速改此法。」又「酒室中云齊中酒、聽事酒、猥酒，同用麴米，而優劣三品。投醪當與三軍同其薄厚，自今不得分別」。時益州刺史羅尚爲李特所敗，〔四〕遣使告急，請糧。弘移書贍給，而州府綱紀以運道懸遠，文武匱乏，欲以零陵一運米五千斛與尚。弘曰：「諸君未之思耳。天下一家，彼此無異，吾今給之，則無西顧之憂矣。」遂以零陵米三萬斛給之。尚賴以自固。于時流人在荆州十餘萬戶，羈旅貧乏，多爲盜賊。弘乃給其田種糧食，擢其賢才，隨資敍用。時總章太樂伶人，避亂多至荆州，或勸可作樂者。弘曰：「昔劉景升以禮壞樂崩，命杜夔爲天子合樂，樂成，欲庭作之。夔曰：『爲天子合樂而庭作之，恐非將軍本意。』吾常爲之歎息。今主上蒙塵，吾未能展效臣節，雖有家伎，猶不宜聽，況御樂哉！」乃下郡縣，使安慰之，須朝廷旋返，送還本署。論平張昌功，應封次子一人縣侯，弘上疏固讓，許之。進拜侍中、鎭南大將軍、開府儀同三司。

惠帝幸長安，河間王顒挾天子，詔弘爲劉喬繼援。弘以張方殘暴，知顒必敗，遣使受東海王越節度。時天下大亂，弘專督江漢，威行南服。前廣漢太守辛冉說弘以從横之事，〔五〕弘大怒，斬之。河間王顒使張光爲順陽太守，南陽太守衞展說弘曰：「彭城王前東奔，有不善之言。張光，太宰腹心，宜斬光以明向背。」弘曰：「宰輔得失，豈張光之罪！危人自安，君子弗爲也。」展深恨之。

陳敏寇揚州，引兵欲西上。弘乃解南蠻，以授前北軍中候蔣超，統江夏太守陶侃、武陵太守苗光，以大衆屯于夏口。又遣治中何松領建平、宜都、襄陽三郡兵，屯巴東，爲羅尚後繼。又加南平太守應詹寧遠將軍，督三郡水軍，繼蔣超。侃與敏同郡，又同歲舉吏，或有間侃者，弘不疑之。乃以侃爲前鋒督護，委以討敏之任。侃遣子及兄子爲質，弘遣之曰：「賢叔征行，君祖母年高，便可歸也。匹夫之交尚不負心，何況大丈夫乎！」陳敏竟不敢闚境。永興三年，詔進號車騎將軍，開府及餘官如故。

弘每有興廢，手書守相，丁寧款密，所以人皆感悅，爭赴之，咸曰：「得劉公一紙書，賢於十部從事。」及東海王越奉迎大駕，弘遣參軍劉盤爲督護，率諸軍會之。盤旣旋，弘自以老疾，將解州及校尉，適分授所部，未及表上，卒于襄陽。士女嗟痛，若喪所親矣。

初，成都王穎南奔，欲之本國，弘距之。及弘卒，弘司馬郭勱欲推穎爲主，弘子璠追遵弘志，於是墨經率府兵討勱，戰於濁水，斬之，襄沔肅清。初，東海王越疑弘與劉喬貳于己，雖下節度，心未能安。及弘距穎，璠又斬勱，朝廷嘉之。越手書與璠贊美之，表贈弘新城郡公，謚曰元。

以高密王略代鎭，寇盜不禁，詔起璠爲順陽內史，江漢之間翕然歸心。及略薨，山簡代之。簡至，知璠得衆心，恐百姓逼以爲主，表陳之，由是徵璠爲越騎校尉。璠亦深慮逼迫，被書，便輕至洛陽，然後遣迎家累。僑人侯脫、路難等相率衞送至都，然後辭去。南夏遂亂。父老追思弘，雖甘棠之詠召伯，無以過也。

陶侃 子洪 瞻 夏 琦 旗 斌 稱 範 岱 兄子臻 臻弟輿

陶侃字士行，本鄱陽人也。吳平，徙家廬江之尋陽。父丹，吳揚武將軍。侃早孤貧，爲縣吏。鄱陽孝廉范逵嘗過侃，時倉卒無以待賓，其母乃截髮得雙髲，以易酒肴，樂飲極歡，雖僕從亦過所望。及逵去，侃追送百餘里。逵曰：「卿欲仕郡乎？」侃曰：「欲之，困於無津耳！」逵過廬江太守張夔，稱美之。夔召爲督郵，領樅陽令。有能名，遷主簿。會州部從事之郡，欲有所按，侃閉門部勒諸吏，謂從事曰：「若鄙郡有違，自當明憲直繩，不宜相逼。若不以禮，吾能禦之。」從事卽退。夔妻有疾，將迎醫於數百里。時正寒雪，諸綱紀皆難之，侃獨曰：「資於事父以事君。小君，猶母也，安有父母之疾而不盡心乎！」乃請行。衆咸服其義。長沙太守萬嗣過廬江，見侃，虛心敬悅，曰：「君終當有大名。」命其子與之結友而去。

夔察侃爲孝廉，至洛陽，數詣張華。華初以遠人，不甚接遇。侃每往，神無忤色。華後與語，異之。除郎中。伏波將軍孫秀以亡國支庶，府望不顯，中華人士恥爲掾屬，以侃寒宦，召爲舍人。時豫章國郎中令楊晫，侃州里也，爲鄉論所歸。侃詣之，晫曰：「易稱『貞固足以幹事』，陶士行是也。」與同乘見中書郞顧榮，榮甚奇之。吏部郞溫雅謂晫曰：「奈何與小人共載？」晫曰：「此人非凡器也。」尙書樂廣欲會荆揚士人，武庫令黄慶進侃於廣。人或非之，慶曰：「此子終當遠到，復何疑也！」慶後爲吏部令史，舉侃補武岡令。與太守呂岳有嫌，棄官歸，爲郡小中正。

會劉弘爲荆州刺史，將之官，辟侃爲南蠻長史，遣先向襄陽討賊張昌，破之。弘旣至，謂侃曰：「吾昔爲羊公參軍，謂吾其後當居身處。今相觀察，必繼老夫矣。」後以軍功封東鄉侯，邑千戶。

陳敏之亂，弘以侃爲江夏太守，加鷹揚將軍。侃備威儀，迎母官舍，鄉里榮之。敏遣其弟恢來寇武昌，侃出兵禦之。隨郡內史扈瓌間侃於弘曰：〔六〕「侃與敏有鄉里之舊，居大郡，統强兵，脫有異志，則荆州無東門矣。」弘曰：「侃之忠能，吾得之已久，豈有是乎！」侃潛聞之，遽遣子洪及兄子臻詣弘以自固。弘引爲參軍，資而遣之。又加侃爲督護，使與諸軍幷力距恢。侃乃以運船爲戰艦，或言不可，侃曰：「用官物討官賊，但須列上有本末耳。」於是擊恢，所向必破。侃戎政齊肅，凡有虜獲，皆分士卒，身無私焉。後以母憂去職。嘗有二客來弔，不哭而退，化爲雙鶴，沖天而去，時人異之。

服闋，參東海王越軍事。江州刺史華軼表侃爲揚武將軍，使屯夏口，又以臻爲參軍。

軼與元帝素不平，臻懼難作，託疾而歸，白侃曰：「華彥夏有憂天下之志，而才不足，且與琅邪不平，難將作矣。」侃怒，遣臻還軼。臻遂東歸於帝。帝見之，大悅，命臻爲參軍，加侃奮威將軍，假赤幢曲蓋軺車、鼓吹。侃乃與華軼告絕。

頃之，遷龍驤將軍、武昌太守。時天下饑荒，山夷多斷江劫掠。侃令諸將詐作商船以誘之。劫果至，生獲數人，是西陽王羕之左右。侃卽遣兵逼羕，令出向賊，侃整陣於釣臺爲後繼。羕縛送帳下二十人，侃斬之。自是水陸肅淸，流亡者歸之盈路，侃竭資振給焉。又立夷市於郡東，大收其利。而帝使侃擊杜弢，令振威將軍周訪、廣武將軍趙誘受侃節度。侃令二將爲前鋒，兄子輿爲左甄，擊賊，破之。時周顗爲荆州刺史，先鎭潯水城，賊掠其良口。侃使部將朱伺救之，賊退保泠口。侃謂諸將曰：「此賊必更步向武昌，吾宜還城，晝夜三日行可至。卿等誰能忍饑鬭邪？」部將吳寄曰：「要欲十日忍饑，晝當擊賊，夜分捕魚，足以相濟。」侃曰：「卿健將也。」賊果增兵來攻，侃使朱伺等逆擊，大破之，獲其輜重，殺傷甚衆。遣參軍王貢告捷于王敦，敦曰：「若無陶侯，便失荆州矣。伯仁方入境，便爲賊所破，不知那得刺史？」貢對曰：「鄙州方有事難，非陶龍驤莫可。」敦然之，卽表拜侃爲使持節、寧遠將軍、南蠻校尉、荆州刺史，領西陽、江夏、武昌，鎭于沌口，又移入沔江。遣朱伺等討江夏賊，殺之。賊王沖自稱荆州刺史，據江陵。王貢還，至竟陵，矯侃命，以杜曾爲前鋒大督護，進軍斬沖，悉降其衆。侃召曾不到，貢又恐矯命獲罪，遂與曾舉兵反，擊侃督護鄭攀於沌陽，破之，又敗朱伺於沔口。侃欲退入涓中，部將張奕將貳於侃，詭說曰：「賊至而動，衆必不可。」侃惑之而不進。無何，賊至，果爲所敗。賊鉤侃所乘艦，侃窘急，走入小船。朱伺力戰，僅而獲免。張奕竟奔于賊。侃坐免官。王敦表以侃白衣領職。

侃復率周訪等進軍入湘，使都尉楊舉爲先驅，擊杜弢，大破之，屯兵于城西。侃之佐史辭詣王敦曰：「州將陶使君孤根特立，從微至著，忠允之功，所在有效。出佐南夏，輔翼劉征南，前遇張昌，後屬陳敏，侃以偏旅，獨當大寇，無征不克，羣醜破滅。近者王如亂北，杜弢跨南，二征奔走，一州星馳，其餘郡縣，所在土崩。侃招攜以禮，懷遠以德，子來之衆，前後累至。奉承指授，獨守危阨，人往不動，人離不散。往年董督，徑造湘城，志陵雲霄，神機獨斷。徒以軍少糧懸，不果獻捷。然杜弢慴懼，來還夏口，未經信宿，建平流人迎賊俱叛。侃卽迴軍遡流，芟夷醜類，至使西門不鍵，華圻無虞者，侃之功也。明將軍愍此荆楚，救命塗炭，使侃統領窮殘之餘，寒者衣之，饑者食之，比屋相慶，有若挾纊。江濱孤危，地非重險，非可單軍獨能保固，故移就高祚，以避其衝。賊輕易先至，大衆在後，侃距戰經日，殺其名帥。賊尋犬羊相結，并力來攻，侃以忠臣之節，義無退顧，被堅執銳，身當戎行，將士奮擊，莫不用命。當時死者不可勝數。賊衆參伍，更息更戰。侃以孤軍一隊，力不獨禦，量宜取全，以俟後舉。而主者責侃，重加黜削。侃性謙沖，功成身退，今奉還所受，唯恐稽遲。然某等區區，實恐理失於內，事敗於外，豪氂之差，將致千里，使荆蠻乖離，西嵎不守，脣亡齒寒，侵逼無限也。」敦於是奏復侃官。

弢將王貢精卒三千，〔七〕出武陵江，誘五谿夷，以舟師斷官運，徑向武昌。侃使鄭攀及伏波將軍陶延夜趣巴陵，潛師掩其不備，大破之，斬千餘級，降萬餘口。貢遁還湘城。賊中離阻，杜弢遂疑張奕而殺之，衆情益懼，降者滋多。王貢復挑戰，侃遙謂之曰：「杜弢爲益州吏，盜用庫錢，父死不奔喪。卿本佳人，何爲隨之也？天下寧有白頭賊乎！」貢初橫腳馬上，侃言訖，貢斂容下腳，辭色甚順。侃知其可動，復令諭之，截髮爲信，貢遂來降。而弢敗走。進克長沙，獲其將毛寶、高寶、梁堪而還。

王敦深忌侃功。將還江陵，欲詣敦別，皇甫方回及朱伺等諫，以爲不可。侃不從。敦果留侃不遣，左轉廣州刺史、平越中郎將，以王廙爲荆州。侃之佐吏將士詣敦請留侃。敦怒，不許。侃將鄭攀、蘇溫、馬儁等不欲南行，〔八〕遂西迎杜曾以距廙。敦意攀承侃風旨，被甲持矛，將殺侃，出而復迴者數四。侃正色曰：「使君之雄斷，當裁天下，何此不決乎！」因起如廁。諮議參軍梅陶、長史陳頒言於敦曰：「周訪與侃親姻，如左右手，安有斷人左手而右手不應者乎！」敦意遂解，於是設盛饌以餞之。侃便夜發。敦引其子瞻爲參軍。侃既達豫章，見周訪，流涕曰：「非卿外援，我殆不免！」侃因進至始興。

先是，廣州人背刺史郭訥，迎長沙人王機爲刺史。機復遣使詣王敦，乞爲交州。敦從之，而機未發。會杜弘據臨賀，因機乞降，勸弘取廣州，〔九〕弘遂與溫邵及交州秀才劉沈俱謀反。或勸侃且住始興，觀察形勢。侃不聽，直至廣州。弘遣使僞降。侃知其詐，先於封口起發石車。俄而弘率輕兵而至，知侃有備，乃退。侃追擊破之，執劉沈於小桂。又遣部將許高討機，斬之，傳首京都。諸將皆請乘勝擊溫邵，侃笑曰：「吾威名已著，何事遣兵，但一函紙自足耳。」於是下書諭之。邵懼而走，追獲於始興。以功封柴桑侯，食邑四千戶。

侃在州無事，輒朝運百甓於齋外，暮運於齋內。人問其故，答曰：「吾方致力中原，過爾優逸，恐不堪事。」其勵志勤力，皆此類也。

太興初，進號平南將軍，尋加都督交州軍事。及王敦舉兵反，詔侃以本官領江州刺史，尋轉都督、湘州刺史。敦得志，上侃復本職，加散騎常侍。時交州刺史王諒爲賊梁碩所陷，侃遣將高寶進擊平之。以侃領交州刺史。錄前後功，封次子夏爲都亭侯，進號征南大將軍、開府儀同三司。及王敦平，遷都督荊、雍、益、梁州諸軍事，領護南蠻校尉、征西大將軍、荊州刺史，餘如故。楚郢士女莫不相慶。

侃性聰敏，勤於吏職，恭而近禮，愛好人倫。終日斂膝危坐，閫外多事，千緒萬端，罔有遺漏。遠近書疏，莫不手答，筆翰如流，未嘗壅滯。引接疏遠，門無停客。常語人曰：「大禹聖者，乃惜寸陰，至於衆人，當惜分陰，豈可逸遊荒醉，生無益於時，死無聞於後，是自棄也。」諸參佐或以談戲廢事者，乃命取其酒器、蒱博之具，悉投之于江，吏將則加鞭扑，曰：「樗蒱者，牧豬奴戲耳！老莊浮華，非先王之法言，不可行也。君子當正其衣冠，攝其威儀，何有亂頭養望自謂宏達邪！」有奉饋者，皆問其所由。若力作所致，雖微必喜，慰賜參倍；若非理得之，則切厲訶辱，還其所饋。嘗出遊，見人持一把未熟稻，侃問：「用此何爲？」人云：「行道所見，聊取之耳。」侃大怒曰：「汝既不田，而戲賊人稻！」執而鞭之。是以百姓勤於農殖，家給人足。時造船，木屑及竹頭悉令舉掌之，咸不解所以。後正會，積雪始晴，聽事前餘雪猶溼，於是以屑布地。及桓溫伐蜀，又以侃所貯竹頭作丁裝船。其綜理微密，皆此類也。

暨蘇峻作逆，京都不守，侃子瞻爲賊所害，平南將軍溫嶠要侃同赴朝廷。初，明帝崩，侃不在顧命之列，深以爲恨，答嶠曰：「吾疆埸外將，不敢越局。」嶠固請之，因推爲盟主。侃乃遣督護龔登率衆赴嶠，而又追迴。嶠以峻殺其子，重遣書以激怒之。侃妻龔氏亦固勸自行。於是便戎服登舟，星言兼邁，瞻喪至不臨。五月，與溫嶠、庾亮等俱會石頭。諸軍卽欲決戰，侃以賊盛，不可爭鋒，當以歲月智計擒之。累戰無功，諸將請於查浦築壘。監軍部將李根建議，請立白石壘。侃不從，曰：「若壘不成，卿當坐之。」根曰：「查浦地下，又在水南，唯白石峻極險固，〔一〇〕可容數千人，賊來攻不便，滅賊之術也。」侃笑曰：「卿良將也。」乃從根謀，夜修曉訖。賊見壘大驚。賊攻大業壘，侃將救之，長史殷羨曰：「若遣救大業，步戰不如峻，則大事去矣。但當急攻石頭，峻必救之，而大業自解。」侃又從羨言。峻果棄大業而救石頭。諸軍與峻戰陳陵東，〔一一〕侃督護竟陵太守李陽部將彭世斬峻於陣，賊衆大潰。峻弟逸復聚衆。侃與諸軍斬逸於石頭。

初，庾亮少有高名，以明穆皇后之兄受顧命之重，蘇峻之禍，職亮是由。及石頭平，懼侃致討，亮用溫嶠謀，詣侃拜謝。侃遽止之，曰：「庾元規乃拜陶士行邪！」王導入石頭城，令取故節，侃笑曰：「蘇武節似不如是！」導有慚色，使人屏之。

侃旋江陵，尋以爲侍中、太尉，加羽葆鼓吹，改封長沙郡公，邑三千戶，賜絹八千匹，加都督交、廣、寧七州軍事。以江陵偏遠，移鎮巴陵。遣諮議參軍張誕討五谿夷，降之。

屬後將軍郭默矯詔襲殺平南將軍劉胤，輒領江州。侃聞之曰：「此必詐也。」遣將軍宋夏、陳脩率兵據湓口，侃以大軍繼進。默遣使送妓婢絹百匹，寫中詔呈侃。參佐多諫曰：「默不被詔，豈敢爲此事。若進軍，宜待詔報。」侃厲色曰：「國家年小，不出胸懷。且劉胤爲朝廷所禮，雖方任非才，何緣猥加極刑！郭默虓勇，所在暴掠，以大難新除，威網寬簡，欲因隙會騁其從横耳。」發使上表討默。與王導書曰：「郭默殺方州，卽用爲方州；害宰相，便爲宰相乎？」導答曰：「默居上流之勢，加有船艦成資，故苞含隱忍，使其有地。一月潛嚴，足下軍到，是以得風發相赴，豈非遵養時晦以定大事者邪！」侃省書笑曰：「是乃遵養時賊也。」侃既至，默將宗侯縛默父子五人及默將張丑詣侃降，〔一二〕侃斬默等。默在中原，數與石勒等戰，賊畏其勇，聞侃討之，兵不血刃而擒也，益畏侃。蘇峻將馮鐵殺侃子奔于石勒，勒以爲戍將。侃告勒以故，勒召而殺之。詔侃都督江州，領刺史，增置左右長史、司馬、從事中郎四人，掾屬十二人。侃旋于巴陵，因移鎭武昌。

侃命張夔子隱爲參軍，范逵子珧爲湘東太守，辟劉弘曾孫安爲掾屬，表論梅陶，凡微時所荷，一餐咸報。

遣子斌與南中郎將桓宣西伐樊城，走石勒將郭敬。使兄子臻、竟陵太守李陽等共破新野，遂平襄陽。拜大將軍，劍履上殿，入朝不趨，讚拜不名。上表固讓，曰：「臣非貪榮於疇昔，而虛讓於今日。事有合於時宜，臣豈敢與陛下有違；理有益於聖世，臣豈與朝廷作異。臣常欲除諸浮長之事，遣諸虛假之用，非獨臣身而已。若臣杖國威靈，梟雄斬勒，則又何以加！」

咸和七年六月疾篤，〔一三〕又上表遜位曰：

臣少長孤寒，始顧有限。過蒙聖朝歷世殊恩、陛下睿鑒，寵靈彌泰。有始必終，自古而然。臣年垂八十，位極人臣，啓手啓足，當復何恨！但以陛下春秋尚富，餘寇不誅，山陵未反，所以憤愾兼懷，不能已已。臣雖不知命，年時已邁，國恩殊特，賜封長沙，隕越之日，當歸骨國土。臣父母舊葬，今在尋陽，緣存處亡，無心分違，已勒國臣修遷改之事，刻以來秋，奉迎窀穸，葬事訖，乃告老下藩。不圖所患，遂爾綿篤，伏枕感結，情不自勝。臣間者猶為犬馬之齒尚可小延，欲為陛下西平李雄，北吞石季龍，是以遣毌丘奧於巴東，授桓宣於襄陽。良圖未敍，於此長乖！此方之任，內外之要，願陛下速選臣代使，必得良才，奉宣王猷，遵成臣志，則臣死之日猶生之年。

陛下雖聖姿天縱，英奇日新，方事之殷，當賴羣儁。司徒導鑒識經遠，光輔三世；司空鑒簡素貞正，內外惟允；平西將軍亮雅量詳明，器用周時，即陛下之周召也。獻替疇諮，敷融政道，地平天成，四海幸賴。謹遣左長史殷羨奉送所假節麾、幢曲蓋、侍中貂蟬、太尉章、荊江州刺史印傳棨戟。仰戀天恩，悲酸感結。

以後事付右司馬王愆期，加督護，統領文武。

侃輿車出臨津就船，明日，薨于樊谿，時年七十六。成帝下詔曰：「故使持節、侍中、太尉、都督荊江雍梁交廣益寧八州諸軍事、荊江二州刺史、長沙郡公經德蘊哲，謀猷弘遠。作藩于外，八州肅清；勤王于內，皇家以寧。乃者桓文之勳，伯舅是憑。方賴大猷，俾屏予一人。前進位大司馬，禮秩策命，未及加崇。昊天不弔，奄忽薨殂，朕用震悼于厥心。今遣兼鴻臚追贈大司馬，假蜜章，祠以太牢。魂而有靈，嘉茲寵榮。」又策謚曰桓，祠以太牢。侃遺令葬國南二十里，〔四〕故吏刊石立碑畫像於武昌西。

侃在軍四十一載，雄毅有權，明悟善決斷。自南陵迄于白帝數千里中，路不拾遺。蘇峻之役，庾亮輕進失利。亮司馬殷融詣侃謝曰：「將軍爲此，非融等所裁。」將軍王章至，曰：「章自爲之，將軍不知也。」侃曰：「昔殷融爲君子，王章爲小人；今王章爲君子，殷融爲小人。」侃性纖密好問，頗類趙廣漢。嘗課諸營種柳，都尉夏施盜官柳植之於己門。侃後見，駐車問曰：「此是武昌西門前柳，何因盜來此種？」施惶怖謝罪。時武昌號爲多士，殷浩、庾翼等皆爲佐吏。侃每飲酒有定限，常歡有餘而限已竭，浩等勸更少進，侃悽懷良久曰：「年少曾有酒失，亡親見約，故不敢踰。」議者以武昌北岸有邾城，宜分兵鎮之。侃每不答，而言者不已，侃迺渡水獵，引將佐語之曰：「我所以設險而禦寇，正以長江耳。邾城隔在江北，內無所倚，外接羣夷。夷中利深，晉人貪利，夷不堪命，必引寇虜，迺致禍之由，非禦寇也。且吳時此城乃三萬兵守，今縱有兵守之，亦無益於江南。若羯虜有可乘之會，此又非所資也。」後庾亮戍之，果大敗。季年懷止足之分，不與朝權。未亡一年，欲遜位歸國，佐吏等苦留之。及疾篤，將歸長沙，軍資器仗牛馬舟船皆有定簿，封印倉庫，自加管鑰，以付王愆期，然後登舟，朝野以爲美談。將出府門，顧謂愆期曰：「老子婆娑，正坐諸君輩。」尙書梅陶與親人曹識書曰：「陶公機神明鑒似魏武，忠順勤勞似孔明，陸抗諸人不能及也。」謝安每言「陶公雖用法，而恒得法外意」。其爲世所重如此。然媵妾數十，家僮千餘，珍奇寶貨富於天府。或云「侃少時漁於雷澤，網得一織梭，以挂于壁。有頃雷雨，自化爲龍而去」。又夢生八翼，飛而上天，見天門九重，已登其八，唯一門不得入。閽者以杖擊之，因墜地，折其左翼。及寤，左腋猶痛。又嘗如廁，見一人朱衣介幘，斂板曰：「以君長者，故來相報。君後當爲公，位至八州都督。」有善相者師圭謂侃曰：「君左手中指有豎理，當爲公。若徹於上，貴不可言。」侃以針決之見血，灑壁而爲「公」字，以紙裛手，「公」字愈明。及都督八州，據上流，握强兵，潛有窺窬之志，每思折翼之祥，自抑而止。

侃有子十七人，唯洪、瞻、夏、琦、旗、斌、稱、範、岱見舊史，餘者並不顯。

洪辟丞相掾，早卒。

瞻字道眞，少有才器，歷廣陵相，廬江、建昌二郡太守，遷散騎常侍、都亭侯。爲蘇峻所害，追贈大鴻臚，謚愍悼世子。以夏爲世子。及送侃喪還長沙，夏與斌及稱各擁兵數千以相圖。既而解散，斌先往長沙，悉取國中器仗財物。夏至，殺斌。庾亮上疏曰：「斌雖醜惡，罪在難忍，然王憲有制，骨肉至親，親運刀鋸以刑同體，傷父母之恩，無惻隱之心，應加放黜，以懲暴虐。」亮表未至都，而夏病卒。詔復以瞻息弘襲侃爵，仕至光祿勳。卒，子綽之嗣。綽之卒，子延壽嗣。宋受禪，降爲吳昌侯，五百戶。

琦司空掾。

旗歷位散騎常侍、郴縣開國伯。咸和末，爲散騎侍郎。性甚凶暴。卒，子定嗣。卒，子襲之嗣。卒，子謙之嗣。宋受禪，國除。

斌尙書郎。

稱東中郎將、南平太守、南蠻校尉、假節。性虓勇不倫，與諸弟不協。後加建威將軍。咸康五年，庾亮以稱爲監江夏隨義陽三郡軍事、南中郎將、江夏相，以本所領二千人自隨。到夏口，輕將二百人下見亮。〔一三〕亮大會吏佐，責稱前後罪惡，稱拜謝，因罷出。亮使人於閤外收之，棄市。亮上疏曰：「案稱，大司馬侃之孽子，父亡不居喪位，荒耽于酒，昧利偸榮，擅攝五郡，自謂監軍，輒召王官，聚之軍府。故車騎將軍劉弘曾孫安寓居江夏，及將楊恭、趙韶，並以言色有忤，稱放聲當殺，安、恭懼，自赴水而死，韶於獄自盡。將軍郭開從稱往長沙赴喪，稱疑開附其兄弟，乃反縛懸頭於帆檣，仰而彈之，鼓棹渡江二十餘里，觀者數千，莫不震駭。又多藏匿府兵，收坐應死。臣猶未忍直上，且免其司馬。稱肆縱醜言，無所顧忌，要結諸將，欲阻兵構難。諸將惶懼，莫敢酬答，由是姦謀未即發露。臣以侃勳勞王室，是以依違容掩，故表爲南中郎將，與臣相近，思欲有以匡救之。而稱豺狼愈甚，發言激切，不忠不孝，莫此之甚。苟利社稷，義有專斷，輒收稱伏法。」

範最知名，太元初，爲光祿勳。

岱散騎侍郎。

臻字彥遐，有勇略智謀，賜爵當陽亭侯。咸和中，爲南郡太守、領南蠻校尉、假節。卒官，追贈平南將軍，謚曰肅。

臻弟輿，果烈善戰，以功累遷武威將軍。初，賊張奕本中州人，元康中被差西征，遇天下亂，遂留蜀。至是，率三百餘家欲就杜弢，爲侃所獲。諸將請殺其丁壯，取其妻息，輿曰：「此本官兵，數經戰陣，可赦之以爲用。」侃赦之，以配輿。及侃與杜弢戰敗，賊以桔槔打沒官軍船艦，軍中失色。輿率輕舸出其上流以擊之，所向輒克。賊又率衆將焚侃輜重，輿又擊破之。自是每戰輒克，賊望見輿軍，相謂曰：「避陶武威。」無敢當者。後與杜弢戰，輿被重創，卒。侃哭之慟，曰：「喪吾家寶！」三軍皆爲之垂泣。詔贈長沙太守。

史臣曰：古者明王之建國也，下料疆宇，列爲九州，輔相玄功，咨于四岳。所以仰希齊政，俯寄宣風。備連率之儀，威騰閫外；總頒條之務，禮縟區中。委稱其才，甘棠以之流詠；據非其德，鼲鼦以是興嗟。中朝叔世，要荒多阻，分符建節，並紊天綱。和季以同里之情，申盧綰之契，居方牧之地，振吳起之風。自幽徂荆，亟斂豺狼之迹；舉賢登善，窮摋孔翠之毛。由是吏民畢力，華夷順命，一州淸晏，恬波於沸海之中；百城安堵，靜祲於稽天之際。猶獨稱善政，何其寡歟！易云「貞固足以幹事」，於征南見之矣。〔一六〕士行望非世族，俗異諸華，拔萃陬落之間，比肩髦儁之列，超居外相，宏總上流。布澤懷邊，則嚴城靜柝；釋位匡主，則淪鼎再寧。元規以戚里之崇，挹其膺而下拜；茂弘以保衡之貴，服其言而動色。望隆分陝，理則宜然。至於時屬雲屯，富逾天府，潛有包藏之志，顧思折翼之祥，悖矣！夫子曰「人無求備」，斯言之信，於是有徵。

贊曰：和季承恩，建旟南服。威靜荆塞，化揚江澳。勠力天朝，匪忘忠肅。長沙勤王，擁旆戎場。任隆三事，功宣一匡。繄賴之重，匪伊舟航。

校勘記

〔一〕蒯恒　張昌傳作「蒯桓」。下同。

〔二〕下雋山　「雋」原作「儁」，今據地理志下改。

〔三〕若不超報　册府六七一「超報」作「超拔」。

〔四〕時益州刺史羅尚爲李特所敗　舉正：此時特已死，尚爲雄所敗耳。

〔五〕前廣漢太守辛冉　「辛冉」原作「羊冉」。斠注：魏志劉馥傳注引晉陽秋作「辛冉」。按：辛冉事詳華陽國志八。通鑑八六亦作「辛冉」。辛冉又見張華傳。「辛」「羊」形近易誤，今據改。

〔六〕扈瓌　斠注：元和姓纂作「扈懷」。按：通鑑八六亦作「扈懷」。

〔七〕弢將王貢　周校：細檢愍紀及杜弢傳，此皆王眞事，非王貢也。「貢」「眞」形近相亂。斠注：御覽一三七、三七二引王隱晉書亦作「王眞」。按：御覽七六八引王隱晉書同作「王眞」。周說是。

〔八〕馬儁　「儁」，王廙傳作「俊」，通鑑八九、九一作「雋」。

〔九〕勸弘取廣州　勞校：「廣州」，機傳作「交州」，是也。

〔一〇〕峻極險固　「險」，各本作「顯」，今從吳本。册府四二一亦作「險」。

〔一一〕陳陵東　蘇峻傳、通鑑九四作「白木陂」。通鑑胡注云「白木陂在東陵東」，則東陵東卽白木陂。卞壼傳謂「峻至東陵口」，桓玄傳云「何澹之屯東陵」。疑此「陳陵」爲「東陵」之誤。

〔一二〕宗侯　周校：郭默傳兩見皆作「宋侯」。

〔一三〕咸和七年六月疾篤　「七年」，成紀、通鑑九五作「九年」。

〔一四〕葬國南二十里　「二」，各本作「一」。局本注云「元作二」。宋本作「二」，通志一二六亦作「二」。元和郡縣圖志云，陶侃墓在長沙縣南二十三里。今從宋本。

〔一五〕輕將二百人下見亮　册府四〇一「輕」作「徑」。

〔一六〕於征南見之矣　周校：「征南」當作「鎮南」。

晉書卷六十七

列傳第三十七

溫嶠

溫嶠字太眞，司徒羡弟之子也。父憺，河東太守。嶠性聰敏，有識量，博學能屬文，少以孝悌稱於邦族。風儀秀整，美於談論，見者皆愛悅之。年十七，州郡辟召，皆不就。司隸命爲都官從事。散騎常侍庾敳有重名，而頗聚斂，嶠舉奏之，京都振肅。後舉秀才、灼然。司徒辟東閤祭酒，補上黨潞令。

平北大將軍劉琨妻，嶠之從母也。琨深禮之，請爲參軍。琨遷大將軍，嶠爲從事中郎、上黨太守，加建威將軍、督護前鋒軍事。將兵討石勒，屢有戰功。琨遷司空，以嶠爲右司馬。于時幷土荒殘，寇盜羣起，石勒、劉聰跨帶疆埸，嶠爲之謀主，琨所憑恃焉。

屬二都傾覆，社稷絕祀，元帝初鎭江左，琨誠繫王室，謂嶠曰：「昔班彪識劉氏之復興，馬援知漢光之可輔。今晉祚雖衰，天命未改，吾欲立功河朔，使卿延譽江南，子其行乎？」對曰：「嶠雖無管張之才，而明公有桓文之志，欲建匡合之功，豈敢辭命。」乃以爲左長史，檄告華夷，奉表勸進。嶠既至，引見，具陳琨忠誠，志在效節，因說社稷無主，天人係望，辭旨慷慨。舉朝屬目，帝器而嘉焉。王導、周顗、謝鯤、〔一〕庾亮、桓彝等並與親善。于時江左草創，綱維未舉，嶠殊以爲憂。及見王導共談，歡然曰：「江左自有管夷吾，吾復何慮！」屢求反命，不許。會琨爲段匹磾所害，嶠表琨忠誠，雖勳業不遂，然家破身亡，宜在褒崇，以慰海內之望。帝然之。

除散騎侍郎。初，嶠欲將命，其母崔氏固止之，嶠絕裾而去。其後母亡，嶠阻亂不獲歸葬，由是固讓不拜，苦請北歸。詔三司、八坐議其事，皆曰：「昔伍員志復私讎，先假諸侯之力，東奔闔閭，位爲上將，然後鞭荊王之尸。若嶠以母未葬沒在胡虜者，乃應竭其智謀，仰憑皇靈，使逆寇冰消，反哀墓次，豈可稍以乖嫌廢其遠圖哉！」嶠不得已，乃受命。

後歷驃騎王導長史，遷太子中庶子。及在東宮，深見寵遇，太子與爲布衣之交。數陳規諷，又獻侍臣箴，甚有弘益。時太子起西池樓觀，頗爲勞費，嶠上疏以爲朝廷草創，巨寇未滅，宜應儉以率下，務農重兵，太子納焉。王敦舉兵內向，六軍敗績，太子將自出戰，嶠執鞚諫曰：「臣聞善戰者不怒，善勝者不武，如何萬乘儲副而以身輕天下！」太子乃止。

明帝即位，拜侍中，機密大謀皆所參綜，詔命文翰亦悉豫焉。俄轉中書令。嶠有棟梁之任，帝親而倚之，甚爲王敦所忌，因請爲左司馬。敦阻兵不朝，多行陵縱，嶠諫敦曰：「昔周公之相成王，勞謙吐握，豈好勤而惡逸哉！誠由處大任者不可不爾。而公自還輦轂，入輔朝政，闕拜覲之禮，簡人臣之儀，不達聖心者莫不於邑。昔帝舜服事唐堯，伯禹竭身虞庭，文王雖盛，臣節不督。故有庇人之大德，必有事君之小心，俾芳烈奮乎百世，休風流乎萬祀。至聖遺軌，所不宜忽。願思舜、禹、文王服事之勤，惟公旦吐握之事，則天下幸甚。」敦不納。嶠知其終不悟，於是謬爲設敬，綜其府事，干說密謀，以附其欲。深結錢鳳，爲之聲譽，每曰：「錢世儀精神滿腹。」嶠素有知人之稱，鳳聞而悅之，深結好於嶠。會丹楊尹缺，嶠說敦曰：「京尹輦轂喉舌，宜得文武兼能，公宜自選其才。若朝廷用人，或不盡理。」敦然之，問嶠誰可作者。嶠曰：「愚謂錢鳳可用。」鳳亦推嶠，嶠僞辭之。敦不從，表補丹楊尹。嶠猶懼錢鳳爲之姦謀，因敦餞別，嶠起行酒，至鳳前，鳳未及飲，嶠因僞醉，以手版擊鳳幘墜，作色曰：「錢鳳何人，溫太眞行酒而敢不飲！」敦以爲醉，兩釋之。臨去言別，涕泗橫流，出閤復入，如是再三，然後即路。及發後，鳳入說敦曰：「嶠於朝廷甚密，而與庾亮深交，未必可信。」敦曰：「太眞昨醉，小加聲色，豈得以此便相讒貳。」由是鳳謀不行，而嶠得還都，乃具奏敦之逆謀，請先爲之備。

及敦構逆，加嶠中壘將軍、持節、都督東安北部諸軍事。敦與王導書曰：「太眞別來幾日，作如此事！」表誅姦臣，以嶠爲首。募生得嶠者，當自拔其舌。及王含、錢鳳奄至都下，嶠燒朱雀桁以挫其鋒，帝怒之，嶠曰：「今宿衞寡弱，徵兵未至，若賊豕突，危及社稷，陛下何惜一橋。」賊果不得渡。嶠自率衆與賊夾水戰，擊王含，敗之，復督劉遐追錢鳳於江寧。事平，封建寧縣開國公，賜絹五千四百匹，進號前將軍。

時制王敦綱紀除名，參佐禁固，嶠上疏曰：「王敦剛愎不仁，忍行殺戮，親任小人，疏遠君子，朝廷所不能抑，骨肉所不能間。處其朝者恒懼危亡，故人士結舌，道路以目，誠賢人君子道窮數盡，遵養時晦之辰也。且敦爲大逆之日，拘錄人士，自免無路，原其私心，豈遑晏處，如陸玩、羊曼、劉胤、蔡謨、郭璞常與臣言，備知之矣。必其凶悖，自可罪人斯得；如其枉入姦黨，宜施之以寬。加以玩等之誠，聞於聖聽，當受同賊之責，實負其心。陛下仁聖含弘，思求允中，臣階緣博納，干非其事，誠在愛才，不忘忠益。」帝從之。

是時天下凋弊，國用不足，詔公卿以下詣都坐論時政之所先，嶠因奏軍國要務。其一曰：「祖約退舍壽陽，有將來之難。今二方守禦，爲功尚易。淮泗都督，宜竭力以資之。選名重之士，配征兵五千人，又擇一偏將，將二千兵，以益壽陽，可以保固徐豫，援助司土。」其二曰：「一夫不耕，必有受其饑者。今不耕之夫，動有萬計。春廢勸課之制，冬峻出租之令，下未見施，惟賦是聞。賦不可以已，當思令百姓有以殷實。司徒置田曹掾，州一人，勸課農桑，察吏能否，今宜依舊置之。必得清恪奉公，足以宣示惠化者，則所益實弘矣。」其三曰：「諸外州郡將兵者及都督府非臨敵之軍，且田且守。又先朝使五校出田，今四軍五校有兵者，及護軍所統外軍，可分遣二軍出，幷屯要處。緣江上下，皆有良田，開荒須一年之後即易。且軍人累重者在外，有樵採蔬食之人，於事爲便。」其四曰：「建官以理世，不以私人也。如此則官寡而材精。周制六卿莅事，春秋之時，入作卿輔，出將三軍。後代建官漸多，誠由事有煩簡耳。然今江南六州之土，尚又荒殘，方之平日，數十分之一耳。三省軍校無兵者，九府寺署可有幷相領者，可有省半者，粗計閑劇，隨事減之。荒殘之縣，或同在一城，可幷合之。如此選既可精，祿俸可優，令足代耕，然後可責以清公耳。」其五曰：「古者親耕藉田以供粢盛，舊置藉田、廩犧之官。今臨時市求，既上黷至敬，下費生靈，非所以虔奉宗廟蒸嘗之旨。宜如舊制，立此二官。」其六曰：「使命愈遠，益宜得才，宣揚王化，延譽四方。人情不樂，遂取卑品之人，虧辱國命，生長患害。故宜重其選，不可減二千石見居二品者。」其七曰：「罪不相及，古之制也。近者大逆，誠由凶戾。凶戾之甚，一時權用。今遂施行，非聖朝之令典，宜如先朝除三族之制。」議奏，多納之。

帝疾篤，嶠與王導、郗鑒、庾亮、陸曄、卞壼等同受顧命。時歷陽太守蘇峻藏匿亡命，朝廷疑之。征西將軍陶侃有威名於荆楚，又以西夏爲虞，故使嶠爲上流形援。咸和初，代應詹爲江州刺史、持節、都督、平南將軍，鎮武昌，甚有惠政，甄異行能，親祭徐孺子之墓。又陳「豫章十郡之要，宜以刺史居之。尋陽濱江，都督應鎮其地。今以州帖府，進退不便。且古鎮將多不領州，皆以文武形勢不同故也。宜選單車刺史別撫豫章，專理黎庶。詔不許。在鎮見王敦畫像，曰：「敦大逆，宜加斲棺之戮，受崔杼之刑。古人闔棺而定謚，春秋大居正，崇王父之命，未有受戮於天子而圖形於羣下。」命削去之。

嶠聞蘇峻之徵也，慮必有變，求還朝以備不虞，不聽。未幾而蘇峻果反。嶠屯尋陽，遣督護王愆期、西陽太守鄧嶽、鄱陽內史紀瞻等率舟師赴難。〔三〕及京師傾覆，嶠聞之號慟。人有候之者，悲哭相對。俄而庾亮來奔，宣太后詔，進嶠驃騎將軍、開府儀同三司。嶠曰：「今日之急，殄寇爲先，未效勳庸而逆受榮寵，非所聞也，何以示天下乎！」固辭不受。時亮雖奔敗，嶠每推崇之，分兵給亮。遣王愆期等要陶侃同赴國難，侃恨不受顧命，不許。嶠初從之，後用其部將毛寶說，復固請侃行，語在寶傳。初，嶠與庾亮相推爲盟主，嶠從弟充言於嶠曰：「征西位重兵強，宜共推之。」嶠於是遣王愆期奉侃爲盟主。侃許之，遣督護龔登率兵詣嶠。嶠於是列上尚書，陳峻罪狀，有衆七千，灑泣登舟，移告四方征鎮曰：

賊臣祖約、蘇峻同惡相濟，用生邪心。天奪其魄，死期將至。譴負天地，自絕人倫。寇不可縱，宜增軍討撲，輒屯次湓口。即日護軍庾亮至，宣太后詔，寇逼宮城，王旅撓敗，出告藩臣，謀寧社稷。後將軍郭默、冠軍將軍趙胤、奮武將軍龔保與嶠督護王愆期、西陽太守鄧嶽、鄱陽內史紀瞻，率其所領，相尋而至。逆賊肆凶，陵蹈宗廟，火延宮掖，矢流太極，二御幽逼，宰相困迫，殘虐朝士，劫辱子女。承問悲惶，精魂飛散。嶠闇弱不武，不能徇難，哀恨自咎，五情摧隕，慚負先帝託寄之重，義在畢力，死而後已。今躬率所統，為士卒先，催進諸軍，一時電擊。西陽太守鄧嶽、尋陽太守褚誕等連旗相繼，宣城內史桓彝已勒所屬屯濱江之要，江夏相周撫乃心求征，軍已向路。

昔包胥楚國之微臣，重趼致誠，義感諸侯。藺相如趙邦之陪隸，恥君之辱，按劍秦庭。皇漢之季，董卓作亂，劫遷獻帝，虐害忠良，關東州郡相率同盟。廣陵功曹臧洪，郡之小吏耳，登壇啗血，涕淚橫流，慷慨之節，實厲羣后。況今居台鼎，據方州，列名邦，受國恩者哉！不期而會，不謀而同，不亦宜乎！

二賊合衆，不盈五千，且外畏胡寇，城內饑乏，後將軍郭默即於戰陣俘殺賊千人。賊今雖殘破都邑，其宿衞兵人即時出散，不為賊用。且祖約情性褊阨，忌克不仁，蘇峻小子，惟利是視，殘酷驕猜，權相假合。江表興義，以抗其前，强胡外寇，以躡其後，運漕隔絕，資食空懸，內乏外孤，勢何得久！

羣公征鎮，職在禦侮。征西陶公，國之耆德，忠肅義正，勳庸弘著。諸方鎮州郡咸齊斷金，同稟規略，以雪國恥，苟利社稷，死生以之。嶠雖怯劣，忝據一方，賴忠賢之規，文武之助，君子竭誠，小人盡力，高操之士被褐而從戎，負薪之徒匍匐而赴命，率其私僕，致其私杖，人士之誠，竹帛不能載也。豈嶠無德而致之哉？士稟義風，人感皇澤。且護軍庾公，帝之元舅，德望隆重，率郭後軍、趙、龔三將，與嶠勠力，得有資憑，且悲且慶，若朝廷之不泯也。其各明率所統，無後事機。賞募之信，明如日月。有能斬約峻者，封五等侯，賞布萬匹。夫忠爲令德，爲仁由己，萬里一契，義不在言也。

時陶侃雖許自下而未發，復追其督護龔登。嶠重與侃書曰：

僕謂軍有進而無退，宜增而不可減。近已移檄遠近，言於盟府，剋後月半大舉，南康、建安、晉安三郡軍並在路次，同赴此會，惟須仁公所統至，便齊進耳。仁公今召軍還，疑惑遠近，成敗之由，將在於此。

僕才輕任重，實憑仁公篤愛，遠稟成規。至於首啓戎行，不敢有辭，僕與仁公當如常山之蛇，首尾相衞，又脣齒之喻也。恐惑者不達高旨，將謂仁公緩於討賊，此聲難追。僕與仁公並受方嶽之任，安危休慼，理旣同之。且自頃之顧，綢繆往來，情深義重，著於人士之口，一旦有急，亦望仁公悉衆見救，況社稷之難！

惟僕偏當一州，州之文武莫不翹企。假令此州不守，約峻樹置官長於此，荆楚西逼强胡，東接逆賊，因之以饑饉，將來之危乃當甚於此州之今日也。以大義言之，則社稷顛覆，主辱臣死。公進當爲大晉之忠臣，參桓文之義，開國承家，銘之天府；退當以慈父雪愛子之痛。

約峻凶逆無道，囚制人士，裸其五形。近日來者，不可忍見。骨肉生離，痛感天地，人心齊一，咸皆切齒。今之進討，若以石投卵耳！今出軍既緩，復召兵還，人心乖離，是爲敗於幾成也。願深察所陳，以副三軍之望。

峻時殺侃子瞻，由是侃激勵，遂率所統與嶠、亮同赴京師，戎卒六萬，旌旗七百餘里，鉦鼓之聲震於百里，直指石頭，次于蔡洲。侃屯查浦，嶠屯沙門浦。時祖約據歷陽，與峻爲首尾，見嶠等軍盛，謂其黨曰：「吾本知嶠能爲四公子之事，今果然矣。」

峻聞嶠將至，逼大駕幸石頭。時峻軍多馬，南軍杖舟楫，不敢輕與交鋒。用將軍李根計，據白石築壘以自固，使庾亮守之。賊步騎萬餘來攻，不下而退，追斬二百餘級。嶠又於四望磯築壘以逼賊，曰：「賊必爭之，設伏以逸待勞，是制賊之一奇也。」是時義軍屢戰失利，嶠軍食盡，陶侃怒曰：「使君前云不憂無將士，惟得老僕爲主耳。今數戰皆北，良將安在？荆州接胡蜀二虜，倉廩當備不虞，若復無食，僕便欲西歸，更思良算。但今歲計，殄賊不爲晚也。」嶠曰：「不然。自古成監，師克在和。光武之濟昆陽，曹公之拔官渡，以寡敵衆，杖義故也。峻、約小豎，爲海內所患，今日之舉，決在一戰。峻勇而無謀，藉驕勝之勢，自謂無前，今挑之戰，可一鼓而擒也。奈何捨垂立之功，設進退之計！且天子幽逼，社稷危殆，四海臣子，肝腦塗地，嶠等與公並受國恩，是致命之日。事若克濟，則臣主同祚；如其不捷，身雖灰滅，不足以謝責於先帝。今之事勢，義無旋踵，騎猛獸，安可中下哉！公若違衆獨反，人心必沮。沮衆敗事，義旗將迴指於公矣。」侃無以對，遂留不去。

嶠於是創建行廟，廣設壇場，告皇天后土祖宗之靈，親讀祝文，聲氣激揚，流涕覆面，三軍莫能仰視。其日侃督水軍向石頭，亮、嶠等率精勇一萬從白石以挑戰。時峻勞其將士，因醉，突陣馬躓，爲侃將所斬。峻弟逸及子碩嬰城自固。嶠乃立行臺，布告天下，凡故吏二千石、臺郎御史以下，皆令赴臺。於是至者雲集。司徒王導因奏嶠、侃錄尚書，遣間使宣旨，並讓不受。賊將匡術以臺城來降，爲逸所擊，求救於嶠。江州別駕羅洞曰：「今水暴長，救之不便，不如攻榻杭。榻杭軍若敗，術圍自解。」嶠從之，遂破賊石頭軍。奮威長史滕含抱天子奔于嶠船。時陶侃雖爲盟主，而處分規略一出於嶠，及賊滅，拜驃騎將軍、開府儀同三司，加散騎常侍，封始安郡公，邑三千戶。

初，峻黨路永、匡術、賈寧中塗悉以衆歸順，王導將褒顯之，嶠曰：「術輩首亂，罪莫大焉。晚雖改悟，未足以補前失。全其首領，爲幸已過，何可復寵授哉！」導無以奪。

朝議將留輔政，嶠以導先帝所任，固辭還藩。復以京邑荒殘，資用不給，嶠借資蓄，具器用，而後旋于武昌。至牛渚磯，水深不可測，世云其下多怪物，嶠遂燬犀角而照之。須臾，見水族覆火，奇形異狀，或乘馬車著赤衣者。嶠其夜夢人謂己曰：「與君幽明道別，何意相照也？」意甚惡之。嶠先有齒疾，至是拔之，因中風，至鎮未旬而卒，時年四十二。江州士庶聞之，莫不相顧而泣。帝下册書曰：「朕以眇身，纂承洪緒，不能光闡大道，化洽時雍，至乃狂狡滔天，社稷危逼。惟公明鑒特達，識心經遠，懼皇綱之不維，忿凶寇之縱暴，唱率羣后，五州響應，首啓戎行，元惡授馘。王室危而復安，三光幽而復明，功格宇宙，勳著八表。方賴大猷以拯區夏，天不慭遺，早世薨殂，朕用痛悼于厥心。夫褒德銘勳，先王之明典，今追贈公侍中、大將軍、持節、都督、刺史，公如故，賜錢百萬，布千匹，謚曰忠武，祠以太牢。」

初葬于豫章，後朝廷追嶠勳德，將爲造大墓於元明二帝陵之北，陶侃上表曰：「故大將軍嶠忠誠著于聖世，勳義感于人神，非臣筆墨所能稱陳。臨卒之際，與臣書別，臣藏之篋笥，時時省視，每一思述，未嘗不中夜撫膺，臨飯酸噎。『人之云亡』，嶠實當之。謹寫嶠書上呈，伏惟陛下既垂御省，傷其情旨，死不忘忠，身沒黄泉，追恨國恥，將臣勠力，救濟艱難，使亡而有知，抱恨結草，豈樂今日勞費之事。願陛下慈恩，停其移葬，使嶠棺柩無風波之危，魂靈安於后土。」詔從之。其後嶠後妻何氏卒，子放之便載喪還都。詔葬建平陵北，幷贈嶠前妻王氏及何氏始安夫人印綬。

放之嗣爵，少歷清官，累至給事黃門侍郎。以貧，求爲交州，朝廷許之。王述與會稽王牋曰：「放之溫嶠之子，宜見優異，而投之嶺外，竊用愕然。願遠存周禮，近參人情，則望實惟允。」時竟不納。放之既至南海，甚有威惠。將征林邑，交阯太守杜寶、別駕阮朗並不從，放之以其沮衆，誅之，勒兵而進，遂破林邑而還。卒于官。

弟式之，新建縣侯，位至散騎常侍。

郗鑒 子愔　愔子超　愔弟曇　曇子恢　鑒叔父隆

郗鑒字道徽，高平金鄉人，漢御史大夫慮之玄孫也。少孤貧，博覽經籍，躬耕隴畝，吟詠不倦。以儒雅著名，不應州命。趙王倫辟爲掾，知倫有不臣之迹，稱疾去職。及倫篡，其黨皆至大官，而鑒閉門自守，不染逆節。惠帝反正，參司空軍事，累遷太子中舍人、中書侍郎。東海王越辟爲主簿，舉賢良，不行。征東大將軍苟晞檄爲從事中郎。晞與越方以力爭，鑒不應其召。從兄旭，晞之別駕，恐禍及己，勸之赴召，鑒終不迴，晞亦不之逼也。及京師不守，寇難鋒起，鑒遂陷於陳午賊中。邑人張寔先求交於鑒，鑒不許。至是，寔於午營來省鑒疾，既而卿鑒。鑒謂寔曰：「相與邦壤，義不及通，何可怙亂至此邪！」寔大慚而退。午以鑒有名於世，將逼爲主，鑒逃而獲免。午尋潰散，鑒得歸鄉里。于時所在饑荒，州中之士素有感其恩義者，相與資贍。鑒復分所得，以賉宗族及鄉曲孤老，賴而全濟者甚多，咸相謂曰：「今天子播越，中原無伯，當歸依仁德，可以後亡。」遂共推鑒爲主，舉千餘家俱避難於魯之嶧山。

元帝初鎮江左，承制假鑒龍驤將軍、兗州刺史，鎮鄒山。時荀藩用李述，劉琨用兄子演，並爲兗州，各屯一郡，以力相傾，闔州編戶，莫知所適。又徐龕、石勒左右交侵，日尋干戈，外無救援，百姓饑饉，或掘野鼠蟄燕而食之，終無叛者。三年間，衆至數萬。帝就加輔國將軍、都督兗州諸軍事。

永昌初，徵拜領軍將軍，既至，轉尚書，以疾不拜。時明帝初即位，王敦專制，內外危逼，謀杖鑒爲外援，由是拜安西將軍、兗州刺史、都督揚州江西諸軍、假節，鎮合肥。敦忌之，表爲尚書令，徵還。道經姑孰，與敦相見，敦謂曰：「樂彥輔短才耳。後生流宕，言違名檢，考之以實，豈勝滿武秋邪？」鑒曰：「擬人必于其倫。彥輔道韵平淡，體識沖粹，處傾危之朝，不可得而親疏。及愍懷太子之廢，可謂柔而有正。武秋失節之士，何可同日而言！」敦曰：「愍懷廢徙之際，交有危機之急，人何能以死守之乎！以此相方，其不減明矣。」鑒曰：

「丈夫既潔身北面，義同在三，豈可偸生屈節，靦顏天壤邪！苟道數終極，固當存亡以之耳。」敦素懷無君之心，聞鑒言，大忿之，遂不復相見，拘留不遣。敦之黨與譖毀日至，鑒舉止自若，初無懼心。敦謂錢鳳曰：「鄒道徽儒雅之士，名位既重，何得害之！」乃放還臺。鑒遂與帝謀滅敦。

既而錢鳳攻逼京都，假鑒節，加衞將軍、都督從駕諸軍事。鑒以無益事實，固辭不受軍號。時議者以王含、錢鳳衆力百倍，苑城小而不固，宜及軍勢未成，大駕自出距戰。鑒曰：「羣逆縱逸，其勢不可當，可以算屈，難以力競。且含等號令不一，抄盜相尋，百姓懲往年之暴，皆人自爲守。乘逆順之勢，何往不克！且賊無經略遠圖，惟恃豕突一戰，曠日持久，必啓義士之心，令謀猷得展。今以此弱力敵彼强寇，決勝負於一朝，定成敗於呼吸，雖有申胥之徒，義存投袂，何補於既往哉！」帝從之。鑒以尙書令領諸屯營。

及鳳等平，溫嶠上議，請宥敦佐吏，鑒以爲先王崇君臣之敎，故貴伏死之節；昏亡之主，故開待放之門。王敦佐吏雖多逼迫，然居逆亂之朝，無出關之操，準之前訓，宜加義責。又奏錢鳳母年八十，宜蒙全宥。乃從之。封高平侯，賜絹四千八百匹。帝以其有器望，萬機動靜輒問之，乃詔鑒特草上表疏，以從簡易。王導議欲贈周札官，鑒以爲不合，語在札傳。導不從。鑒於是駁之曰：「敦之逆謀，履霜日久，緣札開門，令王師不振。若敦前者之舉，義同桓文，則先帝可爲幽厲邪？」朝臣雖無以難，而不能從。俄而遷車騎將軍、都督徐兗青三州軍事、兗州刺史、假節，鎭廣陵。尋而帝崩，鑒與王導、卞壼、溫嶠、庾亮、陸曄等並受遺詔，輔少主，進位車騎大將軍、開府儀同三司，加散騎常侍。

咸和初，領徐州刺史。及祖約、蘇峻反，鑒聞難，便欲率所領東赴。詔以北寇不許。於是遣司馬劉矩領三千人宿衞京都。尋而王師敗績，矩遂退還。中書令庾亮宣太后口詔，進鑒爲司空。鑒去賊密邇，城孤糧絕，人情業業，莫有固志，奉詔流涕，設壇場，刑白馬，大誓三軍曰：「賊臣祖約、蘇峻不恭天命，不畏王誅，凶戾肆逆，干國之紀，陵汨五常，侮弄神器，遂制脅幽主，拔本塞原，殘害忠良，禍虐黎庶，使天地神祇靡所依歸。是以率土怨酷，兆庶泣血，咸願奉辭罰罪，以除元惡。昔戎狄泯周，齊桓糾盟；董卓陵漢，羣后致討。義存君親，古今一也。今主上幽危，百姓倒懸，忠臣正士志存報國。凡我同盟，既盟之後，勠力一心，以救社稷。若二寇不梟，義無偷安。有渝此盟，明神殛之！」鑒登壇慷慨，三軍爭爲用命。乃遣將軍夏侯長等間行，謂平南將軍溫嶠曰：「今賊謀欲挾天子東入會稽，宜先立營壘，屯據要害，既防其越逸，又斷賊糧運，然後靜鎭京口，淸壁以待賊。賊攻城不拔，野無所掠，東道既斷，糧運自絕，不過百日，必自潰矣。」嶠深以爲然。

及陶侃爲盟主，進鑒都督揚州八郡軍事。時撫軍將軍王舒、輔軍將軍虞潭皆受鑒節度，〔三〕率衆渡江，與侃會于茄子浦。鑒築白石壘而據之。會舒、潭戰不利，鑒與後將軍郭默還丹徒，立大業、曲阿、庱亭三壘以距賊。而賊將張健來攻大業，城中乏水，郭默窘迫，遂突圍而出，三軍失色。參軍曹納以爲大業京口之扞，一旦不守，賊方軌而前，勸鑒退還廣陵以俟後舉。鑒乃大會僚佐，責納曰：「吾蒙先帝厚顧，荷託付之重，正復捐軀九泉不足以報。今强寇在郊，衆心危迫，君腹心之佐，而生長異端，當何以率先義衆，鎮一三軍邪！」將斬之，久而乃釋。會峻死，大業圍解。及蘇逸等走吴興，鑒遣參軍李閎追斬之，降男女萬餘口。拜司空，加侍中，解八郡都督，更封南昌縣公，以先爵封其子曇。

時賊帥劉徵聚衆數千，浮海抄東南諸縣。鑒遂城京口，加都督揚州之晉陵吴郡諸軍事，率衆討平之。進位太尉。

後以寢疾，上疏遜位曰：「臣疾彌留，遂至沈篤，自忖氣力，差理難冀。有生有死，自然之分。但忝位過才，曾無以報，上慚先帝，下愧日月。伏枕哀歎，抱恨黄泉。臣今虚乏，救命朝夕，輒以府事付長史劉遐，乞骸骨歸丘園。惟願陛下崇山海之量，弘濟大猷，任賢使能，事從簡易，使康哉之歌復興於今，則臣雖死，猶生之日耳。臣所統錯雜，率多北人，或逼遷徙，或是新附，百姓懷土，皆有歸本之心。臣宣國恩，示以好惡，處與田宅，漸得少安。聞臣疾篤，衆情駭動，若當北渡，必啓寇心。太常臣謨，平簡貞正，素望所歸，謂可以爲都督、徐州刺史。臣亡兄息晉陵內史邁，謙愛養士，甚爲流亡所宗，又是臣門戶子弟，堪任兗州刺史。公家之事，知無不爲，是以敢希祁奚之舉。」疏奏，以蔡謨爲鑒軍司。鑒尋薨，時年七十一。帝朝晡哭于朝堂，遣御史持節護喪事，贈一依溫嶠故事。册曰：「惟公道德沖邃，體識弘遠，忠亮雅正，行爲世表，歷位內外，勳庸彌著。乃者約峻狂狡，毒流朝廷，社稷之危，賴公以寧。功侔古烈，勳邁桓文。方倚大猷，藩翼時難，昊天不弔，奄忽薨殂，朕用震悼于厥心。夫爵以顯德，謚以表行，所以崇明軌迹，丕揚徽劭。今贈太宰，謚曰文成，祠以太牢。魂而有靈，嘉茲寵榮。」

初，鑒值永嘉喪亂，在鄉里甚窮餒，鄉人以鑒名德，傳共飴之。時兄子邁、外甥周翼並小，常攜之就食。鄉人曰：「各自饑困，以君賢，欲共相濟耳，恐不能兼有所存。」鑒於是獨往，食訖，以飯著兩頰邊，還吐與二兒，後並得存，同過江。邁位至護軍，翼爲剡縣令。鑒之薨也，翼追撫育之恩，解職而歸，席苫心喪三年。二子：愔、曇。

愔字方回。少不交競，弱冠，除散騎侍郎，不拜。性至孝，居父母憂，殆將滅性。服闋，襲爵南昌公，徵拜中書侍郎。驃騎何充輔政，征北將軍褚裒鎮京口，皆以愔爲長史。再遷黃門侍郎。時吳郡守闕，欲以愔爲太守。愔自以資望少，不宜超莅大郡，朝議嘉之。轉爲臨海太守。會弟曇卒，益無處世意，在郡優游，頗稱簡默，與姊夫王羲之、高士許詢並有邁世之風，〔四〕俱棲心絕穀，修黃老之術。後以疾去職，乃築宅章安，有終焉之志。十許年間，人事頓絕。

簡文帝輔政，與尚書僕射江虨等薦愔，以爲執德存正，識懷沈敏，而辭職遺榮，有不拔之操，成務須才，豈得遂其獨善，宜見徵引，以參政術。於是徵爲光祿大夫，加散騎常侍。既到，更除太常，固讓不拜。深抱沖退，樂補遠郡，從之，出爲輔國將軍、會稽內史。大司馬桓溫以愔與徐兗有故義，乃遷愔都督徐兗青幽揚州之晉陵諸軍事、領徐兗二州刺史、假節。雖居藩鎮，非其好也。

俄屬桓溫北伐，愔請督所部出河上，用其子超計，以己非將帥才，不堪軍旅，又固辭解職，勸溫并領己所統。轉冠軍將軍、會稽內史。

及帝踐阼，就加鎮軍、都督浙江東五郡軍事。久之，以年老乞骸骨，因居會稽。徵拜司空，詔書優美，敦獎殷勤，固辭不起。太元九年卒，時年七十二。追贈侍中、司空，謚曰文穆。三子：超、融、沖。超最知名。

超字景興，一字嘉賓。少卓犖不羈，有曠世之度，交游士林，每存勝拔，善談論，義理精微。愔事天師道，而超奉佛。愔又好聚斂，積錢數千萬，嘗開庫，任超所取。超性好施，一日中散與親故都盡。其任心獨詣，皆此類也。

桓溫辟爲征西大將軍掾。溫遷大司馬，又轉爲參軍。溫英氣高邁，罕有所推，與超言，常謂不能測，遂傾意禮待。超亦深自結納。時王珣爲溫主簿，亦爲溫所重。府中語曰：「髯參軍，短主簿，能令公喜，能令公怒。」超髯，珣短故也。尋除散騎侍郎。時愔在北府，徐州人多勁悍，溫恒云「京口酒可飲，兵可用」，深不欲愔居之。而愔暗於事機，遣牋詣溫，欲共獎王室，修復園陵。超取視，寸寸毁裂，乃更作牋，自陳老病，甚不堪人間，乞閑地自養。溫得牋大喜，卽轉愔爲會稽太守。溫懷不軌，欲立霸王之基，超爲之謀。謝安與王坦之嘗詣溫論事，溫令超帳中臥聽之，風動帳開，安笑曰：「郗生可謂入幕之賓矣。」

太和中，溫將伐慕容氏於臨漳，超諫以道遠，汴水又淺，運道不通。溫不從，遂引軍自濟入河，超又進策於溫曰：「淸水入河，無通運理。若寇不戰，運道又難，因資無所，實爲深慮也。今盛夏，悉力徑造鄴城，彼伏公威略，必望陣而走，退還幽朔矣。若能決戰，呼吸可定。設欲城鄴，難爲功力。百姓布野，盡爲官有。易水以南，必交臂請命。但恐此計輕決，公必務其持重耳。若此計不從，便當頓兵河濟，控引糧運，令資儲充備，足及來夏，雖如賒遲，終亦濟克。若舍此二策而連軍西進，進不速決，退必愆乏。賊因此勢，日月相引，僶俛秋冬，船道澀滯，且北土早寒，三軍裘褐者少，恐不可以涉冬。此大限閡，非惟無食而已。」溫不從，果有枋頭之敗，溫深慚之。尋而有壽陽之捷，問超曰：「此足以雪枋頭之恥乎？」超曰：「未厭有識之情也。」既而超就溫宿，中夜謂溫曰：「明公都有慮不？」溫曰：「卿欲有所言邪？」超曰：「明公既居重任，天下之責將歸於公矣。若不能行廢立大事、爲伊霍之舉者，不足鎮壓四海，震服宇內，豈可不深思哉！」溫既素有此計，深納其言，遂定廢立，超始謀也。

遷中書侍郎。謝安嘗與王文度共詣超，日旰未得前，文度便欲去，安曰：「不能爲性命忍俄頃邪！」其權重當時如此。轉司徒左長史，母喪去職。常謂其父名公之子，位遇應在謝安右，而安入掌機權，愔優游而已，恒懷憤憤，發言慷慨，由是與謝氏不穆。安亦深恨之。服闋，除散騎常侍，不起。以爲臨海太守，加宣威將軍，不拜。年四十二，先愔卒。

初，超雖實黨桓氏，以愔忠於王室，不令知之。將亡，出一箱書，付門生曰：「本欲焚之，恐公年尊，必以傷愍爲弊。我亡後，若大損眠食，可呈此箱。不爾，便燒之。」愔後果哀悼成疾，門生依旨呈之，則悉與溫往反密計。愔於是大怒曰：「小子死恨晚矣！」更不復哭。凡超所交友，皆一時秀美，雖寒門後進，亦拔而友之。及死之日，貴賤操筆而爲誄者四十餘人，其爲衆所宗貴如此。王獻之兄弟，自超未亡，見愔，常躡履問訊，甚修舅甥之禮。及超死，見愔慢怠，屐而候之，命席便遷延辭避。愔每慨然曰：「使嘉賓不死，鼠子敢爾邪！」性好聞人棲遁，有能辭榮拂衣者，超爲之起屋宇，作器服，畜僕豎，費百金而不吝。又沙門支遁以清談著名于時，風流勝貴，莫不崇敬，以爲造微之功，足參諸正始。而遁常重超，以爲一時之儁，甚相知賞。超無子，從弟儉之以子僧施嗣。

僧施字惠脫，襲爵南昌公。弱冠，與王綏、桓胤齊名，累居清顯，領宣城內史，入補丹楊尹。劉毅鎭江陵，請爲南蠻校尉、假節。與毅俱誅，國除。

曇字重熙，少賜爵東安縣開國伯。司徒王導辟祕書郎。朝論以曇名臣之子，每逼以憲制，年三十，始拜通直散騎侍郎，遷中書侍郎。簡文帝爲撫軍，引爲司馬。尋除尙書吏部郎，拜御史中丞。時北中郎荀羨有疾，朝廷以曇爲羨軍司，加散騎常侍。頃之，羨徵還，仍除北中郎將、都督徐兗青幽揚州之晉陵諸軍事、領徐兗二州刺史、假節，鎭下邳。後與賊帥傅末波等戰失利，降號建威將軍。尋卒，年四十二。追贈北中郎，謚曰簡。子恢嗣。

恢字道胤，少襲父爵，散騎侍郎，累遷給事黃門侍郎，領太子右衛率。恢身長八尺，美鬚髯，孝武帝深器之，以爲有藩伯之望。會朱序自表去職，擢恢爲梁秦雍司荆揚幷等州諸軍事、建威將軍、雍州刺史、假節，鎭襄陽。恢甚得關隴之和，降附者動有千計。

初，姚萇將竇衝來降，拜東羌校尉。衝後舉兵反，入漢川，襲梁州。時關中有巴蜀之衆，皆背萇，據弘農以結苻登。而登署衝爲左丞相，徙屯華陰。河南太守楊佺期遣上黨太守荀靜戍皇天塢以距之。衝數來攻，恢遣將軍趙睦守金墉城，而佺期率衆次湖城，討衝，走之。

尋而慕容垂圍慕容永於潞川，永窮蹙，遣其子弘求救於恢，幷獻玉璽一紐。恢獻璽於臺，又陳「垂若幷永，其勢難測。今於國計，謂宜救永。永垂並存，自爲仇讎，連雞不棲，無能爲患。然後乘機雙斃，則河北可平」。孝武帝以爲然，詔王恭、庾楷救之，未及發而永沒。楊佺期以疾去職。

恢以隨郡太守夏侯宗之爲河南太守，戍洛陽。姚萇遣其子略攻湖城及上洛，又使其將楊佛嵩圍洛陽。恢遣建武將軍辛恭靖救洛陽，〔三〕梁州刺史王正胤率衆出子午谷，以爲聲援。略懼而退。恢以功進征虜將軍，又領秦州刺史，加督隴上軍。

時魏氏强盛，山陵危逼，恢遣江夏相鄧啓方等以萬人距之，與魏主拓跋珪戰於滎陽，大敗而還。

及王恭討王國寶，桓玄、殷仲堪皆舉兵應恭，恢與朝廷掎角玄等。襄陽太守夏侯宗之、府司馬郭毗並以爲不可，恢皆殺之。既而玄等退守尋陽。以恢爲尚書，將家還都，至楊口，仲堪陰使人於道殺之，及其四子，託以羣蠻所殺。喪還京師，贈鎮軍將軍。子循嗣。

隆字弘始，蹇亮有匪躬之節。初爲尚書郎，轉左丞，在朝爲百僚所憚，坐漏洩事免。頃之，爲吏部郎，復免。補東郡太守。

隆少爲趙王倫所善，及倫專擅，召爲散騎常侍。倫之篡也，以爲揚州刺史。僚屬有犯，輒依臺閣峻制繩之，遠近咸怨。尋加寧東將軍，未拜，而齊王冏檄至，中州人在軍者皆欲赴義，隆以兄子鑒爲趙王掾，諸子悉在京洛，故猶豫未決。主簿趙誘、前秀才虞潭白隆曰：「當今上計，明使君自將精兵徑赴齊王；中計，明使君可留督攝，速遣猛將率精兵疾赴；下計，示遣兵將助，而稱背倫。」隆素敬別駕顧彥，密與謀之。彥曰：「趙誘下計，乃上策也。」西曹留承聞彥言，〔六〕請見，曰：「不審明使君當今何施？」隆曰：「我俱受二帝恩，無所偏助，惟欲守州而已。」承曰：「天下者，世祖皇帝之天下也。太上承代已積十年，今上取四海不平，齊王應天順時，成敗之事可見。使君若顧二帝，自可不行，宜急下檄文，速遣精兵猛將。若其疑惑，此州豈可得保也！」隆無所言，而停檄六日。時寧遠將軍陳留王邃領東海都尉，鎮石頭，隆軍人西赴邃甚衆。隆遣從事於牛渚禁之，不得止。將士憤怒，夜扶邃爲主而攻之，隆父子皆死，顧彥亦被害，誣隆聚合遠近，圖爲不軌。隆之死也，時議莫不痛惜焉。

史臣曰：忠臣本乎孝子，奉上資乎愛親，自家刑國，於斯極矣。太眞性履純深，譽流邦族，始則承顏候色，老萊弗之加也；既而辭親蹈義，申胥何以尙焉！封狐萬里，投軀而弗顧；猰㺄千羣，探穴而忘死。竟能宣力王室，揚名本朝，負荷受遺，繼之全節。言念主辱，義聲動於天地；祗赴國屯，信誓明於日月。枕戈雨泣，若雪分天之仇；皇輿旋軫，卒復夷庚之躅。微夫人之誠懇，大盜幾移國乎！道徽儒雅，柔而有正，協德始安，頡頏連璧。方回踵武，奕世登台。露冕爲飾，援高人以同志，抑惟大隱者歟！愛子云亡，省遺文而輟泣，殊有大義之風矣。

贊曰：太眞懷貞，勤宣乃誠。謀敦翦峻，奮節摛名。道徽忠勁，高芬遠映。愔克負荷，超慚雅正。

校勘記

〔一〕謝鯤　「鯤」原作「琨」，據鯤傳及通志一二六改。

〔二〕鄱陽內史紀瞻　勞校：成紀、鄧嶽傳「紀瞻」作「紀睦」。紀瞻卒於明帝時，距咸和三年已四年矣，且瞻亦未嘗爲鄱陽內史。

〔三〕輔軍將軍虞潭　潭傳及通志一二六「輔軍」作「輔國」。

〔四〕許詢　「詢」原作「恂」。本書各傳皆作「詢」，世說言語注引續晉陽秋、賞譽注引許氏譜皆作「詢」，今據改。

〔五〕辛恭靖　「恭靖」原作「恭靜」，今依恭靖傳及通鑑一一一改。

〔六〕西曹留承　校文：趙誘傳作「治中留寶」。

晉書卷六十八

列傳第三十八

顧榮

顧榮字彥先，吳國吳人也，爲南土著姓。祖雍，吳丞相。父穆，宜都太守。榮機神朗悟，弱冠仕吳，爲黃門侍郎、太子輔義都尉。吳平，與陸機兄弟同入洛，時人號爲「三俊」。例拜爲郎中，歷尚書郎、太子中舍人、廷尉正。恒縱酒酣暢，謂友人張翰曰：「惟酒可以忘憂，但無如作病何耳。」

會趙王倫誅淮南王允，收允僚屬付廷尉，皆欲誅之，榮平心處當，多所全宥。及倫篡位，倫子虔爲大將軍，以榮爲長史。初，榮與同僚宴飲，見執炙者貌狀不凡，有欲炙之色，榮割炙啗之。坐者問其故，榮曰：「豈有終日執之而不知其味！」及倫敗，榮被執，將誅，而執炙者爲督率，遂救之，得免。

齊王冏召爲大司馬主簿。冏擅權驕恣，榮懼及禍，終日昏酣，不綜府事，以情告友人長樂馮熊。熊謂冏長史葛旟曰：「以顧榮爲主簿，所以甄拔才望，委以事機，不復計南北親疏，欲平海內之心也。今府大事殷，非酒客之政。」旟曰：「榮江南望士，且居職日淺，不宜輕代易之。」熊曰：「可轉爲中書侍郎，榮不失清顯，而府更收實才。」旟然之，白冏，以爲中書侍郎。在職不復飲酒。人或問之曰：「何前醉而後醒邪？」榮懼罪，乃復更飲。與州里楊彥明書曰：「吾爲齊王主簿，恒慮禍及，見刀與繩，每欲自殺，但人不知耳。」及冏誅，榮以討葛旟功，封嘉興伯，轉太子中庶子。

長沙王乂爲驃騎，復以榮爲長史。乂敗，轉成都王穎丞相從事中郎。惠帝幸臨漳，以榮兼侍中，遣行園陵。會張方據洛，不得進，避之陳留。及帝西遷長安，徵爲散騎常侍，以世亂不應，遂還吳。東海王越聚兵於徐州，以榮爲軍諮祭酒。

屬廣陵相陳敏反，南渡江，逐揚州刺史劉機、丹楊內史王曠，〔一〕阻兵據州，分置子弟爲列郡，收禮豪桀，有孫氏鼎峙之計。假榮右將軍、丹楊內史。榮數踐危亡之際，恒以恭遜自勉。會敏欲誅諸士人，榮說之曰：「中國喪亂，胡夷內侮，觀太傅今日不能復振華夏，百姓無復遺種。江南雖有石冰之寇，人物尚全。榮常憂無竇氏、孫、劉之策，〔二〕有以存之耳。今將軍懷神武之略，有孫吳之能，功勳效於已著，勇略冠於當世，帶甲數萬，舳艫山積，上方雖有數州，亦可傳檄而定也。若能委信君子，各得盡懷，散蔕芥之恨，塞讒諂之口，則大事可圖也。」歛納其言，悉引諸豪族委任之。歛仍遣甘卓出橫江，堅甲利器，盡以委之。榮私於卓曰：「若江東之事可濟，當共成之。然卿觀事勢當有濟理不？歛既常才，本無大略，政令反覆，計無所定，然其子弟各已驕矜，其敗必矣。而吾等安然受其官祿，事敗之日，使江西諸軍函首送洛，題曰逆賊顧榮、甘卓之首，豈惟一身顛覆，辱及萬世，可不圖之！」卓從之。明年，周玘與榮及甘卓、紀瞻潛謀起兵攻歛。榮廢橋斂舟於南岸，歛率萬餘人出，不獲濟，榮麾以羽扇，其衆潰散。事平，還吳。永嘉初，徵拜侍中，行至彭城，見禍難方作，遂輕舟而還，語在紀瞻傳。

元帝鎮江東，以榮爲軍司，加散騎常侍，凡所謀畫，皆以諮焉。榮既南州望士，躬處右職，朝野甚推敬之。時帝所幸鄭貴嬪有疾，以祈禱頗廢萬機，榮上牋諫曰：「昔文王父子兄弟乃有三聖，可謂窮理者也。而文王日昃不暇食，周公一沐三握髮，何哉？誠以一日萬機，不可不理；一言蹉跌，患必及之故也。當今衰季之末，屬亂離之運，而天子流播，豺狼塞路，公宜露營野次，星言夙駕，伏軾怒蛙以募勇士，懸膽於庭以表辛苦。貴嬪未安，藥石實急；禱祀之事，誠復可修；豈有便塞參佐白事，斷賓客問訊？今强賊臨境，流言滿國，人心萬端，去就紛紜。願沖虛納下，廣延儁彥，思畫今日之要，塞鬼道淫祀，弘九合之勤，雪天下之恥，則羣生有賴，開泰有期矣。」

時南土之士未盡才用，榮又言：「陸士光貞正清貴，金玉其質；甘季思忠款盡誠，膽幹殊快；殷慶元質略有明規，文武可施用；榮族兄公讓明亮守節，困不易操；會稽楊彥明、謝行言皆服膺儒教，足爲公望；賀生沈潛，青雲之士；陶恭兄弟才幹雖少，實事極佳。凡此諸人，皆南金也。」書奏，皆納之。

六年，卒官。帝臨喪盡哀，欲表贈榮，依齊王功臣格。吳郡內史殷祐牋曰：

「昔賊臣陳敏憑寵藉權，滔天作亂，兄弟姻婭盤固州郡，威逼士庶以爲臣僕，于時賢愚計無所出。故散騎常侍、安東軍司、嘉興伯顧榮經德體道，謀猷弘遠，忠貞之節，在困彌厲。崎嶇艱險之中，逼迫姦逆之下，每惟社稷，發憤慷愾。密結腹心，同謀致討。信著羣士，名冠東夏，德聲所振，莫不響應，荷戈駿奔，其會如林。榮躬當矢石，爲衆率先，忠義奮發，忘家爲國，歷年逋寇，一朝土崩，兵不血刃，蕩平六州，勳茂上代，義彰天下。

伏聞論功依故大司馬齊王格，不在帷幕密謀參議之例，下附州征野戰之比，不得進爵拓土，賜拜子弟，遐邇同歎，江表失望。齊王親則近屬，位爲方嶽，杖節握兵，都督近畿，外有五國之援，內有宗室之助，稱兵彌時，役連天下，元功雖建，所喪亦多。榮衆無一旅，任非藩翰，孤絕江外，王命不通，臨危獨斷，以身徇國，官無一金之費，人無終朝之勞。元惡既殄，高尙成功，封閉倉廩，以俟大軍，故國安物阜，以義成俗，今日匡霸事舉，未必不由此而隆也。方之於齊，强弱不同，優劣亦異。至於齊府參佐，扶義助强，非創謀之主，皆錫珪受瑞，或公或侯。榮首建密謀，爲方面盟主，功高元帥，賞卑下佐，上虧經國紀功之班，下孤忠義授命之士。

夫考績幽明，王敎所崇，況若榮者，濟難寧國，應天先事，歷觀古今，未有立功若彼，酬報如此者也。」

由是贈榮侍中、驃騎將軍、開府儀同三司，謚曰元。及帝爲晉王，追封爲公，開國，食邑。榮素好琴，及卒，家人常置琴於靈座。吳郡張翰哭之慟，旣而上牀鼓琴數曲，撫琴而歎曰：「顧彥先復能賞此不？」因又慟哭，不弔喪主而去。子毗嗣，官至散騎侍郎。

紀瞻

紀瞻字思遠，丹楊秣陵人也。祖亮，吳尙書令。父陟，光祿大夫。瞻少以方直知名。吳平，徙家歷陽郡。察孝廉，不行。

後舉秀才，尙書郎陸機策之曰：「昔三代明王，啓建洪業，文質殊制，而令名一致。然夏人尚忠，忠之弊也朴，救朴莫若敬。殷人革而修焉，敬之弊也鬼，救鬼莫若文。周人矯而變焉，文之弊也薄，救薄則又反之於忠。然則王道之反覆其無一定邪，亦所祖之不同而功業各異也？自無聖王，人散久矣。三代之損益，百姓之變遷，其故可得而聞邪？今將反古以救其弊，明風以蕩其穢，三代之制將何所從？太古之化有何異道？」瞻對曰：「瞻聞有國有家者，皆欲邁化隆政，以康庶績，垂歌億載，永傳于後。然而俗變事弊，得不隨時，雖經聖哲，無以易也。故忠弊質野，敬失多儀。周鑒二王之弊，崇文以辯等差，而流遁者歸薄而無款誠，款誠之薄，則又反之於忠。三代相循，如水濟火，所謂隨時之義，救弊之術也。羲皇簡朴，無爲而化；後聖因承，所務或異。非賢聖之不同，世變使之然耳。今大晉闡元，聖功日隮，承天順時，九有一貫，荒服之君，莫不來同。然而大道既往，人變由久，謂當今之政宜去文存朴，以反其本，則兆庶漸化，太和可致也。」

又問：「在昔哲王象事備物，明堂所以崇上帝，清廟所以寧祖考，辟雍所以班禮教，太學所以講藝文，此蓋有國之盛典，爲邦之大司。亡秦廢學，制度荒闕。諸儒之論，損益異物。漢氏遺作，居爲異事，而蔡邕月令謂之一物。將何所從？」對曰：「周制明堂，所以宗其祖以配上帝，敬恭明祀，永光孝道也。其大數有六。古者聖帝明王南面而聽政，其六則以明堂爲主。又其正中，皆云太廟，以順天時，施行法令，宗祀養老，訓學講肄，朝諸侯而選造士，備禮辯物，一教化之由也。故取其宗祀之類，則曰清廟；取其正室之貌，則曰太廟；取其室，則曰太室；取其堂，則曰明堂；取其四門之學，則曰太學；取其周水圜如璧，則曰璧雍。異名同事，其實一也。是以蔡邕謂之一物。」

又問：「庶明亮采，故時雍穆唐；有命既集，而多士隆周。故書稱明良之歌，易貴金蘭之美。此長世所以廢興，有邦所以崇替。夫成功之君勤於求才，立名之士急於招世，理無世不對，而事千載恒背。古之興王何道而如彼？後之衰世何闕而如此？」對曰：「興隆之政務在得賢，清平之化急於拔才，故二八登庸，則百揆序；有亂十人，而天下泰。武丁擢傅巖之徒，周文攜渭濱之士，居之上司，委之國政，故能龍奮天衢，垂勳百代。先王身下白屋，搜揚仄陋，使山無扶蘇之才，野無伐檀之詠。是以化厚物感，神祇來應，翔鳳飄颻，甘露豐墜，醴泉吐液，朱草自生，萬物滋茂，日月重光，和氣四塞，大道以成；序君臣之義，敦父子之親，明夫婦之道，別長幼之宜，自九州，被八荒，海外移心，重譯入貢，頌聲穆穆，南面垂拱也。今貢賢之塗已閩，而教學之務未廣，是以進競之志恒銳，而務學之心不修。若闢四門以延造士，宣五教以明令德，考績殿最，審其優劣，厝之百僚，置之羣司，使調物度宜，節宣國典，必協濟康哉，符契往代，明良來應，金蘭復存也。」

又問：「昔唐虞垂五刑之教，周公明四罪之制，故世歎清問而時歌緝熙。姦宄既殷，法物滋有。叔世崇三辟之文，暴秦加族誅之律，淫刑淪胥，虐濫已甚。漢魏遵承，因而弗革。亦由險泰不同，而救世異術，不得已而用之故也。寬克之中，將何立而可？族誅之法足爲永制與不？」對曰：「二儀分則兆庶生，兆庶生則利害作。利害之作，有由而然也。太古之時，化道德之教，賤勇力而貴仁義。仁義貴則强不陵弱，衆不暴寡。三皇結繩而天下泰，非惟象刑緝熙而已也。且太古知法，所以遠獄。及其末，不失有罪，是以獄用彌繁，而人彌暴，法令滋章，盜賊多有。書曰：『惟敬五刑，以成三德。』叔世道衰，既興三辟，而文公之弊，又加族誅，淫刑淪胥，感傷和氣，化染後代，不能變改。故漢祖指麾而六合響應，魏承漢末，因而未革，將以俗變由久，權時之宜也。今四海一統，人思反本，漸尙簡樸，則貪夫不競；尊賢黜否，則不仁者遠。爾則斟參夷之刑，除族誅之律，品物各順其生，緝熙異世而偕也。」

又問曰：「夫五行迭代，陰陽相須，二儀所以陶育，四時所以化生。易稱『在天成象，在地成形』。形象之作，相須之道也。若陰陽不調，則大數不得不否；一氣偏廢，則萬物不得獨成。此應同之至驗，不偏之明證也。今有溫泉而無寒火，其故何也？思聞辯之，以釋不同之理。」對曰：「蓋聞陰陽升降，山澤通氣，初九純卦，潛龍勿用，泉源所託，其溫宜也。若夫水潤下，火炎上，剛柔燥溼，自然之性，故陽動而外，陰靜而內。內性柔弱，以含容爲質；外動剛直，以外接爲用。是以金水之明內鑒，火日之光外輝，剛施柔受，陽勝陰伏。水之受溫，含容之性也。」

又問曰：「夫窮神知化，才之盡稱；備物致用，功之極目。以之爲政，則黃羲之規可踵，以之革亂，則玄古之風可紹。然而唐虞密皇人之闊網，夏殷繁帝者之約法，機心起而日進，淳德往而莫返。豈太樸一離，理不可振，將聖人之道稍有降殺邪？」對曰：「政因時以興，機隨物而動，故聖王究窮通之源，審始終之理，適時之宜，期於濟世。皇代質朴，禍難不作，結繩爲信，人知所守。大道既離，智惠擾物，夷險不同，否泰異數，故唐虞密皇人之網，夏殷繁帝者之法，皆廢興有由，輕重以節，此窮神之道，知化之術，隨時之宜，非有降殺也。」

永康初，州又舉寒素，大司馬辟東閤祭酒。其年，除鄢陵公國相，不之官。明年，左降松滋侯相。太安中，棄官歸家，與顧榮等共誅陳敏，語在榮傳。

召拜尚書郎，與榮同赴洛，在塗共論易太極。榮曰：「太極者，蓋謂混沌之時曚昧未分，日月含其輝，八卦隱其神，天地混其體，聖人藏其身。然後廓然既變，清濁乃陳，二儀著象，陰陽交泰，萬物始萌，六合闓拓。老子云『有物混成，先天地生』，誠易之太極也。而王氏云『太極天地』，愚謂未當。夫兩儀之謂，以體爲稱，則是天地；以氣爲名，則名陰陽。今若謂太極爲天地，則是天地自生，無生天地者也。老子又云『天地所以能長且久者，以其不自生，故能長久』，『一生二，二生三，三生萬物』，以資始沖氣以爲和。原元氣之本，求天地之根，恐宜以此爲準也。」瞻曰：「昔庖犧畫八卦，陰陽之理盡矣。文王、仲尼係其遺業，三聖相承，共同一致，稱易準天，無復其餘也。夫天清地平，兩儀交泰，四時推移，日月輝其間，自然之數，雖經諸聖，孰知其始。吾子云『曚昧未分』，豈其然乎！聖人，人也，安得混沌之初能藏其身於未分之內！老氏先天之言，此蓋虛誕之說，非易者之意也。亦謂吾子神通體解，所不應疑。意者直謂太極極盡之稱，言其理極，無復外形；外形既極，而生兩儀。王氏指向可謂近之。古人舉至極以爲驗，謂二儀生於此，非復謂有父母。若必有父母，非天地其孰在？」榮遂止。至徐州，聞亂日甚，將不行。會刺史裴盾得東海王越書，若榮等顧望，以軍禮發遣，乃與榮及陸玩等各解船棄車牛，一日一夜行三百里，得還揚州。

元帝爲安東將軍，引爲軍諮祭酒，轉鎮東長史。帝親幸瞻宅，與之同乘而歸。以討周馥、華軼功，封都鄉侯。石勒入寇，加揚威將軍、都督京口以南至蕪湖諸軍事，以距勒。勒退，除會稽內史。時有詐作大將軍府符收諸暨令，令已受拘，瞻覺其詐，便破檻出之，訊問使者，果伏詐妄。尋還丞相軍諮祭酒。論討陳敏功，封臨湘縣侯。西臺除侍中，不就。及長安不守，與王導俱入勸進。帝不許。瞻曰：「陛下性與天道，猶復役機神於史籍，觀古人之成敗，今世事舉目可知，不爲難見。二帝失御，宗廟虛廢，神器去晉，于今二載，梓宮未殯，人神失御。陛下膺籙受圖，特天所授。使六合革面，遐荒來庭，宗廟既建，神主復安，億兆向風，殊俗畢至，若列宿之綰北極，百川之歸巨海，而猶欲守匹夫之謙，非所以闡七廟，隆中興也。但國賊宜誅，當以此屈己謝天下耳。而欲逆天時，違人事，失地利，三者一去，雖復傾匡於將來，豈得救祖宗之危急哉！適時之宜萬端，其可綱維大業者，惟理與當。晉祚屯否，理盡於今。促之則得，可以隆中興之祚；縱之則失，所以資姦寇之權：此所謂理也。陛下身當厄運，纂承帝緒，顧望宗室，誰復與讓！當承大位，此所謂當也。四祖廓開宇宙，大業如此。今五都燔爇，宗廟無主，劉載竊弄神器於西北，陛下方欲高讓於東南，此所謂揖讓而救火也。臣等區區，尚所不許，況大人與天地合德，日月並明，而可以失機後時哉！」帝猶不許，使殿中將軍韓績徹去御坐。瞻叱績曰：「帝坐上應星宿，敢有動者斬！」帝為之改容。

及帝踐位，拜侍中，轉尚書，上疏諫諍，多所匡益，帝甚嘉其忠烈。會久疾，不堪朝請，上疏曰：

臣疾疢不痊，曠廢轉久，比陳誠款，未見哀察。重以尸素，抱罪枕席，憂責之重，不知垂沒之餘當所投厝。臣聞易失者時，不再者年，故古之志士義人負鼎趣走，商歌於市，誠欲及時效其忠規，名傳不朽也。然失之者億萬，得之者一兩耳。常人之情，貪求榮利。臣以凡庸，邂逅遭遇，勞無負鼎，口不商歌，橫逢大運，頻煩饕竊。雖思慕古人自效之志，竟無豪氂報塞之效，而犬馬齒衰，衆疾廢頓，僵臥救命，百有餘日，叩棺曳衾，日頓一日。如復天假之年，蒙陛下行葦之惠，適可薄存性命，枕息陋巷，亦無由復廁八坐，升降臺閣也。臣目冥齒墮，胸腹冰冷，創既不差，足復偏跛，爲病受困，既以荼毒。七十之年，禮典所遺，衰老之徵，皎然露見。臣雖欲勤自藏護，隱伏何地！

臣之職掌，戶口租稅，國之所重。方今六合波盪，人未安居，始被大化，百度草創，發卒轉運，皆須人力。以臣平强，兼以晨夜，尚不及事，今俟命漏刻，而當久停機職，使王事有廢。若朝廷以之廣恩，則憂責日重；以之序官，則官廢事弊；須臣差，則臣日月衰退。今以天慈，使官曠事滯，臣受偏私之宥，於大望亦有虧損。今萬國革面，賢俊比跡，而當虛停好爵，不以縻賢，以臣穢病之餘，妨官固職，誠非古今黜進之急。惟陛下割不已之仁，賜以斂帷，隕仆之日，得以藉尸；時銓俊乂，使官修事舉，臣免罪戮，死生厚幸！

因以疾免。尋除尚書右僕射，屢辭不聽，遂稱病篤，還第，不許。

時郗鑒據鄒山，屢爲石勒等所侵逼。瞻以鑒有將相之材，恐朝廷棄而不恤，上疏請徵之，曰：「臣聞皇代之興，必有爪牙之佐，扞城之用，帝王之利器也。故虞舜舉十六相而南面垂拱。伏見前輔國將軍郗鑒，少立高操，體清望峻，文武之略，時之良幹。昔與戴若思同辟，推放荒地，所在孤特，衆無一旅，救援不至。然能綏集殘餘，據險歷載，遂使凶寇不敢南侵。但士衆單寡，無以立功，既統名州，又爲常伯。若使鑒從容臺闥，出內王命，必能盡抗直之規，補袞職之闕。自先朝以來，諸所授用，已有成比。戴若思以尙書爲六州都督、征西將軍，復加常侍，劉隗鎭北，陳眕鎭東。以鑒年時，則與若思同；以資，則俱八坐。況鑒雅望清重，一代名器。聖朝以至公臨天下，惟平是與，是以臣寢頓陋巷，思盡聞見，惟開聖懷，垂問臣導，冀有豪氂萬分之一。」

明帝嘗獨引瞻於廣室，慨然憂天下，曰：「社稷之臣，欲無復十人，如何？」〔三〕因屈指曰：「君便其一。」瞻辭讓。帝曰：「方欲與君善語，復云何崇謙讓邪！」瞻才兼文武，朝廷稱其忠亮雅正。俄轉領軍將軍，當時服其嚴毅。雖恒疾病，六軍敬憚之。瞻以久病，請去官，不聽，復加散騎常侍。及王敦之逆，帝使謂瞻曰：「卿雖病，但爲朕臥護六軍，所益多矣。」乃賜布千匹。瞻不以歸家，分賞將士。賊平，復自表還家，帝不許，固辭不起。詔曰：「瞻忠亮雅正，識局經濟，屢以年耆病久，逡巡告誠。朕深明此操，重違高志，今聽所執，其以爲驃騎將軍，常侍如故。服物制度，一按舊典。」遣使就拜，止家爲府。尋卒，時年七十二。册贈本官、開府儀同三司，謚曰穆，遣御史持節監護喪事。論討王含功，追封華容子，降先爵二等，封次子一人亭侯。

瞻性靜默，少交遊，好讀書，或手自抄寫，凡所著述，詩賦牋表數十篇。兼解音樂，殆盡其妙。厚自奉養，立宅於烏衣巷，館宇崇麗，園池竹木，有足賞翫焉。愼行愛士，老而彌篤。尙書閔鴻、太常薛兼、廣川太守河南褚沈、給事中宣城章遼、歷陽太守沛國武嘏，並與瞻素疏，咸藉其高義，臨終託後於瞻。瞻悉營護其家，爲起居宅，同於骨肉焉。少與陸機兄弟親善，及機被誅，瞻卹其家周至，及嫁機女，資送同於所生。長子景早卒。景子友嗣，官至廷尉。景弟鑒，太子庶子、大將軍從事中郎，先瞻卒。

賀循 楊方

賀循字彥先，會稽山陰人也。其先慶普，漢世傳禮，世所謂慶氏學。族高祖純，博學有重名，漢安帝時爲侍中，避安帝父諱，改爲賀氏。曾祖齊，仕吳爲名將。祖景，滅賊校尉。父邵，中書令，爲孫皓所殺，徙家屬邊郡。

循少嬰家難，流放海隅，吳平，乃還本郡。操尙高厲，童齔不羣，言行進止，必以禮讓。國相丁乂請爲五官掾。刺史嵇喜舉秀才，除陽羨令，以寬惠爲本，不求課最。後爲武康令，俗多厚葬，及有拘忌迴避歲月，停喪不葬者，循皆禁焉。政教大行，鄰城宗之。然無援於朝，久不進序。著作郎陸機上疏薦循曰：「伏見武康令賀循德量邃茂，才鑒清遠，服膺道素，風操凝峻，歷試二城，刑政肅穆。前蒸陽令郭訥風度簡曠，器識朗拔，通濟敏悟，才足幹事。循守下縣，編名凡悴；訥歸家巷，棲遲有年。皆出自新邦，朝無知己，居在遐外，志不自營，年時倏忽，而邈無階緒，實州黨愚智所爲恨恨。臣等伏思臺郎所以使州州有人，非徒以均分顯路，惠及外州而已。誠以庶士殊風，四方異俗，壅隔之害，遠國益甚。至于荆、揚二州，戶各數十萬，今揚州無郎，而荆州江南乃無一人爲京城職者，誠非聖朝待四方之本心。至於才望資品，循可尚書郎，訥可太子洗馬、舍人。此乃衆望所積，非但企及清塗，苟充方選也。謹條資品，乞蒙簡察。」久之，召補太子舍人。

趙王倫篡位，轉侍御史，辭疾去職。後除南中郎長史，不就。會逆賊李辰起兵江夏，征鎮不能討，皆望塵奔走。辰別帥石冰略有揚州，逐會稽相張景，以前寧遠護軍程超代之，以其長史宰與領山陰令。前南平內史王矩、吳興內史顧祕、前秀才周玘等唱義，傳檄州郡以討之，循亦合衆應之。冰大將抗寵有衆數千，屯郡講堂。循移檄於寵，爲陳逆順，寵遂遁走，超、與皆降，一郡悉平。循迎景還郡，卽謝遣兵士，杜門不出，論功報賞，一無豫焉。

及陳敏之亂，詐稱詔書，以循爲丹楊內史。循辭以腳疾，手不制筆，又服寒食散，露髮袒身，示不可用，敏竟不敢逼。是時州內豪傑皆見維縶，或有老疾，就加秩命，惟循與吳郡朱誕不豫其事。及敏破，征東將軍周馥上循領會稽相，尋除吳國內史，公車徵賢良，皆不就。

元帝爲安東將軍，復上循爲吳國內史，與循言及吳時事，因問曰：「孫晧嘗燒鋸截一賀頭，是誰邪？」循未及言，帝悟曰：「是賀邵也。」循流涕曰：「先父遭遇無道，循創巨痛深，無以上答。」帝甚愧之，三日不出。東海王越命爲參軍，徵拜博士，並不起。

及帝遷鎭東大將軍，以軍司顧榮卒，引循代之。循稱疾篤，牋疏十餘上。帝遺之書曰：「夫百行不同，故出處道殊，因性而用，各任其眞耳。當宇宙清泰，彝倫攸序，隨運所遇，動默在己。或有遐棲高蹈，輕舉絕俗，逍遙養和，恬神自足，斯蓋道隆人逸，勢使其然。若乃時運屯弊，主危國急，義士救時，驅馳拯世，燭之武乘縋以入秦，園綺彈冠而匡漢，豈非大雅君子卷舒合道乎！

虛薄寡德，忝備近親，謬荷寵位，受任方鎭，餐服玄風，景羨高矩，常願棄結駟之軒軌，策柴筆而造門，徒有其懷，而無從賢之實者何？良以寇逆殷擾，諸夏分崩，皇居失御，黎元荼毒，是以日夜憂懷，慷慨發憤，志在竭節耳。

前者顧公臨朝，深賴高算。元凱旣登，巢許獲逸。至於今日，所謂道之云亡，邦國殄悴，羣望顒顒，實在君侯。苟義之所在，豈得讓勞居逸！想達者亦一以貫之也。庶稟徽猷，以弘遠規。今上尚書，屈德爲軍司，謹遣參軍沈禎銜命奉授，望必屈臨，以副傾遲。

循猶不起。

及帝承制，復以爲軍諮祭酒。循稱疾，敦逼不得已，乃轝疾至。帝親幸其舟，因諮以政道。循羸疾不堪拜謁，乃就加朝服，賜第一區，車馬牀帳衣褥等物。循辭讓，一無所受。

廷尉張闓住在小市，將奪左右近宅以廣其居，乃私作都門，早閉晏開，人多患之，訟於州府，皆不見省。會循出，至破岡，連名詣循質之。循曰：「見張廷尉，當爲言及之。」闓聞而遽毁其門，詣循致謝。其爲世所敬服如此。

時江東草創，盜賊多有，帝思所以防之，以問於循。循答曰：「江道萬里，通涉五州，朝貢商旅之所來往也。今議者欲出宣城以鎮江渚，或欲使諸縣領兵。愚謂令長威弱，而兼才難備，發憚役之人，而御之不肅，恐未必爲用。以循所聞，江中劇地惟有闔廬一處，地勢險奥，亡逃所聚。特宜以重兵備戍，隨勢討除，絶其根蔕。沿江諸縣各有分界，分界之內，官長所任，自可度土分力，多置亭候，恒使徼行，峻其綱目，嚴其刑賞，使越常科，勤則有殊榮之報，墮則有一身之罪，謂於大理不得不肅。所給人以時番休，役不至困，代易有期。案漢制十里一亭，亦以防禁切密故也。當今縱不能爾，〔四〕要宜籌量，使力足相周。若寇劫强多，不能獨制者，可指其蹤跡，言所在都督尋當致討。今不明部分，使所在百姓與軍家雜其徵備，兩情俱墮，莫適任負，故所以徒有備名而不能爲益者也。」帝從之。

及愍帝卽位，徵爲宗正。元帝在鎭，又表爲侍中，道險不行。以討華軼功，將封鄉侯，循自以臥疾私門，固讓不受。建武初，爲中書令，加散騎常侍，又以老疾固辭。帝下令曰：「孤以寡德，忝當大位，若涉巨川，罔知所憑。循言行以禮，乃時之望，俗之表也。實賴其謀猷，以康萬機。疾患有素，猶望臥相規輔，而固守撝謙，自陳懇至，此賢履信思順，苟以讓爲高者也。今從其所執。」於是改拜太常，常侍如故。循以九卿舊不加官，今又疾患，不宜兼處此職，惟拜太常而已。

時宗廟始建，舊儀多闕，或以惠懷二帝應各爲世，則潁川世數過七，宜在迭毁。事下太常。循議以爲：

禮，兄弟不相爲後，不得以承代爲世。殷之盤庚不序陽甲，漢之光武不繼成帝，別立廟寢，使臣下祭之，此前代之明典，而承繼之著義也。惠帝無後，懷帝承統，弟不後兄，則懷帝自上繼世祖，不繼惠帝，當同殷之陽甲，漢之成帝。議者以聖德沖遠，未便改舊。諸如此禮，通所未論。是以惠帝尚在太廟，而懷帝復入，數則盈八。盈八之理，由惠帝不出，非上祖宜遷也。下世既升，上世乃遷，遷毁對代，不得相通，未有下升一世而上毁二世者也。惠懷二帝俱繼世祖，兄弟旁親，同爲一世，而上毁二爲一世。今以惠帝之崩已毁豫章，懷帝之入復毁潁川，如此則一世再遷，祖位横折，求之古義，未見此例。惠帝宜出，尚未輕論，況可輕毁一祖而無義例乎？潁川既無可毁之理，則見神之數居然自八，此盡有由而然，非謂數之常也。既有八神，則不得不於七室之外權安一位也。至尊於惠懷俱是兄弟，自上後世祖，不繼二帝，則二帝之神行應别出，不爲廟中恒有八室也。又武帝初成太廟時，正神止七，而楊元后之神亦權立一室。永熙元年，告世祖謚於太廟八室，此是苟有八神，不拘於七之舊例也。

又議者以景帝俱已在廟，則惠懷一例。景帝盛德元功，王基之本，義著祖宗，百世不毁，故所以特在本廟，且亦世代尚近，數得相容，安神而已，無逼上祖，如王氏昭穆既滿，終應别廟也。以今方之，既輕重義異，又七廟七世之親；昭穆，父子位也。若當兄弟旁滿，輒毁上祖，則祖位空懸，世數不足，何取於三昭三穆與太祖之廟然後成七哉！今七廟之義，出於王氏。從禰以上至於高祖，親廟四世，高祖以上復有五世六世無服之祖，故爲三昭三穆并太祖而七也。故世祖郊定廟禮，京兆、潁川曾、高之親，豫章五世，征西六世，以應此義。今至尊繼統，亦宜有五六世之祖，豫章六世，潁川五世，俱不應毁。今既云豫章先毁，又當重毁潁川，此爲廟中之親惟從高祖已下，無復高祖以上二世之祖，於王氏之義，三昭三穆廢闕其二，甚非宗廟之本所據承，又違世祖祭征西、豫章之意，於一王定禮所闕不少。時尚書僕射刁協與循異議，循答義深備，辭多不載，竟從循議焉。朝廷疑滯皆諮之於循，循輒依經禮而對，爲當世儒宗。

其後帝以循清貧，下令曰：「循冰清玉潔，行爲俗表，位處上卿，而居身服物蓋周形而已，屋室財庇風雨。孤近造其廬，以爲慨然。其賜六尺牀薦席褥幷錢二十萬，以表至德，暢孤意焉。」循又讓，不許，不得已留之，初不服用。及帝踐位，有司奏琅邪恭王宜稱皇考，循又議曰：「案禮，子不敢以己爵加父。」帝納之。俄以循行太子太傅，太常如故。

循自以枕疾廢頓，臣節不修，上隆降尊之義，下替交敍之敬，懼非垂典之教也，累表固讓。帝以循體德率物，有不言之益，敦厲備至，期於不許，命皇太子親往拜焉。循有羸疾，而恭於接對，詔斷賓客，其崇遇如此。疾漸篤，表乞骸骨，上還印綬，改授左光祿大夫、開府儀同三司。帝臨軒，遣使持節，加印綬。循雖口不能言，指麾左右，推去章服。車駕親幸，執手流涕。太子親臨者三焉，往還皆拜，儒者以爲榮。太興二年卒，時年六十。帝素服舉哀，哭之甚慟。贈司空，謚曰穆。將葬，帝又出臨其柩，哭之盡哀，遣兼侍御史持節監護。皇太子追送近塗，望船流涕。

循少玩篇籍，善屬文，博覽衆書，尤精禮傳。雅有知人之鑒，拔同郡楊方於卑陋，卒成名於世。子隰，康帝時官至臨海太守。

楊方字公回。少好學，有異才。初爲郡鈴下威儀，公事之暇，輒讀五經，鄉邑未之知。內史諸葛恢見而奇之，待以門人之禮，由是始得周旋貴人間。時虞喜兄弟以儒學立名，雅愛方，爲之延譽。恢嘗遣方爲文，薦郡功曹主簿。虞預稱美之，送以示循。循報書曰：「此子開拔有志，意只言異於凡猥耳，不圖偉才如此。其文甚有奇分，若出其胸臆，乃是一國所推，豈但牧豎中逸羣邪！聞處舊黨之中，好有謙沖之行，此亦立身之一隅。然世衰道喪，人物凋弊，每聞一介之徒有向道之志，冀之願之。如方者乃荒萊之特苗，鹵田之善秀，姿質已良，但沾染未足耳；移植豐壤，必成嘉穀。足下才爲世英，位爲朝右，道隆化立，然後爲貴。昔許子將拔樊仲昭於賈豎，郭林宗成魏德公於畎畝。足下志隆此業，二賢之功不爲難及也。」循遂稱方於京師。司徒王導辟爲掾，轉東安太守，遷司徒參軍事。方在都邑，搢紳之士咸厚遇之，自以地寒，不願久留京華，求補遠郡，欲閑居著述。導從之，上補高梁太守。在郡積年，著五經鉤沈，更撰吳越春秋，幷雜文筆，皆行於世。以年老，棄郡歸。導將進之臺閣，固辭還鄉里，終于家。

薛兼

薛兼字令長，丹楊人也。祖綜，仕吳爲尚書僕射。父瑩，有名吳朝。吳平，爲散騎常侍。兼清素有器宇，少與同郡紀瞻、廣陵閔鴻、吳郡顧榮、會稽賀循齊名，號爲「五儁」。初入洛，司空張華見而奇之，曰：「皆南金也。」察河南孝廉，辟公府，除比陽相，莅任有能名。歷太子洗馬、散騎常侍、懷令。司空、東海王越引爲參軍，轉祭酒，賜爵安陽亭侯。元帝爲安東將軍，以爲軍諮祭酒，稍遷丞相長史。甚勤王事，以上佐祿優，每自約損，取周而已。進爵安陽鄉侯，拜丹楊太守。中興建，轉尹，加秩中二千石，遷尚書，領太子少傅。自綜至兼，三世傅東宮，談者美之。

永昌初，王敦表兼爲太常。明帝卽位，加散騎常侍。帝以東宮時師傅，猶宜盡敬，乃下詔曰：「朕以不德，夙遭閔凶。猥以眇身，託于王公之上。哀煢在疚，靡所諮仰，憂懷惴惴，如臨于谷。孔子有云：『故雖天子，必有尊也。』朕將祗奉先師之禮，以諮有德。太宰西陽王秩尊望重，在貴思降。丞相武昌公、司空卽丘子體道高邈，勳德兼備，先帝執友，朕之師傅。太常安陽鄉侯訓保朕躬，忠肅篤誠。夫崇親尊賢，先帝所重，朕見四君及書疏儀體，一如東宮故事。」是歲，卒。詔曰：「太常、安陽鄉侯兼履德沖素，盡忠恪己。方賴德訓，弘濟政道，不幸殂殞，痛于厥心！今遣持節侍御史贈左光祿大夫、開府儀同三司。魂而有靈，嘉茲榮寵。」及葬，屬王敦作逆，朝廷多故，不得議謚，直遣使者祭以太牢。子顒，先兼卒，無後。

史臣曰：元帝樹基淮海，百度權輿，夢想羣材，共康庶績。顧、紀、賀、薛等並南金東箭，世冑高門，委質霸朝，豫聞邦政；典憲資其刊輯，帷幄佇其謀猷；望重搢紳，任惟元凱，官成名立，光國榮家。非惟感會所鍾，抑亦材能斯至。而循位登保傅，朝望特隆，遂使鑾蹕降臨，承明下拜。雖西漢之恩崇張禹，東都之禮重桓榮，弗是過也。

贊曰：彥先通識，思遠方直。薛既清貞，賀惟學植。逢時遇主，摶風矯翼。

校勘記

〔一〕王曠　陳敏傳作「王廣」。

〔二〕滎常憂無竇氏孫劉之策　通鑑八六作「滎常憂無孫劉之主」，較合上下文意。

〔三〕欲無復十人如何　册府一四八作「殆無復十人如何」。

〔四〕當今縱不能爾　「爾」，各本作「耳」，今從殿本。

晉書卷六十九

列傳第三十九

劉隗 孫波

劉隗字大連，彭城人，楚元王交之後也。父砥，東光令。隗少有文翰，起家祕書郎，稍遷冠軍將軍、彭城內史。避亂渡江，元帝以爲從事中郎。

隗雅習文史，善求人主意，帝深器遇之。遷丞相司直，委以刑憲。時建康尉收護軍士，而爲府將簒取之，隗奏免護軍將軍戴若思官。世子文學王籍之居叔母喪而婚，隗奏之，帝下令曰：「詩稱『殺禮多婚，以會男女之無夫家』，正今日之謂也，可一解禁止。自今以後，宜爲其防。」東閤祭酒顏含在叔父喪嫁女，隗又奏之。廬江太守梁龕明日當除婦服，今日請客奏伎，丞相長史周顗等三十餘人同會，隗奏曰：「夫嫡妻長子皆杖居廬，故周景王有三年之喪，既除而宴，春秋猶譏，況龕匹夫，暮宴朝祥，慢服之愆，宜肅喪紀之禮。請免龕官，削侯爵。顗等知龕有喪，吉會非禮，宜各奪俸一月，以肅其違。」從之。丞相行參軍宋挺，本揚州刺史劉陶門人，陶亡後，挺娶陶愛妾以爲小妻。建興中，挺又割盜官布六百餘匹，正刑棄市，遇赦免。既而奮武將軍阮抗請爲長史。隗劾奏曰：「挺蔑其死主而專其室，悖在三之義，傷人倫之序，當投之四裔以禦魑魅。請除挺名，禁錮終身。而奮武將軍、太山太守阮抗請爲長史。抗緯文經武，剖符東藩，當庸勳忠良，昵近仁賢，而褒求贓汚，舉頑用嚚。請免抗官，下獄理罪。」奏可，而挺病死。隗又奏：「符旨：挺已喪亡，不復追貶。愚蠢意闇，未達斯義。昔鄭人斲子家之棺，漢明追討史遷，經傳褒貶，皆追書先世數百年間，非徒區區欲釐當時，亦將作法垂於來世，當朝亡夕沒便無善惡也。請曹如前追除挺名爲民，錄妾還本，顯證惡人，班下遠近。」從之。南中郎將王含以族强顯貴，驕傲自恣，一請參佐及守長二十許人，多取非其才。隗劾奏文致甚苦，事雖被寢，王氏深忌疾之。而隗之彈奏不畏强禦，皆此類也。

建興中，丞相府斬督運令史淳于伯而血逆流，隗又奏曰：「古之爲獄必察五聽，三槐九棘以求民情。雖明庶政，不敢折獄。死者不得復生，刑者不可復續，是以明王哀矜用刑。曹參去齊，以市獄爲寄。自頃蒸荒，殺戮無度，罪同斷異，刑罰失宜。謹按行督運令史淳于伯刑血著柱，遂逆上終極柱末二丈三尺，旋復下流四尺五寸。百姓諠譁，士女縱觀，咸曰其寃。伯息忠訴辭稱枉，云伯督運訖去二月，事畢代還，無有稽乏。受賕使役，罪不及死。軍是戍軍，非爲征軍，以乏軍興論，於理爲枉。四年之中，供給運漕，凡諸徵發租調百役，皆有稽停，而不以軍興論，至於伯也，何獨明之？捶楚之下，無求不得，囚人畏痛，飾辭應之。理曹，國之典刑，而使忠等稱寃明時。謹按從事中郎周莚、法曹參軍劉胤、屬李匡幸荷殊寵，並登列曹，當思敦奉政道，詳法慎殺，使兆庶無枉，人不稱訴。而令伯枉同周青，寃魂哭於幽都，訴靈恨於黃泉，嗟嘆甚於杞梁，血妖過於崩城，故有隕霜之人，夜哭之鬼。伯有晝見，彭生爲豕，刑殺失中，妖眚並見，以古況今，其揆一也。皆由莚等不勝其任，請皆免官。」於是右將軍王導等上疏引咎，請解職。帝曰：「政刑失中，皆吾闇塞所由。尋示愧懼，思聞忠告，以補其闕。而引過求退，豈所望也！」由是導等一無所問。

晉國既建，拜御史中丞。周嵩嫁女，門生斷道解廬，斫傷二人，建康左尉赴變，又被斫。隗劾嵩兄顗曰：「顗幸荷殊寵，列位上僚，當崇明憲典，協和上下，刑于左右，以御于家邦。而乃縱肆小人，羣爲凶害，公于廣都之中白日刃尉，遠近洶嚇，百姓諠譁，虧損風望，漸不可長。既無大臣檢御之節，不可對揚休命。宜加貶黜，以肅其違。」顗坐免官。

太興初，長兼侍中，賜爵都鄉侯，尋代薛兼爲丹楊尹，與尚書令刁協並爲元帝所寵，欲排抑豪強。諸刻碎之政，皆云隗、協所建。隗雖在外，萬機祕密皆豫聞之。拜鎮北將軍、都督青徐幽平四州軍事、假節，加散騎常侍，率萬人鎭泗口。

初，隗以王敦威權太盛，終不可制，勸帝出腹心以鎭方隅，故以譙王承爲湘州，續用隗及戴若思爲都督。敦甚惡之，與隗書曰：「頃承聖上顧眄足下，今大賊未滅，中原鼎沸，欲與足下周生之徒勠力王室，共靜海內。若其泰也，則帝祚於是乎隆；若其否也，則天下永無望矣。」隗答曰：「魚相忘於江湖，人相忘於道術。竭股肱之力，效之以忠貞，吾之志也。」敦得書甚怒。及敦作亂，以討隗爲名，詔徵隗還京師，百官迎之於道，隗岸幘大言，意氣自若。及入見，與刁協奏請誅王氏，不從，有懼色，率衆屯金城。及敦克石頭，隗攻之不拔，入宮告辭，帝雪涕與之別。隗至淮陰，爲劉遐所襲，攜妻子及親信二百餘人奔于石勒，勒以爲從事中郎、太子太傅。卒年六十一。子綏，初舉秀才，除駙馬都尉、奉朝請。隨隗奔勒，卒。孫波嗣。

波字道則。初爲石季龍冠軍將軍王洽參軍，及季龍死，洽與波俱降。穆帝以波爲襄城太守，累遷桓沖中軍諮議參軍。大司馬桓溫西征袁眞，〔一〕朝廷空虛，以波爲建威將軍、淮南內史，領五千人鎭石頭。壽陽平，除尚書左丞，不拜，轉冠軍將軍、南郡相。時苻堅弟融圍雍州刺史朱序於襄陽，〔二〕波率衆八千救之，以敵强不敢進，序竟陷沒。波以畏懦免官。

後復以波爲冠軍將軍，累遷散騎常侍。

苻堅敗，朝廷欲鎮靖北方，出波督淮北諸軍、冀州刺史，以疾未行。上疏曰：

臣聞天地以弘濟爲仁，君道以惠下爲德，是以禹湯有身勤之績，唐虞有在予之誥，用能惠被蒼生，勳流後葉。宣帝開拓洪圖，始基成命；爰及文武，曆數在躬，而猶虛心側席，卑己崇物。然後知積累之功重，勤王之業艱，先君之德弘，貽厥之賜厚。惠皇不懷，委政內任，遂使神器幽淪，三光翳曜；園陵懷九泉之慼，宮廟集胡馬之跡；所謂肉食失之於朝，黎庶暴骸於外也。賴元皇帝神武應期，祚隆淮海，振乾綱於已墜，紐絕維而更張。陛下承宣帝開始之宏基，受元帝克終之成烈，保大定功，戢兵靜亂。故使負鱗橫海之鯨，僭位滔天之寇，望雲旗而宵潰，覩太陽而霧散，巍巍蕩蕩，人無名焉。而頃年已來，天文違錯，妖怪屢生。會稽先帝本封，而地動經年。昔周之文武有魚烏之瑞，君臣猶懷震悚，況今災變衆集，曾莫之疑。公旦有勿休之誡，賈誼有積薪之喻。臣鑒先徵，竊惟今事，是以敢肆狂瞽，直言無諱。

往者先帝以玄風御世，責成羣后，坐運天綱，隨化委順，故忘日計之功，收歲成之用。今禮樂征伐自天子出，相王賢儁，協和百揆，六合承風，天下響振，而鈞臺之詠弗聞，景亳之命未布。將羣臣之不稱，陛下用之不盡乎？

凡聖王之化，莫不敦崇忠信，存正棄邪。傷化毀俗者，雖親雖貴，必疏而遠之；清公貞修者，雖微雖賤，必親而近之。今則不然。此風旣替，利競滋甚，朋黨比周，毀譽交興，鑽求苟進，人希分外。見賢而居其上，受祿每過其量，希旨承意者以爲奉公，共相讚白者以爲忠節。舉世見之，誰敢正言。陛下不明必行之法以絕穿鑿之源者，恐脫因疲倦以誤視聽。且苻堅滅亡，於今五年，舊京殘毀，山陵無衞，百姓塗炭，未蒙拯接。伏願遠觀漢魏衰滅之由，近覽西朝傾覆之際，超然易慮，爲於未有，則靈根永固，社稷無虞。臣豈誣一朝之人皆無忠節，但任非其才，求之不至耳。

今政煩役殷，所在凋弊，倉廩空虛，國用傾竭，下民侵削，流亡相屬。略計戶口，但咸安已來，十分去三。百姓懷浮游之歎，下泉興周京之思。昔漢宣有云：「與我共治天下者，其惟良二千石乎！」是以臨下有方者就加璽贈，法苛政亂者恤刑不赦，事簡於上，人悅於下。今則不然。告時乞職者以家弊爲辭，振窮恤滯者以公爵爲施。古者爲百姓立君，使之司牧；今者以百姓恤君，使之蠶食。至乃貪汙者謂之清勤，慎法者謂之怯劣。何反古道一至於此！

陛下雖躬自節儉，哀矜於上，而羣僚肆欲，縱心於下，六司垂翼，三事拱默，故有識者覩人事以歎息，觀妖眚而大懼。昔宋景退熒惑之災，殷宗消鼎雉之異。伏願陛下仰觀大禹過門之志，俯察商辛沈湎之失，遠思國風恭公之刺，深惟定姜小臣之喩。暫迴聖恩，大詢羣后，延納衆賢，訪以得失；令百僚率職，人言損益。察其所由，觀其所以，審識羣才，助鼎和味。克念作聖，以答天休。則四海宅心，天下幸甚。

臣亡祖先臣隗，昔荷殊寵，匪躬之操，猶存舊史，有志無時，懷恨黃泉。及臣凡劣，復蒙罔極之眷，恩隆累世，實非糜身傾宗所能上報。前作此表，未及得通。暴嬰篤疾，恐命在奄忽，貪及視息，望達愚情。氣力惙然，不能自宣。

疏奏而卒。追贈前將軍。子淡嗣。元熙初，爲廬江太守。

隗伯父訥，字令言，有人倫鑒識。初入洛，見諸名士而歎曰：「王夷甫太鮮明，樂彥輔我所敬，張茂先我所不解，周弘武巧於用短，杜方叔拙於用長。」終於司隸校尉。

子疇，字王喬，少有美譽，善談名理。曾避亂塢壁，賈胡百數欲害之，疇無懼色，援笳而吹之，爲出塞、入塞之聲，以動其游客之思。於是羣胡皆垂泣而去之。永嘉中，位至司徒左長史，尋爲閻鼎所殺。司空蔡謨每歎曰：「若使劉王喬得南渡，司徒公之美選也。」又王導初拜司徒，謂人曰：「劉王喬若過江，我不獨拜公也。」其爲名流之所推服如此。

疇兄子劭，有才幹，辟琅邪王丞相掾。咸康世，歷御史中丞、侍中、尚書、豫章太守，秩中二千石。

劭族子黃老，太元中，爲尚書郎，有義學，注愼子、老子，並傳於世。

刁協 子彝 彝子逵

刁協字玄亮，渤海饒安人也。祖恭，魏齊郡太守。父攸，武帝時御史中丞。協少好經籍，博聞强記，釋褐濮陽王文學，累轉太常博士、本郡大中正。成都王穎請爲平北司馬，後歷趙王倫相國參軍，長沙王乂驃騎司馬。及東嬴公騰鎭臨漳，以協爲長史，轉潁川太守。永嘉初，爲河南尹，未拜，避難渡江。元帝以爲鎭東軍諮祭酒，轉長史。愍帝卽位，徵爲御史中丞，例不行。元帝爲丞相，以協爲左長史。中興建，拜尚書左僕射。于時朝廷草創，憲章未立，朝臣無習舊儀者。協久在中朝，諳練舊事，凡所制度，皆稟於協焉，深爲當時所稱許。太興初，遷尚書令，在職數年，加金紫光祿大夫，令如故。

協性剛悍，與物多忤，每崇上抑下，故爲王氏所疾。又使酒放肆，侵毀公卿，見者莫不側目。然悉力盡心，志在匡救，帝甚信任之。以奴爲兵，取將吏客使轉運，皆協所建也，衆庶怨望之。

及王敦構逆，上疏罪協，帝使協出督六軍。既而王師敗績，協與劉隗俱侍帝於太極東除，帝執協、隗手，流涕嗚咽，勸令避禍。協曰：「臣當守死，不敢有貳。」帝曰：「今事逼矣，安可不行！」乃令給協、隗人馬，使自爲計。協年老，不堪騎乘，素無恩紀，募從者，皆委之行。至江乘，爲人所殺，送首於敦，敦聽刁氏收葬之。帝痛協不免，密捕送協首者而誅之。

敦平後，周顗、戴若思等皆被顯贈，惟協以出奔不在其例。咸康中，協子彝上疏訟之。在位者多以明帝之世褒貶已定，非所得更議，且協不能抗節隕身，乃出奔遇害，不可復其官爵也。丹楊尹殷融議曰：「王敦惡逆，罪不容誅，則協之善亦不容賞。若以忠非良圖，謀事失算，以此爲責者，蓋在於譏議之間耳。卽凶殘之誅以爲國刑，將何以沮勸乎！當敦專逼之時，慶賞威刑專自己出，是以元帝慮深崇本，以協爲比，事由國計，蓋不爲私。昔孔寧、儀行父從君於昏，楚復其位者，君之黨故也。況協之比君，在於義順。且中興四佐，位爲朝首。于時事窮計屈，奉命違寇，非爲逃刑。謂宜顯贈，以明忠義。」時庾冰輔政，疑不能決。左光祿大夫蔡謨與冰書曰：

夫爵人者，宜顯其功；罰人者，宜彰其罪，此古今之所愼也。凡小之人猶尙如此，刁令中興上佐，有死難之名，天下不聞其罪，而見其貶，致令刁氏稱寃，此乃爲王敦復讎也。內沮忠臣之節，論者惑之。若實有大罪，宜顯其事，令天下知之，明聖朝不貶死難之臣。春秋之義，以功補過。過輕功重者，得以加封；功輕過重者，不免誅絕；功足贖罪者無黜。雖先有邪佞之罪，而臨難之日黨於其君者，不絕之也。孔寧、儀行父親與靈公淫亂於朝，君殺國滅，由此二臣，而楚尙納之。傳稱有禮不絕其位者，君之黨也。若刁令有罪，重于孔儀，絕之可也。若無此罪，宜見追論。

或謂明帝之世已見寢廢，今不宜復改，吾又以爲不然。夫大道宰世，殊塗一致。萬機之事，或異或同，同不相善，異不相譏。故堯抑元凱而舜舉之，堯不爲失，舜不爲非，何必前世所廢便不宜改乎？漢蕭何之後坐法失侯，文帝不封而景帝封之，後復失侯，武昭二帝不封而宣帝封之。近去元年，車駕釋奠，拜孔子之坐，此亦元明二帝所不行也。又刁令但是明帝所不贈耳，非誅之也。王平子、第五猗皆元帝所誅，而今日所贈，豈以改前爲嫌乎！凡處事者，當上合古義，下準今例，然後談者不惑，受罪者無怨耳。案周僕射、戴征西本非王敦唱檄所讎也，事定後乃見害耳；周莚、郭璞等並亦非爲主禦難也，自平居見殺耳，皆見褒贈。刁令事義豈輕於此乎？自頃員外散騎尙得追贈，況刁令位亞三司。若先自壽終，不失員外散騎之例也。就不蒙贈，不失以本官殯葬也。此爲一人之身，壽終則蒙贈，死難則見絕，豈所以明事君之道，厲爲臣之節乎！宜顯評其事，以解天下疑惑之論。

又聞談者亦多謂宜贈。凡事不允當，而得衆助者，若以善柔得衆，而刁令粗剛多怨；若以貴也，刁氏今賤；若以富也，刁氏今貧。人士何故反助寒門而此言之？足下宜察此意。

冰然之。事奏，成帝詔曰：「協情在忠主，而失爲臣之道，故令王敦得託名公義，而實肆私忌，遂令社稷受屈，元皇銜恥，致禍之原，豈不有由！若極明國典，則曩刑非重。今正當以協之勤有可書，敦之逆命不可長，故議其事耳。今可復協本位，加之册祭，以明有忠於君者纖介必顯，雖於貶裁未盡，然或足有勸矣。」於是追贈本官，祭以太牢。

彝字大倫。少遭家難。王敦誅後，彝斬讎人黨，以首祭父墓，詣廷尉請罪，朝廷特宥之，由是知名。歷尚書吏部郎、吳國內史，累遷北中郎將、徐兗二州刺史、假節，鎮廣陵，卒於官。

子逵，字伯道；逵弟暢，字仲遠；次子弘，字叔仁，並歷顯職。隆安中，逵爲廣州刺史，領平越中郎將、假節；暢爲始興相；弘爲冀州刺史。兄弟子姪並不拘名行，以貨殖爲務，有田萬頃，奴婢數千人，餘資稱是。

桓玄篡位，以逵爲西中郎將、豫州刺史，鎮歷陽；暢右衞將軍；弘撫軍桓脩司馬。劉裕起義，斬桓脩，時暢、弘謀起兵襲裕，裕遣劉毅討之，暢伏誅；弘亡，不知所在。逵在歷陽執劉裕參軍諸葛長民，檻車送于桓玄，至當利而玄敗，送人共破檻出長民，遂趣歷陽。逵棄城而走，爲下人所執，斬於石頭。子姪無少長皆死，惟小弟騁被宥，爲給事中，尋謀反伏誅，刁氏遂滅。刁氏素殷富，奴客縱橫，固吝山澤，爲京口之蠹。裕散其資蓄，令百姓稱力而取之，彌日不盡。時天下饑弊，編戶賴之以濟焉。

戴若思 弟邈

戴若思，廣陵人也，名犯高祖廟諱。祖烈，吳左將軍。父昌，會稽太守。若思有風儀，性閑爽，少好遊俠，不拘操行。遇陸機赴洛，船裝甚盛，遂與其徒掠之。若思登岸，據胡牀，指麾同旅，皆得其宜。機察見之，知非常人，在舫屋上遥謂之曰：「卿才器如此，乃復作劫邪！」若思感悟，因流涕，投劍就之。機與言，深加賞異，遂與定交焉。

若思後舉孝廉，入洛，機薦之於趙王倫曰：「蓋聞繁弱登御，然後高墉之功顯；孤竹在肆，然後降神之曲成。是以高世之主必假遠邇之器，蘊匵之才思託太音之和。伏見處士廣陵戴若思，年三十，清沖履道，德量允塞；思理足以研幽，才鑒足以辯物；安窮樂志，無風塵之慕，砥節立行，有井渫之潔；誠東南之遺寶，宰朝之奇璞也。若得託迹康衢，則能結軌驥騄；曜質廊廟，必能垂光璵璠矣。惟明公垂神採察，不使忠允之言以人而廢。」倫乃辟之，除沁水令，不就，遂往武陵省父。時同郡人潘京素有理鑒，名知人，其父遣若思就京與語，既而稱若思有公輔之才。累轉東海王越軍諮祭酒，出補豫章太守，加振威將軍，領義軍都督。以討賊有功，賜爵秣陵侯，遷治書侍御史、驃騎司馬，拜散騎侍郎。

元帝召爲鎭東右司馬。將征杜弢，加若思前將軍，未發而弢滅。帝爲晉王，以爲尙書。中興建，爲中護軍，轉護軍將軍、尙書僕射，皆辭不拜。出爲征西將軍、都督兗豫幽冀雍幷六州諸軍事、假節，加散騎常侍。發投刺王官千人爲軍吏，調揚州百姓家奴萬人爲兵配之，以散騎常侍王遐爲軍司，鎭壽陽，〔三〕與劉隗同出。帝親幸其營，勞勉將士，臨發祖餞，置酒賦詩。

若思至合肥，而王敦舉兵，詔追若思還鎭京都，進驃騎將軍，與右衞將軍郭逸夾道築壘於大桁之北。尋而石頭失守，若思與諸軍攻石頭，王師敗績。若思率麾下百餘人赴宮受詔，與公卿百官於石頭見敦。敦問若思曰：「前日之戰有餘力乎？」若思不謝而答曰：「豈敢有餘，但力不足耳。」又曰：「吾此舉動，天下以爲如何？」若思曰：「見形者謂之逆，體誠者謂之忠。」敦笑曰：「卿可謂能言。」敦參軍呂猗昔爲臺郎，有刀筆才，性尤姦諂，若思爲尙書，惡其爲人，猗亦深憾焉。至是，乃說敦曰：「周顗、戴若思皆有高名，足以惑衆，近者之言曾無愧色。公若不除，恐有再舉之患，爲將來之憂耳。」敦以爲然，又素忌之，俄而遣鄧嶽、繆坦收若思而害之。若思素有重望，四海之士莫不痛惜焉。賊平，册贈右光祿大夫、儀同三司，諡曰簡。

邈字望之。少好學，尤精史漢，〔四〕才不逮若思，儒博過之。弱冠舉秀才，尋遷太子洗馬，出補西陽內史。永嘉中，元帝版行邵陵內史、丞相軍諮祭酒，出爲征南軍司。于時凡百草創，學校未立，邈上疏曰：

臣聞天道之所大，莫大於陰陽；帝王之至務，莫重於禮學。是以古之建國，有明堂辟雍之制，鄉有庠序黌校之儀，皆所以抽導幽滯，啓廣才思。蓋以六四有困蒙之吝，君子大養正之功也。昔仲尼列國之大夫耳，興禮修學於洙泗之間，四方髦俊斐然向風，身達者七十餘人。自茲以來，千載絕塵。豈天下小於魯衞，賢哲乏於曩時？勵與不勵故也。

自頃國遭無妄之禍，社稷有綴旒之危，寇羯飲馬於長江，兇狡鴟張於萬里，遂使神州蕭條，鞠爲茂草，四海之內，人跡不交。霸主有旰食之憂，黎元懷荼毒之苦，戎首交拜于中原，何遽籩豆之事哉！然三年不爲禮，禮必壞；三年不爲樂，樂必崩，況曠載累紀如此之久邪！今末進後生目不覩揖讓升降之儀，耳不聞鐘鼓管絃之音，文章散滅，圖讖無遺，此蓋聖達之所深悼，有識之所嗟歎也。夫平世尚文，遭亂尚武，文武遞用，長久之道，譬之天地昏明之迭，自古以來未有不由之者也。

今或以天下未一，非興禮學之時，此言似之而不其然。夫儒道深奧，不可倉卒而成。古之俊乂必三年而通一經，比天下平泰然後修之，則功成事定，誰與制禮作樂者哉？又貴遊之子未必有斬將搴旗之才，亦未有從軍征戍之役，不及盛年講肄道義，使明珠加磨瑩之功，荆璞發採琢之榮，不亦良可惜乎！

臣愚以世喪道久，人情玩於所習；純風日去，華競日彰，猶火之消膏而莫之覺也。今天地告始，萬物權輿，聖朝以神武之德，值革命之運，蕩近世之流弊，繼千載之絕軌，篤道崇儒，創立大業。明主唱之於上，宰輔督之於下。夫上之所好，下必有過之者焉，是故雙劍之節崇，而飛白之俗成；挾琴之容飾，而赴曲之和作；君子之德風，小人之德草，實在感之而已。臣以闇淺，不能遠識格言；奉誦明令，慷慨下風，謂宜以三時之隙漸就修建。

疏奏，納焉，於是始修禮學。

代劉隗爲丹楊尹。王敦作逆，加左將軍。及敦得志，而若思遇害，邈坐免官。敦誅後，拜尚書僕射。卒官，贈衞將軍，謚曰穆。子謐嗣，歷義興太守、大司農。

周顗 子閔

周顗字伯仁，安東將軍浚之子也。少有重名，神彩秀徹，雖時輩親狎，莫能媟也。司徒掾同郡賁嵩有清操，見顗，歎曰：「汝潁固多奇士！自頃雅道陵遲，今復見周伯仁，將振起舊風，清我邦族矣。」廣陵戴若思東南之美，舉秀才，入洛，素聞顗名，往候之，終坐而出，不敢顯其才辯。顗從弟穆亦有美譽，欲陵折顗，顗陶然弗與之校，於是人士益宗附之。州郡辟命皆不就。弱冠，襲父爵武城侯，拜祕書郎，累遷尚書吏部郎。東海王越子毗爲鎮軍將軍，以顗爲長史。

元帝初鎮江左，請爲軍諮祭酒，出爲寧遠將軍、荆州刺史、領護南蠻校尉、假節。始到州，而建平流人傅密等叛迎蜀賊杜弢，顗狼狽失據。陶侃遣將吳寄以兵救之，故顗得免，因奔王敦於豫章。敦留之。軍司戴邈曰：「顗雖退敗，未有莅衆之咎，德望素重，宜還復之。」敦不從。帝召爲揚威將軍、兗州刺史。顗還建康，帝留顗不遣，復以爲軍諮祭酒，尋轉右長史。中興建，補吏部尚書。頃之，以醉酒爲有司所糾，白衣領職。復坐門生斫傷人，免官。

太興初，更拜太子少傅，尚書如故。顗上疏讓曰：「臣退自循省，學不通一經，智不效一官，止足良難，未能守分，遂忝顯任，名位過量。不悟天鑒忘臣頑弊，乃欲使臣內管銓衡，外忝傳訓，質輕蟬翼，事重千鈞，此之不可，不待識而明矣。若臣受負乘之責，必貽聖朝惟塵之恥，俯仰愧懼，不知所圖。」詔曰：「紹幼沖便居儲副之貴，當賴軌匠以袪蒙蔽。望之儼然，斯不言之益，何學之習邪，所謂與田蘇遊忘其鄙心者。便當副往意，不宜沖讓。」轉尚書左僕射，領吏部如故。

庾亮嘗謂顗曰：「諸人咸以君方樂廣。」顗曰：「何乃刻畫無鹽，唐突西施也。」帝讌羣公于西堂，酒酣，從容曰：「今日名臣共集，何如堯舜時邪？」顗因醉厲聲曰：「今雖同人主，何得復比聖世！」帝大怒而起，手詔付廷尉，將加戮，累日方赦之。及出，諸公就省，顗曰：「近日之罪固知不至于死。」尋代戴若思爲護軍將軍。尚書紀瞻置酒請顗及王導等，顗荒醉失儀，復爲有司所奏。詔曰：「顗參副朝右，職掌銓衡，當敬愼德音，式是百辟。屢以酒過，爲有司所繩。吾亮其極歡之情，然亦是濡首之誡也。顗必能克己復禮者，今不加黜責。」

初，顗以雅望獲海內盛名，後頗以酒失，爲僕射，略無醒日，時人號爲「三日僕射」。庾亮曰：「周侯末年，所謂鳳德之衰也。」顗在中朝時，能飲酒一石，及過江，雖日醉，每稱無對。偶有舊對從北來，顗遇之欣然，乃出酒二石共飲，各大醉。及顗醒，使視客，已腐脅而死。

顗性寬裕而友愛過人，弟嵩嘗因酒瞋目謂顗曰：「君才不及弟，何乃橫得重名！」以所燃蠟燭投之。顗神色無忤，徐曰：「阿奴火攻，固出下策耳。」王導甚重之，嘗枕顗膝而指其腹曰：「此中何所有也？」答曰：「此中空洞無物，然足容卿輩數百人。」導亦不以爲忤。又於導坐傲然嘯詠，導云：「卿欲希嵇、阮邪？」顗曰：「何敢近捨明公，遠希嵇、阮。」

及王敦構逆，溫嶠謂顗曰：「大將軍此舉似有所在，當無濫邪？」顗曰：「君少年未更事。人主自非堯舜，何能無失，人臣豈可得舉兵以脅主！共相推戴，未能數年，一旦如此，豈云非亂乎！處仲剛愎强忍，狼抗無上，其意寧有限邪！」既而王師敗績，顗奉詔詣敦，敦曰：「伯仁，卿負我！」顗曰：「公戎車犯順，下官親率六軍，不能其事，使王旅奔敗，以此負公。」敦憚其辭正，不知所答。帝召顗於廣室，謂之曰：「近日大事，二宮無恙，諸人平安，大將軍故副所望邪？」顗曰：「二宮自如明詔，於臣等故未可知。」護軍長史郝嘏等勸顗避敦，顗曰：「吾備位大臣，朝廷喪敗，寧可復草間求活，外投胡越邪！」俄而與戴若思俱被收，路經太廟，顗大言曰：「天地先帝之靈：賊臣王敦傾覆社稷，枉殺忠臣，陵虐天下，神祇有靈，當速殺敦，無令縱毒，以傾王室。」語未終，收人以戟傷其口，血流至踵，顏色不變，容止自若，觀者皆爲流涕。遂於石頭南門外石上害之，時年五十四。

顗之死也，敦坐有一參軍摴蒱，馬於博頭被殺，因謂敦曰：「周家奕世令望，而位不至公，及伯仁將登而墜，有似下官此馬。」敦曰：「伯仁總角於東宮相遇，一面披襟，便許之三事，何圖不幸自貽王法。」敦素憚顗，每見顗輒面熱，雖復冬月，扇面手不得休。敦使繆坦籍顗家，收得素簏數枚，盛故絮而已，酒五甕，米數石，在位者服其清約。敦卒後，追贈左光祿大夫、儀同三司，謚曰康，祀以少牢。

初，敦之舉兵也，劉隗勸帝盡除諸王，司空導率羣從詣闕請罪，值顗將入，導呼顗謂曰：「伯仁，以百口累卿！」顗直入不顧。既見帝，言導忠誠，申救甚至，帝納其言。顗喜飲酒，致醉而出。導猶在門，又呼顗。顗不與言，顧左右曰：「今年殺諸賊奴，取金印如斗大繫肘。」既出，又上表明導，言甚切至。導不知救己，而甚銜之。敦既得志，問導曰：「周顗、戴若思南北之望，當登三司，無所疑也。」導不答。又曰：「若不三司，便應令僕邪？」又不答。敦曰：「若不爾，正當誅爾。」導又無言。導後料檢中書故事，見顗表救己，殷勤款至。導執表流涕，悲不自勝，告其諸子曰：「吾雖不殺伯仁，伯仁由我而死。幽冥之中，負此良友！」顗三子：閔、恬、頤。

閔字子騫，方直有父風。歷衡陽、建安、臨川太守，侍中，中領軍，吏部尚書，尚書左僕射，加中軍將軍，轉護軍，領祕書監。卒，追贈金紫光祿大夫，謚曰烈。無子，以弟頤長子琳爲嗣。琳仕至東陽太守。恬、頤並歷卿守。琳少子文，驃騎諮議參軍。

史臣曰：夫太剛則折，至察無徒，以之爲政，則害于而國；用之行己，則凶于乃家。誠以器乖容衆，非先王之道也。大連司憲，陰候主情，當約法之秋，獻鍥棺之議。玄亮剛愎，與物多違，雖有崇上之心，專行刻下之化，同薄相濟，並運天機。是使賢宰見疏，致物情於解體；權臣發怒，借其名以誓師。旣而謀人之國，國危而苟免；見昵於主，主辱而圖生。自取流亡，非不幸也。若思閑爽，照理研幽。伯仁凝正，處腴能約。咸以高才雅道，參豫疇咨。及京室淪胥，抗言無撓，甘赴鼎而全操，蓋事君而盡節者歟！顗招時論，尤其酒德，禮經曰「瑕不掩瑜」，未足韜其美也。

贊曰：劉刁亮直，志奉興王。姦回醜正，終致奔亡。周戴英爽，忠謨允塞。道屬屯蒙，禍罹兇慝。

校勘記

〔一〕桓溫西征袁眞　據海西公紀及桓溫傳，桓溫所征伐者乃袁眞之子袁瑾。此時袁眞已死。

〔二〕時苻堅弟融圍雍州刺史朱序於襄陽　校文：據堅載記及朱序傳，圍襄陽乃苻丕，非融。周校：「梁州」誤「雍州」。

〔三〕出爲征西將軍都督兗豫幽冀雍并六州諸軍事至鎭壽陽　勞校：元紀云「司兗豫并冀雍六州諸

軍事、司州刺史，鎭合肥」，當是時劉隗督幽州，疑是傳誤。按：下文云「若思至合肥」，是作「合肥」者是。通鑑九一亦可證。

〔四〕尤精史漢　「史漢」，各本作「漢史」，今從宋本。通志一二六亦作「史漢」。

晉書卷七十

列傳第四十

應詹

應詹字思遠，汝南南頓人，魏侍中璩之孫也。詹幼孤，爲祖母所養。年十餘歲，祖母又終，居喪毁頓，杖而後起，遂以孝聞。家富於財，年又稚弱，乃請族人共居，委以資産，情若至親，世以此異焉。弱冠知名，性質素弘雅，物雖犯而弗之校，以學藝文章稱。司徒何劭見之曰：「君子哉若人！」

初辟公府，爲太子舍人。趙王倫以爲征東長史。倫誅，坐免。成都王穎辟爲掾。時驃騎從事中郎諸葛玫委長沙王乂奔鄴，盛稱乂之非。玫浮躁有才辯，臨漳人士無不詣之。詹與玫有舊，歎曰：「諸葛仁林何與樂毅之相詭乎！」卒不見之。玫聞甚愧。鎮南大將軍劉弘，詹之祖舅也，請爲長史，謂之曰：「君器識弘深，後當代老子於荆南矣。」仍委以軍政。弘著績漢南，詹之力也。遷南平太守。

王澄爲荆州，假詹督南平、天門、武陵三郡軍事。及洛陽傾覆，詹攘袂流涕，勸澄赴援。澄使詹爲檄，詹下筆便成，辭義壯烈，見者慷慨，然竟不能從也。天門、武陵谿蠻並反，詹討降之。時政令不一，諸蠻怨望，並謀背叛。詹召蠻酋，破銅券與盟，由是懷詹，數郡無虞。其後天下大亂，詹境獨全。百姓歌之曰：「亂離既普，殆爲灰朽。僥倖之運，賴茲應后。歲寒不凋，孤境獨守。拯我塗炭，惠隆丘阜。潤同江海，恩猶父母。」鎮南將軍山簡復假詹督五郡軍事。會蜀賊杜疇作亂，來攻詹郡，力戰摧之。尋與陶侃破杜弢於長沙，賊中金寶溢目，詹一無所取，唯收圖書，莫不歎之。元帝假詹建武將軍，王敦又上詹監巴東五郡軍事，賜爵潁陽鄉侯。陳人王沖擁衆荆州，素服詹名，迎爲刺史。詹以沖等無賴，棄還南平，沖亦不怨。其得人情如此。遷益州刺史，領巴東監軍。詹之出郡也，士庶攀車號泣，若戀所生。

俄拜後軍將軍。詹上疏陳便宜，曰：「先王設官，使君有常尊，臣有定卑，上無苟且之志，下無覬覦之心。下至亡秦，罷侯置守，本替末陵，綱紀廢絶。漢興，雖未能興復舊典，猶雜建侯守，故能享年享世，殆參古迹。今大荒之後，制度改創，宜因斯會，釐正憲則，先舉盛德元功以爲封首，則聖世之化比隆唐虞矣。」又曰：「性相近，習相遠，訓導之風，宜慎所好。魏正始之間，蔚爲文林。元康以來，賤經尚道，以玄虛宏放爲夷達，以儒術清儉爲鄙俗。永嘉之弊，未必不由此也。今雖有儒官，教養未備，非所以長育人材，納之軌物也。宜修辟雍，崇明教義，先令國子受訓，然後皇儲親臨釋奠，則普天尚德，率土知方矣。」元帝雅重其才，深納之。

頃之，出補吳國內史，以公事免。鎮北將軍劉隗出鎮，以詹爲軍司。加散騎常侍，累遷光祿勳。詹以王敦專制自樹，故優游諷詠，無所標明。及敦作逆，明帝問詹計將安出。詹厲然慷慨曰：「陛下宜奮赫斯之威，臣等當得負戈前驅，庶憑宗廟之靈，有征無戰。如其不然，王室必危。」帝以詹爲都督前鋒軍事、護軍將軍、假節，都督朱雀橋南。賊從竹格渡江，詹與建威將軍趙胤等擊敗之，斬賊率杜發，梟首數千級。賊平，封觀陽縣侯，食邑一千六百戶，賜絹五千匹。上疏讓曰：「臣聞開國承家，光啓土宇，唯令德元功乃宜封錫。臣雖忝當一隊，策無微略，勞不汗馬。猥以疏賤，倫亞親密，暫廁被練，列勳司勳。乞迴謬恩，聽其所守。」不許。

遷使持節、都督江州諸軍事、平南將軍、江州刺史。詹將行，上疏曰：

夫欲用天下之智力者，莫若使天下信之也。商鞅移木，豈禮也哉？有由而然。自經荒弊，綱紀積陵，清直之風旣澆，糟秕之俗猶在，誠宜濯以滄浪之流，漉以吞舟之網，則幽顯明別，於變時雍矣。

弘濟茲務，在乎官人。今南北雜錯，屬託者無保負之累，而輕舉所知，此博采所以未精，職理所以多闕。今凡有所用，宜隨其能否而與舉主同乎褒貶，則人有慎舉之恭，官無廢職之吝。昔冀缺有功，胥臣蒙先茅之賞；子玉敗軍，子文受蔿賈之責。古既有之，今亦宜然。漢朝使刺史行部，乘傳奏事，猶恐不足以辨彰幽明，弘宣政道，故復有繡衣直指。今之艱弊，過於往昔，宜分遣黃、散若中書郎等循行天下，觀採得失，舉善彈違，斷截苟且，則人不敢爲非矣。漢宣帝時，二千石有居職修明者，則入爲公卿；其不稱職免官者，皆還爲平人。懲勸必行，故歷世長久。中間以來，遷不足競，免不足懼。或有進而失意，退而得分。莅官雖美，當以素論降替；在職實劣，直以舊望登敍。校游談爲多少，不以實事爲先後。以此責成，臣未見其兆也。今宜峻左降舊制，可二千石免官，三年乃得敍用，長史六年，戶口折半，道里倍之。此法必明，使天下知官難得而易失，必人慎其職，朝無惰官矣。都督可課佃二十頃，州十頃，郡五頃，縣三頃。皆取文武吏醫卜，不得撓亂百姓。三臺九府，中外諸軍，有可減損，皆令附農。市息末伎，道無游人，不過一熟，豐穰可必。然後重居職之俸，使祿足以代耕。

頃大事之後，遐邇皆想宏略，而寂然未副，宜早振綱領，肅起羣望。

時王敦新平，人情未安，詹撫而懷之，莫不得其歡心，百姓賴之。

疾篤，與陶侃書曰：「每憶密計，自沔入湘，頡頏繾綣，齊好斷金。子南我東，忽然一紀，其間事故，何所不有。足下建功嶠南，旋鎮舊楚。吾承乏幸會，來忝此州，圖與足下進共竭節本朝，報恩幼主，退以申尋平生，纏綿舊好。豈悟時不我與，長卽幽冥，永言莫從，能不慨悵！今神州未夷，四方多難，足下年德並隆，功名俱盛，宜務建洪範，雖休勿休，至公至平，至謙至順，卽自天祐之，吉無不利。人之將死，其言也善，足下察吾此誠。」以咸和六年卒，〔一〕時年五十三。册贈鎮南大將軍、儀同三司，謚曰烈，祠以太牢。子玄嗣，位至散騎侍郎。玄弟誕，有器榦，歷六郡太守、龍驤將軍，追贈冀州刺史。

初，京兆韋泓喪亂之際，親屬遇饑疫並盡，客遊洛陽，素聞詹名，遂依託之。詹與分甘共苦，情若弟兄。遂隨從積年，爲營伉儷，置居宅，并薦之於元帝曰：「自遭喪亂，人士易操，至乃任運固窮，耿介守節者尟矣。伏見議郎韋泓，年三十八，字元量，執心淸沖，才識備濟，躬耕隴畝，不煩人役，靜默居常，不豫政事。昔年流移，來在詹境，經寇喪資，一身特立，短褐不掩形，菜蔬不充朝，而抗志彌厲，不遊非類。顏回稱不改其樂，泓有其分。明公輔亮皇室，恢維宇宙，四門開闢，英彥鼂藻，收春華於京輦，採秋實於巖藪。而泓抱璞荆山，未剖和璧。若蒙銓召，付以列曹，必能協隆鼎味，緝熙庶績者也。」帝卽辟之。自後位至少府卿。既受詹生成之惠，詹卒，遂製朋友之服，哭止宿草，追趙氏祀程嬰、杵臼之義，祭詹終身。

甘卓 鄧騫

甘卓字季思，丹楊人，秦丞相茂之後也。曾祖寧，爲吳將。祖述，仕吳爲尚書。父昌，太子太傅。吳平，卓退居自守。郡命主簿、功曹，察孝廉，州舉秀才，爲吳王常侍。討石冰，以功賜爵都亭侯。東海王越引爲參軍，出補離狐令。卓見天下大亂，棄官東歸，前至歷陽，與陳敏相遇。敏甚悅，共圖縱橫之計，遂爲其子景娶卓女，共相結託。會周玘唱義，密使錢廣攻敏弟昶，敏遣卓討廣，頓朱雀橋南。會廣殺昶，玘告丹楊太守顧榮共邀說卓。卓素敬服榮，且以昶死懷懼，良久乃從之。遂詐疾迎女，斷橋，收船南岸，共滅敏，傳首于京都。

元帝初渡江，授卓前鋒都督、揚威將軍、歷陽內史。其後討周馥，征杜弢，屢經苦戰，多所擒獲。以前後功，進爵南鄉侯，拜豫章太守。尋遷湘州刺史，將軍如故。復進爵于湖侯。

中興初，以邊寇未靜，學校陵遲，特聽不試孝廉，而秀才猶依舊策試。卓上疏以爲：「答問損益，當須博通古今，明達政體，必求諸墳索，乃堪其舉。臣所忝州往遭寇亂，學校久替，人士流播，不得比之餘州。策試之由，當藉學功，謂宜同孝廉例，申與期限。」疏奏，朝議不許。卓於是精加隱括，備禮舉桂陽谷儉爲秀才。儉辭不獲命，州厚禮遣之。諸州秀才聞當考試，皆憚不行，惟儉一人到臺，遂不復策試。儉恥其州少士，乃表求試，以高第除中郎。

儉少有志行，寒苦自立，博涉經史。于時南土凋荒，經籍道息，儉不能遠求師友，唯在家研精。雖所得實深，未有名譽，又恥衒耀取達，遂歸，終身不仕，卒于家。

卓尋遷安南將軍、梁州刺史、假節、督沔北諸軍，鎭襄陽。卓外柔內剛，爲政簡惠，善於綏撫，估稅悉除，市無二價。州境所有魚池，先恒責稅，卓不收其利，皆給貧民，西土稱爲惠政。

王敦稱兵，遣使告卓。卓乃僞許，而心不同之。及敦升舟，而卓不赴，使參軍孫雙詣武昌諫止敦。敦聞雙言，大驚曰：「甘侯前與吾語云何，而更有異！正當慮吾危朝廷邪？吾今下唯除姦凶耳。卿還言之，事濟當以甘侯作公。」雙還報卓，卓不能決。或說卓且僞許敦，待敦至都而討之。卓曰：「昔陳敏之亂，吾亦先從後圖，而論者謂懼逼而謀之。雖吾情本不爾，而事實有似，心恒愧之。今若復爾，誰能明我！」時湘州刺史譙王承遣主簿鄧騫說卓曰：「劉大連雖乘權寵，非有害於天下也。大將軍以其私憾稱兵象魏，雖託討亂之名，實失天下之望，此忠臣義士匡救之時也。昔魯連匹夫，猶懷蹈海之志，況受任方伯，位同體國者乎！今若因天人之心，唱桓文之舉，杖大順以掃逆節，擁義兵以勤王室，斯千載之運，不可失也。」卓笑曰：「桓文之事，豈吾所能。至於盡力國難，乃其心也。當共詳思之。」參軍李梁說卓曰：「昔隗囂亂隴右，竇融保河西以歸光武，今日之事，有似於此。將軍有重名於天下，但當推亡固存，坐而待之。使大將軍勝，方當崇將軍以方面之重；如其不勝，朝廷必以將軍代之。何憂不富貴，而釋此廟勝，決存亡於一戰邪！」騫謂梁曰：「光武創業，中國未平，故隗囂斷隴右，竇融兼河西，各據一方，鼎足之勢，故得文服天子，從容顧望。及海內已定，君臣正位，終於隴右傾覆，河西入朝。何則？向之文服，義所不容也。今將軍之於本朝，非竇融之喻也。襄陽之於大府，非河西之固也。且人臣之義，安忍國難而不陳力，何以北面於天子邪！使大將軍平劉隗，還武昌，增石城之守，絕荊湘之粟，將軍安歸乎？勢在人手，而曰我處廟勝，未之聞也。」卓尚持疑未決，騫又謂卓曰：「今既不義舉，又不承大將軍檄，此必至之禍，愚智所見也。且議者之所難，以彼强我弱，是不量虛實者也。今大將軍兵不過萬餘，其留者不能五千，而將軍見衆既倍之矣。將軍威名天下所聞也，此府精銳，戰勝之兵也。擁强衆，藉威名，杖節而行，豈王含所能御哉！遡流之衆，勢不自救，將軍之舉武昌，若摧枯拉朽，何所顧慮乎！武昌既定，據其軍實，鎮撫二州，施惠士卒，使還者如歸，此呂蒙所以克敵也。如是，大將軍可不戰而自潰。今釋必勝之策，安坐以待危亡，不可言知計矣。願將軍熟慮之。」

時敦以卓不至，慮在後爲變，遣參軍樂道融苦要卓俱下。道融本欲背敦，因說卓襲之，語在融傳。卓既素不欲從敦，得道融說，遂決曰：「吾本意也。」乃與巴東監軍柳純、南平太守夏侯承、宜都太守譚該等十餘人，俱露檄遠近，陳敦肆逆，率所統致討。遣參軍司馬讚、孫雙奉表詣臺，參軍羅英至廣州，與陶侃刻期，參軍鄧騫、虞沖至長沙，令譙王承堅守。征西將軍戴若思在江西，先得卓書，表上之，臺內皆稱萬歲。武昌大驚，傳卓軍至，人皆奔散。詔書遷卓爲鎮南大將軍、侍中、都督荆梁二州諸軍事、荆州牧，梁州刺史如故，陶侃得卓信，卽遣參軍高寶率兵下。

卓雖懷義正，而性不果毅，且年老多疑，計慮猶豫，軍次豬口，累旬不前。敦大懼，遣卓兄子行參軍卬求和，謝卓曰：「君此自是臣節，不相責也。吾家計急，不得不爾。想便旋軍襄陽，當更結好。」時王師敗績，敦求臺騶虞幡駐卓。卓聞周顗、戴若思遇害，流涕謂卬曰：「吾之所憂，正謂今日。每得朝廷人書，常以胡寇爲先，不悟忽有蕭牆之禍。且使聖上元吉，太子無恙，吾臨敦上流，亦未敢便危社稷。吾適徑據武昌，敦勢逼，必劫天子以絕四海之望。不如還襄陽，更思後圖。」卽命旋軍。都尉秦康說卓曰：「今分兵取敦不難，但斷彭澤，上下不得相赴，自然離散，可一戰擒也。將軍既有忠節，中道而廢，更爲敗軍將，恐將軍之下亦各便求西還，不可得守也。」卓不能從。樂道融亦日夜勸卓速下。卓性先寬和，忽便强塞，徑還襄陽，意氣騷擾，舉動失常，自照鏡不見其頭，視庭樹而頭在樹上，心甚惡之。其家金櫃鳴，聲似槌鏡，淸而悲。巫云：「金櫃將離，是以悲鳴。」主簿何無忌及家人皆勸令自警。卓轉更很愎，聞諫輒怒。方散兵使大佃，而不爲備。功曹榮建固諫，不納。襄陽太守周慮等密承敦意，知卓無備，詐言湖中多魚，勸卓遣左右皆捕魚，乃襲害卓于寢，傳首于敦。四子散騎郎蕃等皆被害。太寧中，追贈驃騎將軍，謚曰敬。

鄧騫字長眞，長沙人。少有志氣，爲鄉鄰所重。常推誠行己，能以正直全於多難之時。刺史譙王承命爲主簿，便說甘卓。卓留爲參軍，欲與同行，以母老辭卓而反。承爲魏乂所敗，以虞悝兄弟爲承黨，乂盡誅之，而求騫甚急。鄉人皆爲之懼，騫笑曰：「欲用我耳。彼新得州，多殺忠良，是其求賢之時，豈以行人爲罪！」乃往詣乂。乂喜曰：「君所謂古之解揚也。」以爲別駕。

騫有節操忠信，兼識量弘遠，善與人交，久而益敬。太尉庾亮稱之，以爲長者。歷武陵、始興太守，遷大司農，卒於官。

卞壼 從父兄敦

卞壼字望之，濟陰冤句人也。祖統，琅邪內史。父粹，以清辯鑒察稱。兄弟六人並登宰府，世稱「卞氏六龍，玄仁無雙」。玄仁，粹字也。弟裒，嘗忤其郡將。郡將怒許其門內之私，粹遂以不訓見譏議，陵遲積年。惠帝初，爲尚書郎。楊駿執政，人多附會，而粹正直不阿。及駿誅，超拜右丞，封成陽子，稍遷至右軍將軍。張華之誅，粹以華壻免官。齊王冏輔政，爲侍中、中書令，進爵爲公。及長沙王乂專權，粹立朝正色，乂忌而害之。初，粹如廁，見物若兩眼，俄而難作。

壼弱冠有名譽，司兗二州、齊王冏辟，皆不就。遇家禍，還鄉里。永嘉中，除著作郎，襲父爵。征東將軍周馥請爲從事中郎，不就。遭本州傾覆，東依妻兄徐州刺史裴盾。盾以壼行廣陵相。

元帝鎭建鄴，召爲從事中郎，委以選舉，甚見親杖。出爲明帝東中郎長史。遭繼母憂，既葬，起復舊職，累辭不就。元帝遣中使敦逼，壼牋自陳曰：

壼天性狷狹，不能和俗，退以情事，欲畢志家門。亡父往爲中書令，時壼蒙大例，望門見辟，信其所執，得不祗就。門戶遇禍，迸竄易名，得存視息，私志有素。加嬰極難，流寄蘭陵，爲苟晞所召，恐見逼迫，依下邳裴盾，又見假授，思暫之郡，規得託身。尋蒙見召，爲從事中郎，豈曰貪榮，直欲自致，規暫恭命，行當乞退。屬華軼之難，不敢自陳。軼既梟懸，壼亦嬰病，具自歸聞，未蒙恕遣。世子北征，選寵顯望，復以無施，忝充元佐。榮則榮矣，實非素懷。顧以命重人輕，不敢辭憚。聞西臺召壼爲尚書郎，實欲因此以避賢路，未及陳誠，奄丁窮罰。

壼年九歲，爲先母弟表所見孤背。十二，蒙亡母張所見覆育。壼以陋賤，不能榮親，家產屢空，養道多闕，存無歡娛，終不備禮，拊心永恨，五內抽割。於公無效如彼，私情艱苦如此，實無情顏昧冒榮進。若廢壼一人，江北便有傾危之慮，壼居事之日功績以隆者，誠不得私其身。今東中郎岐嶷自然，神明日茂，軍司馬、諸參佐並以明德宜力王事，壼之去留，曾無損益。賀循、謝端、顧景、丁琛、傅晞等皆荷恩命，高枕家門。壼委質二府，漸冉五載，考效則不能已彰，論心則頻累恭順，柰何哀孤之日不見愍恕哉！

帝以其辭苦，不奪其志。服闋，爲世子師。壼前後居師佐之任，盡匡輔之節，一府貴而憚焉。中興建，補太子中庶子，轉散騎常侍，侍講東宮。遷太子詹事，以公事免。尋復職，轉御史中丞。忠於事上，權貴屏跡。

時淮南小中正王式繼母，前夫終，更適式父。式父終，喪服訖，議還前夫家。前夫家亦有繼子，奉養至終，遂合葬於前夫。式自云：「父臨終，母求去，父許諾。」於是制出母齊衰朞。壼奏曰：「就如式父臨終許諾，必也正名，依禮爲無所據。若夫有命，須顯七出之責，當存時棄之，無緣以絕義之妻留家制服。若式父臨困謬亂，使去留自由者，此必爲相要以非禮，則存亡無所得從，式宜正之以禮。魏顆父命不從其亂，陳乾昔欲以二婢子殉，其子以非禮不從，春秋、禮記善之。並以妾媵，猶正以禮，況其母乎！式母於夫，生事奉終，非爲旣絕之妻。夫亡制服，不爲無義之婦。自云守節，非爲更嫁。離絕之斷，在夫沒之後。夫之旣沒，是其從子之日，而式以爲出母，此母以子出也。致使存無所容居，沒無所託也。寄命於他人之門，埋尸於無名之冢。若式父亡後，母尋沒於式家，必不以爲出母明矣。許諾之命一耳，以爲母于同居之時，至沒前子之門而不以爲母，此爲制離絕於二居，裁出否於意斷。離絕之斷，非式而誰！假使二門之子皆此母之生，母繼前子，求去求絕，非禮於後家，還反又非禮於前門，去不可去，還不可還，則爲無寄之人也。式必內盡匡諫，外極防閑，不絕明矣。何至守不移於至親，略情禮於假繼乎！繼母如母，聖人之教。式爲國士，閨門之內犯禮違義，開闢未有，於父則無追亡之善，於母則無孝敬之道，存則去留自由，亡則合葬路人，可謂生事不以禮，死葬不以禮者也。虧損世教，不可以居人倫詮正之任。案侍中、司徒、臨潁公組敷宣五教，實在任人，而含容違禮，曾不貶黜；揚州大中正、侍中、平望亭侯曄，〔三〕淮南大中正、散騎侍郎弘，顯執邦論，朝野取信，曾不能率禮正違，崇孝敬之教，並爲不勝其任。請以見事免組、曄、弘官，大鴻臚削爵土，廷尉結罪。」疏奏，詔特原組等，式付鄉邑清議，廢棄終身。壼遷吏部尚書。王含之難，加中軍將軍。含滅，以功封建興縣公，尋遷領軍將軍。

明帝不豫，領尚書令，與王導等俱受顧命輔幼主。復拜右將軍，加給事中、尚書令。帝崩，成帝卽位，羣臣進璽，司徒王導以疾不至。壼正色於朝曰：「王公豈社稷之臣邪！大行在殯，嗣皇未立，寧是人臣辭疾之時！」導聞之，乃輿疾而至。皇太后臨朝，壼與庾亮對直省中，共參機要。時召南陽樂謨爲郡中正，潁川庾怡爲廷尉評。謨、怡各稱父命不就。壼奏曰：「人無非父而生，職無非事而立。有父必有命，居職必有悔。有家各私其子，此爲王者無人，職不軌物，官不立政。如此則先聖之言廢，五教之訓塞，君臣之道散，上下之化替矣。樂廣以平夷稱，庾珉以忠篤顯，受寵聖世，身非己有，況及後嗣而可專哉！所居之職若順夫羣心，則戰戍者之父母皆當以命子，不以處也。若順謨父之意，則人皆不爲郡中正，人倫廢矣。順怡父之意，人皆不爲獄官，則刑辟息矣。凡如是者，其可聽歟？若不可聽，何以許謨、怡之得稱父命乎！此爲謨以名父子可以虧法，怡是親戚可以自專。以此二塗服人示世，臣所未悟也。宜一切班下，不得以私廢公。絕其表疏，以爲永制。」朝議以爲然。謨、怡不得已，各居所職。是時王導稱疾不朝，而私送車騎將軍郗鑒，壼奏以導虧法從私，無大臣之節。御史中丞鍾雅阿撓王典，不加準繩，並請免官。雖事寢不行，舉朝震肅。壼斷裁切直，不畏强禦，皆此類也。

壼幹實當官，以褒貶爲己任，勤於吏事，欲軌正督世，不肯苟同時好。然性不弘裕，才不副意，故爲諸名士所少，而無卓爾優譽。明帝深器之，於諸大臣而最任職。阮孚每謂之曰：「卿恒無閑泰，常如含瓦石，不亦勞乎？」壼曰：「諸君以道德恢弘，風流相尚，執鄙吝者，非壼而誰！」時貴游子弟多慕王澄、謝鯤爲達，壼厲色於朝曰：「悖禮傷教，罪莫斯甚！中朝傾覆，實由於此。」欲奏推之。王導、庾亮不從，乃止，然而聞者莫不折節。時王導以勳德輔政，成帝每幸其宅，嘗拜導婦曹氏。侍中孔坦密表不宜拜。〔三〕導聞之曰：「王茂弘駑瘠耳，若卞望之之巖巖，刁玄亮之察察，戴若思之峰岠，當敢爾邪！」壼廉潔儉素，居甚貧約。息當婚，詔特賜錢五十萬，固辭不受。後患面創，累乞解職。

拜光祿大夫，加散騎常侍。時庾亮將徵蘇峻，言於朝曰：「峻狼子野心，終必爲亂。今日徵之，縱不順命，爲禍猶淺。若復經年，爲惡滋蔓，不可復制。此是朝錯勸漢景帝早削七國事也。」當時議者無以易之。壼固爭，謂亮曰：「峻擁强兵，多藏無賴，且逼近京邑，路不終朝，一旦有變，易爲蹉跌。宜深思遠慮，恐未可倉卒。」亮不納。壼知必敗，與平南將軍溫嶠書曰：「元規召峻意定，懷此於邑。溫生足下，柰此事何！吾今所慮，是國之大事。且峻已出狂意，而召之更速，必縱其羣惡以向朝廷。朝廷威力誠桓桓，交須接鋒履刃，尙不知便可卽擒不？王公亦同此情。吾與之爭甚懇切，不能如之何。本出足下爲外藩任，而今恨出足下在外。若卿在內俱諫，必當相從。今內外戒嚴，四方有備，峻凶狂必無所至耳，恐不能使無傷，如何？」壼司馬任台勸壼宜畜良馬，以備不虞。壼笑曰：「以順逆論之，理無不濟。若萬一不然，豈須馬哉！」峻果稱兵。壼復爲尙書令、右將軍、領右衞將軍，餘官如故。

峻至東陵口，詔以壼都督大桁東諸軍事、假節，復加領軍將軍、給事中。壼率郭默、趙胤等與峻大戰於西陵，爲峻所破。壼與鍾雅皆退還，死傷者以千數。壼、雅並還節，詣闕謝罪。峻進攻青溪，壼與諸軍距擊，不能禁。賊放火燒宮寺，六軍敗績。壼時發背創，猶未合，力疾而戰，率厲散衆及左右吏數百人，攻賊麾下，苦戰，遂死之，時年四十八。二子昣、盱見父沒，相隨赴賊，同時見害。

峻平，朝議贈壼左光祿大夫，加散騎常侍。尙書郞弘訥議以爲「死事之臣古今所重，卞令忠貞之節，當書于竹帛。今之追贈，實未副衆望，謂宜加鼎司之號，以旌忠烈之勳」。司徒王導見議，進贈驃騎將軍，加侍中。訥重議曰：「夫事親莫大於孝，事君莫尙於忠。唯孝也，故能盡敬竭誠；唯忠也，故能見危授命。此在三之大節，臣子之極行也。案壼委質三朝，盡規翼亮，遭世險難，存亡以之。受顧託之重，居端右之任，擁衞至尊，則有保傅之恩；正色在朝，則有匪躬之節。賊峻造逆，勠力致討，身當矢旝，再對賊鋒，父子幷命，可謂破家爲國，守死勤事。昔許男疾終，猶蒙二等之贈，況壼伏節國難者乎！夫賞疑從重，況在不疑！謂可上準許穆，下同嵇紹，則允合典謨，克厭衆望。」於是改贈壼侍中、驃騎將軍、開府儀同三司，謚曰忠貞，祠以太牢。贈世子眕散騎侍郎，眕弟盱奉車都尉。眕母裴氏撫二子尸哭曰：「父爲忠臣，汝爲孝子，夫何恨乎！」徵士翟湯聞之歎曰：「父死於君，子死於父，忠孝之道，萃于一門。」眕子誕嗣。

咸康六年，成帝追思壼，下詔曰：「壼立朝忠恪，喪身凶寇，所封懸遠，租秩薄少，妻息不贍，以爲慨然！可給實口廩。」其後盜發壼墓，尸僵，鬢髮蒼白，面如生，兩手悉拳，爪甲穿達手背。安帝詔給錢十萬，以修塋兆。

壼第三子瞻，位至廣州刺史。瞻弟眈，尚書郎。

敦字仲仁。父俊，清眞有檢識，以名理著稱。其鄉人郤詵恃才陵傲俊兄弟，俊等亦以門盛輕詵，相視如讎。詵以楊駿故吏被繫，俊時爲尚書郎，案其獄，詵懼不免，俊平心斷決正之，詵卒以免，而猶不悛。後爲左丞，復奏陷卞氏。俊歷位汝南相、廷尉卿。

敦弱冠仕州郡，辟司空府，稍遷太子舍人、尚書郎，朝士多稱之。東海王越聞，召以爲主簿。王彌逼洛，敦及胡毋輔之勸越擊王彌，而王衍、潘滔共執不聽，敦庭爭苦至，衆咸壯之。出補汝南內史。元帝之爲鎮東，請爲軍諮祭酒，不就。征南將軍山簡以爲司馬。尋而王如、杜曾相繼爲亂，簡乃使敦監沔北七郡軍事、振威將軍、領江夏相，戍夏口。敦攻討沔中皆平。既而杜弢寇湘中，加敦征討大都督。伐弢有功，賜爵安陵亭侯。鎮東大將軍王敦請爲軍司。

中興建，拜太子左衞率。時石勒侵逼淮泗，帝備求良將可以式遏邊境者，公卿舉敦，除征虜將軍、徐州刺史，鎮泗口。及勒寇彭城，敦自度力不能支，與征北將軍王邃退保盱眙，賊勢遂張，淮北諸郡多爲所陷，竟以畏懦貶秩三等，爲鷹揚將軍。徵拜大司農。王敦表爲征虜將軍、都督石頭軍事。明帝之討王敦也，以爲鎮南將軍、假節。事平，更拜尚書，以功封益陽侯。徙光祿勳，出爲都督安南將軍、湘州刺史、假節。尋進征南將軍，固辭不拜。

蘇峻反，溫嶠、庾亮移檄征鎮同赴京師。敦擁兵不下，又不給軍糧，唯遣督護荀璲領數百人隨大軍而已。時朝野莫不怪歎，獨陶侃亦切齒忿之。〔四〕峻平，侃奏敦阻軍顧望，不赴國難，無大臣之節，請檻車收付廷尉。丞相王導以喪亂之後宜加寬宥，轉安南將軍、廣州刺史。病不之職。徵爲光祿大夫，領少府。敦既不討蘇峻，常懷愧恥，名論自此虧矣。尋以憂卒，追贈本官，加散騎常侍，謚曰敬。子滔嗣。

劉超

劉超字世瑜，琅邪臨沂人，漢城陽景王章之後也。章七世孫封臨沂縣慈鄉侯，子孫因家焉。父和，爲琅邪國上軍將軍。超少有志尚，爲縣小吏，稍遷琅邪國記室掾。以忠謹清慎爲元帝所拔，恒親侍左右，遂從渡江，轉安東府舍人，專掌文檄。相府建，又爲舍人。于時天下擾亂，伐叛討貳，超自以職在近密，而書跡與帝手筆相類，乃絕不與人交書。時出休沐，閉門不通賓客，由是漸得親密。以左右勤勞，賜爵原鄉亭侯，食邑七百戶，轉行參軍。

中興建，爲中書舍人，拜騎都尉、奉朝請。時臺閣初建，庶績未康，超職典文翰，而畏慎靜密，彌見親待。加以處身清苦，衣不重帛，家無儋石之儲。每帝所賜，皆固辭曰：「凡陋小臣，橫竊賞賜，無德而祿，殃咎足懼。」帝嘉之，不奪其志。尋出補句容令，推誠於物，爲百姓所懷。常年賦稅，主者常自四出結評百姓家貲。至超，但作大函，郵別付之，使各自書家產，投函中訖，送還縣。百姓依實投上，課輸所入，有踰常年。入爲中書通事郎。以父憂去官。既葬，屬王敦稱兵，詔超復職，又領安東上將軍。尋六軍敗散，唯超案兵直衞，帝感之，遣歸終喪禮。及錢鳳構禍，超招合義士，從明帝征鳳。事平，以功封零陵伯。超家貧，妻子不贍，帝手詔褒之，賜以魚米，超辭不受。超後須純色牛，市不可得，啓買官外廄牛，詔便以賜之。出爲義興太守。未幾，徵拜中書侍郎。拜受往還，朝廷莫有知者。會帝崩，穆后臨朝，遷射聲校尉。時軍校無兵，義興人多義隨超，因統其衆以宿衞，號爲「君子營」。咸和初，遭母憂去官，衰服不離身，朝夕號泣，朔望輒步至墓所，哀感路人。

及蘇峻謀逆，超代趙胤爲左衞將軍。時京邑大亂，朝士多遣家人入東避難。義興故吏欲迎超家，而超不聽，盡以妻孥入處宮內。及王師敗績，王導以超爲右衞將軍，親侍成帝。屬太后崩，軍衞禮章損闕，超躬率將士奉營山陵。峻遷車駕石頭，時天大雨，道路沈陷，超與侍中鍾雅步侍左右，賊給馬不肯騎，而悲哀慷慨。峻聞之，甚不平，然未敢加害，而以其所親信許方等補司馬督、殿中監，外託宿衞，內實防禦超等。時饑饉米貴，峻等問遺，一無所受，繾綣朝夕，臣節愈恭。帝時年八歲，雖幽厄之中，超猶啓授孝經、論語。溫嶠等至，峻猜忌朝士，而超爲帝所親遇，疑之尤甚。後王導出奔，超與懷德令匡術、建康令管旆等密謀，將欲奉帝而出。未及期，事泄，峻使任讓將兵入收超及鍾雅。〔五〕帝抱持悲泣曰：「還我侍中、右衞！」任讓不奉詔，因害之。及峻平，任讓與陶侃有舊，侃欲特不誅之，乃請於帝。帝曰：「讓是殺我侍中、右衞者，不可宥。」由是遂誅讓。及超將改葬，帝痛念之不已，詔還高顯近地葬之，使出入得瞻望其墓。追贈衞尉，謚曰忠。

超天性謙慎，歷事三帝，恒在機密，並蒙親遇，而不敢因寵驕諂，故士人皆安而敬之。

子訥嗣，謹飭有石慶之風，歷中書侍郎、下邳內史。訥子淳，亦淸愼，爲散騎郎。

鍾雅

鍾雅字彥冑，潁川長社人也。父曅，公府掾，早終。雅少孤，好學有才志，舉四行，除汝陽令，入爲佐著作郎。母憂去官，服闋復職。東海王越請爲參軍，遷尚書郎。

避亂東渡，元帝以爲丞相記室參軍，遷臨淮內史、振威將軍。頃之，徵拜散騎侍郎，轉尚書右丞。時有事於太廟，雅奏曰：「陛下繼承世數，於京兆府君爲玄孫，而今祝文稱曾孫，恐此因循之失，宜見改正。又禮，祖之昆弟，從祖父也。景皇帝自以功德爲世宗，不以伯祖而登廟，亦宜除伯祖之文。」詔曰：「禮，事宗廟，自曾孫已下皆稱曾孫，此非因循之失也。義取於重孫，可歷世共其名，無所改也。稱伯祖不安，如所奏。」轉北軍中候。大將軍王敦請爲從事中郎，補宣城內史。錢鳳作逆，加廣武將軍，率衆屯靑弋。時廣德縣人周玘爲鳳起兵攻雅，雅退據涇縣，收合士庶，討玘，斬之。鳳平，徵拜尚書左丞。

明帝崩，遷御史中丞。時國喪未朞，而尚書梅陶私奏女妓，雅劾奏曰：「臣聞放勛之殂，八音遏密，雖在凡庶，猶能三載。自茲以來，歷代所同。肅祖明皇帝崩背萬國，當朞來月。聖主縞素，泣血臨朝，百僚慘愴，動無歡容。陶無大臣忠慕之節，家庭侈靡，聲妓紛葩，絲竹之音，流聞衢路，宜加放黜，以整王憲。請下司徒，論正清議。」穆后臨朝，特原不問。雅直法繩違，百僚皆憚之。

北中郎將劉遐卒，遐部曲作亂，詔郭默討之，以雅監征討軍事、假節。事平，拜驍騎將軍。

蘇峻之難，詔雅爲前鋒監軍、假節，領精勇千人以距峻。雅以兵少，不敢擊，退還。拜侍中。尋王師敗績，雅與劉超並侍衞天子。或謂雅曰：「見可而進，知難而退，古之道也。君性亮直，必不容於寇讎，何不隨時之宜而坐待其斃。」雅曰：「國亂不能匡，君危不能濟，各遜遁以求免，吾懼董狐執簡而至矣。」庾亮臨去，顧謂雅曰：「後事深以相委。」雅曰：「棟折榱崩，誰之責也？」亮曰：「今日之事，不容復言，卿當期剋復之效耳。」雅曰：「想足下不愧荀林父耳。」及峻逼遷車駕幸石頭，雅、超流涕步從。明年，並爲賊所害。賊平，追贈光祿勳。其後以家貧，詔賜布帛百匹。子誕，位至中軍參軍，早卒。

史臣曰：應詹行業聿修，文史足用，入居列位，則嘉謀屢陳；出撫藩條，則惠政斯洽。甘卓伐暴寧亂，庸績克宣，作鎮扞城，威略具舉。及兇渠犯順，志在勤王。既而人撓其謀，天奪其鑒，疑留不斷，自取誅夷。卞壼束帶立朝，以匡正爲己任；褰裳衞主，蹈忠義以成名。

遂使臣死於君，子死於父，惟忠與孝，萃其一門。古稱社稷之臣，忠貞之謂矣。劉超勤肅奉上，鍾雅正直當官。屬亘猾滔天，幼君危逼，乃崎嶇寇難，契闊艱虞，匪石爲心，寒松比操，貞軌皆沒，亮迹雙升。雖高赫在難彌恭，荀息繼之以死，方之二子，曾何足云！

贊曰：卓臨南服，詹莅西州。〔六〕政刑克舉，威惠兼修。應嗟運促，甘甏疑留。望之徇義，處死爲易。惟子惟臣，名節斯寄。鍾劉入仕，忠貞攸履。竭其股肱，繼之以死。

校勘記

〔一〕以咸和六年卒　成紀、通鑑九三俱云其卒在元年，「六」疑「元」字之形近誤。

〔二〕平望亭侯曄　「曄」原作「煒」。周校：此陸曄也，宜照本傳作「曄」。按：通典九四亦作「陸曄」，今據改。下同。

〔三〕孔坦　原作「孔恒」，今據孔坦傳改。

〔四〕獨陶侃亦切齒忿之　校文：「獨」字衍文。按：通志一二六無「獨」字。

〔五〕峻使任讓將兵入收超及鍾雅　舉正：時峻已死，當云蘇逸。按：通鑑九四作「逸」。

〔六〕卓臨南服詹莅西州　周校：應詹爲江州刺史，在南；甘卓爲梁州刺史，在西。又本傳詹前卓後。「卓」「詹」二字宜互易上下。

晉書卷七十一

列傳第四十一

孫惠

孫惠字德施，吳國富陽人，吳豫章太守賁曾孫也。父祖並仕吳。惠口訥，好學有才識，州辟不就，寓居蕭沛之間。永寧初，赴齊王冏義，討趙王倫，以功封晉興縣侯，辟大司馬戶曹掾，轉東曹屬。冏驕矜僭侈，天下失望。惠獻言於冏，諷以五難、四不可，勸令歸藩，辭甚切至。冏不納。惠懼罪，辭疾去。頃之，冏果敗。成都王穎薦惠爲大將軍參軍、領奮威將軍、白沙督。是時，穎將征長沙王乂，以陸機爲前鋒都督。惠與機同鄉里，憂其致禍，勸機讓都督於王粹。及機兄弟被戮，惠甚傷恨之。時惠又擅殺穎牙門將梁儁，懼罪，因改姓名以遁。

後東海王越舉兵下邳，惠乃詭稱南嶽逸士秦祕之，以書干越曰：

天禍晉國，遘茲厄運。歷觀危亡，其萌有漸，枝葉先零，根株乃斃。伏惟明公資叡哲之才，〔一〕應神武之略，承衰亂之餘，當傾險之運，側身昏讒之俗，跼蹐凶諂之間。執夷正立，則取疾姦佞；抱忠懷直，則見害賊臣。餔糟非聖性所堪，苟免非英雄之節，是以感激於世，發憤忘身。抗辭金門，則謇諤之言顯；扶翼皇家，則匡主之功著。事雖未集，大命有在。夫以漢祖之賢，猶有彭城之恥；〔二〕魏武之能，亦有濮陽之失。孟明三退，終於致果；句踐喪衆，期於擒吳。今明公名著天下，聲振九域，公族歸美，萬國宗賢。加以四王齊聖，仁明篤友，急難之感，同獎王室，股肱爪牙，足相維持。皇穹無親，惟德是輔；惡盈福謙，鬼神所讚。以明公達存亡之符，察成敗之變，審所履之運，思天人之功，武視東夏之藩，龍躍海嵎之野。西諮河間，南結征鎮，東命勁吳銳卒之富，北有幽并率義之旅，宣喻青徐，啓示羣王，旁收雄俊，廣延秀傑，糾合攜貳，明其賞信。仰惟天子蒙塵鄴宮，外矯詔命，擅誅無辜，豺狼篡噬，其事無遠。夫心火傾移，喪亂可必，太白横流，兵家攸杖，歲鎮所去，天厭其德。玄象著明，讁譴彰見。違天不祥，奉時必克。明公思安危人神之應，慮禍敗前後之徵，弘勞謙日昃之德，躬吐握求賢之義，傾府竭庫以振貧乏，將有濟世之才，渭濱之士，含奇謨於朱脣，握神策於玉掌，逍遙川嶽之上，以俟眞人之求。目想不世之佐，耳聽非常之輔，舉而任之，則元勳建矣。

祕之不天，值此衰運，竊慕墨翟、申包之誠，跋涉荆棘，重繭而至，櫛風沐雨，來承禍難。思以管穴毗佐大猷，道險時吝，未敢自顯。伏在川泥，繫情宸極，謹先白箋，以啓天慮。若猶沈吟際會，徘徊二端，徼倖在險，請從恕宥之例。

明公今旋軫臣子之邦，宛轉名義之國，指麾則五嶽可傾，呼噏則江湖可竭。況履順討逆，執正伐邪，是烏獲摧冰，賁育拉朽，猛獸吞狐，泰山壓卵，因風燎原，未足方也。今時至運集，天與神助，復不能鵲起於慶命之會，拔劍於時哉之機，恐流濫之禍不在一人。自先帝公王，海內名士，近者死亡，皆如蟲獸，尸元曳於糞壤，形骸捐於溝澗，非其口無忠貞之辭，心無義正之節，皆希目下之小生而惑終焉之大死。凡人知友，猶有刎頸之報，朝廷之內，而無死命之臣。非獨祕之所恥，惜乎晉世之無人久矣。今天下喁喁，四海注目。社稷危而復安，宗廟替而復紹，惟明公兄弟能弘濟皇猷。國之存亡，在斯舉矣。

祕之以不才之姿，而值危亂之運，竭其狗馬之節，加之忠貞之心，左屬平亂之韃，右握滅逆之矢，控馬鵠立，計日俟命。時難獲而易失，機速變而成禍，介如石焉，實無終日，自求多福，惟君裁之！

越省書，榜道以求之，惠乃出見。越即以爲記室參軍，專職文疏，豫參謀議。除散騎郎、太子中庶子，復請補司空從事中郎。越誅周穆等，夜召參軍王廙造表，廙戰懼，壞數紙不成。時惠不在，越歎曰：「孫中郎在，表久就矣。」越遷太傅，以惠爲軍諮祭酒，數諮訪得失。每造書檄，越或驛馬催之，應命立成，皆有文采。除祕書監，不拜。轉彭城內史、廣陵相，遷廣武將軍、安豐內史。以迎大駕之功，封臨湘縣公。

元帝遣甘卓討周馥於壽陽，惠乃率衆應卓，馥敗走。廬江何銳爲安豐太守，惠權留郡境。銳以他事收惠下人推之，惠既非南朝所授，常慮讒間，因此大懼，遂攻殺銳，奔入蠻中。尋病卒，時年四十七。喪還鄉里，朝廷明其本心，追加弔賻。

熊遠

熊遠字孝文，豫章南昌人也。祖翘，嘗爲石崇蒼頭，而性廉直，有士風。黃門郎潘岳見而稱異，勸崇免之，乃還鄉里。遠有志尚，縣召爲功曹，不起，强與衣幘，扶之使謁。十餘日薦於郡，由是辟爲文學掾。遠曰：「辭大不辭小也。」固請留縣。太守察遠孝廉。屬太守討氐羌，遠遂不行，送至隴右而還。後太守會稽夏靜辟爲功曹。及靜去職，遠送至會稽以歸。州辟主簿、別駕，舉秀才，除監軍華軼司馬、領武昌太守、寧遠護軍。

元帝作相，引爲主簿。時傳北陵被發，帝將舉哀，遠上疏曰：「園陵既不親行，承傳言之者未可爲定。且園陵非一，而直言侵犯，遠近弔問，答之宜當有主。謂應更遣使攝河南尹案行，得審問，然後可發哀。卽宜命將至洛，修復園陵，討除逆類。昔宋殺無畏，莊王奮袂而起，衣冠相追於道，軍成宋城之下。況此酷辱之大恥，臣子奔馳之日！夫修園陵，至孝也；討逆叛，至順也；救社稷，至義也；卹遺黎，至仁也。若修此四道，則天下響應，無思不服矣。昔項羽殺義帝以爲罪，漢祖哭之以爲義，劉項存亡，在此一舉。羣賊豺狼，弱於往日；惡逆之甚，重於丘山。大晉受命，未改於上；兆庶謳吟，思德於下。今順天下之心，命貔貅之士，鳴檄前驅，大軍後至，威風赫然，聲振朔野，則上副西土義士之情，下允海內延頸之望矣。」屬有杜弢之難，不能從。

時江東草創，農桑弛廢，遠建議曰：「立春之日，天子祈穀于上帝，乃擇元辰，載耒耜，帥三公、九卿、諸侯、大夫，躬耕帝藉，以勸農功。詩云：『弗躬弗親，庶人不信。』自喪亂以來，農桑不修，遊食者多，皆由去本逐末故也。」時議美之。

建興初，正旦將作樂，遠諫曰：「謹案尚書，堯崩，四海遏密八音。禮云，凶年，天子徹樂減膳。孝懷皇帝梓宮未反，豺狼當塗，人神同忿。公明德茂親，社稷是賴。今杜弢蟻聚湘川，比歲征行，百姓疲弊，故使義衆奉迎未舉。履端元日，正始之初，貢士鱗萃，南北雲集，有識之士於是觀禮。公與國同體，憂容未歇。昔齊桓貫澤之會，有憂中國之心，不召而至者數國。及葵丘自矜，叛者九國。人心所歸，惟道與義。將紹皇綱於既往，恢霸業於來今，表道德之軌，闡忠孝之儀，明仁義之統，弘禮樂之本，使四方之士退懷嘉則。今榮耳目之觀，崇戲弄之好，懼違雲、韶、雅、頌之美，非納軌物，有塵大教。謂宜設饌以賜羣下而已。」元帝納之。

轉丞相參軍。是時琅邪國侍郎王鑒勸帝親征杜弢，遠又上疏曰：「皇綱失統，中夏多故，聖主肇祚，遠奉西都。梓宮外次，未反園陵，逆寇遊魂，國賊未夷。明公憂勞，乃心王室，伏讀聖敎，人懷慷慨。杜弢小豎，寇抄湘川，比年征討，經載不夷。昔高宗伐鬼方，三年乃克，用兵之難，非獨在今。伏以古今之霸王遭時艱難，亦有親征以隆大勳，亦有遣將以平小寇。今公親征，文武將吏、度支籌量、舟輿器械所出若足用者，然後可征。愚謂宜如前遣五千人，徑與水軍進征，旣可得速，必不後時。昔齊用穰苴，燕晉退軍；秦用王翦，克平南荆。必使督護得才，卽賊不足慮也。」會弢已平，轉從事中郎，累遷太子中庶子、尙書左丞、散騎常侍。帝每嘆其忠公，謂曰：「卿在朝正色，不茹柔吐剛，忠亮至到，〔三〕可謂王臣也。吾所欣賴，卿其勉之！」

及中興建，帝欲賜諸吏投刺勸進者加位一等，百姓投刺者賜司徒吏，凡二十餘萬。遠以爲「秦漢因赦賜爵，非長制也。今案投刺者不獨近者情重，遠者情輕，可依漢法例，賜天下爵，於恩爲普，無偏頗之失。可以息檢覈之煩，塞巧僞之端」。帝不從。

轉御史中丞。時尚書刁協用事，衆皆憚之。尚書郎盧綝將入直，遇協于大司馬門外。協醉，使綝避之，綝不迴。協令威儀牽捽綝墮馬，至協車前而後釋。遠奏免協官。

時冬雷電，且大雨，帝下書責躬引過，遠復上疏曰：

被庚午詔書，以雷電震，暴雨非時，深自克責。雖禹湯罪己，未足以喻。臣聞於天道，竊以人事論之。陛下節儉敦朴，愷悌流惠，而王化未興者，皆羣公卿士不能夙夜在公，以益大化，素餐負乘，秕穢明時之責也。

今逆賊猾夏，暴虐滋甚，二帝幽殯，梓宮未反，四海延頸，莫不東望。而未能遣軍北討，讎賊未報，此一失也。昔齊侯旣敗，七年不飲酒食肉，況此恥尤大。臣子之責，宜在枕戈爲王前驅。若此志未果者，當上下克儉，恤人養士，徹樂減膳，惟修戎事。陛下憂勞於上，而羣官未同戚容於下，每有會同，務在調戲酒食而已，此二失也。選官用人，不料實德，惟在白望，不求才幹，鄉舉道廢，請託交行。有德而無力者退，修望而有助者進；稱職以違俗見譏，虛資以從容見貴。是故公正道虧，私塗日開，强弱相陵，冤枉不理。今當官者以理事爲俗吏，奉法爲苛刻，盡禮爲諂諛，從容爲高妙，放蕩爲達士，驕蹇爲簡雅，此三失也。

世所謂三失者，公法加其身；私議貶其非；轉見排退，陸沈泥滓。時所謂三善者，王法所不加；清論美其賢；漸相登進，仕不輟官，攀龍附鳳，翺翔雲霄。遂使世人削方爲圓，撓直爲曲，豈待顧道德之淸塗，踐仁義之區域乎！是以萬機未整，風俗僞薄，皆此之由。不明其黜陟，以審能否，此則俗未可得而變也。

今朝廷羣司以從順爲善，相違見貶，不復論才之曲直，言之得失也。時有言者，或不見用，是以朝少辯爭之臣，士有祿仕之志焉。郭翼上書，武帝擢爲屯留令，又置諫官，所以容受直言，誘進將來，故人得自盡，言無隱諱。任官然後爵之，位定然後祿之。敷奏以言，明試以功，車服以庸。舜猶歷試諸難，而今先祿不試，甚違古義，亂之所由也。求才急於疏賤，用刑先於親貴，然後令行禁止，野無遺滯。堯取舜於仄陋，舜拔賢於巖穴，姬公不曲繩於天倫，叔向不虧法於孔懷。今朝廷法吏多出於寒賤，是以章書日奏而不足以懲物，官人選才而不足以濟事。宜招賢良於屠釣，聘耿介於丘園。若此道不改，雖幷官省職，無救弊亂也。能哲而惠，何憂乎驩兜，何遷乎有苗，何畏乎巧言令色孔壬！此官得其人之益也。

累遷侍中，出補會稽內史。時王敦作逆，沈充舉兵應之，加遠將軍，距而不受，不輸軍資於充，保境安衆爲務。敦至石頭，諷朝廷徵遠，乃拜太常卿，加散騎常侍。敦深憚其正而有謀，引爲長史，數月病卒。

遠弟縉，名亞於遠，爲王敦主簿，終於鄱陽太守。縉子鳴鵠，位至武昌太守。

王鑒

王鑒字茂高，堂邑人也。父濬，御史中丞。鑒少以文筆著稱，初爲元帝琅邪國侍郎。時杜弢作逆，江湘流弊，王敦不能制，朝廷深以爲憂。鑒上疏勸帝征之，曰：

天禍晉室，四海顚覆，喪亂之極，開闢未有。明公遭曆運之厄，當陽九之會，聖躬負伊周之重，朝廷延匡合之望。方將振長轡而御八荒，掃河漢而清天塗。所藉之資，江南之地，蓋九州之隅角，垂盡之餘人耳。而百越鴟視於五嶺，蠻蜀狼顧於湘漢，江州蕭條，白骨塗地，豫章一郡，十殘其八。繼以荒年，公私虛匱，倉庫無旬月之儲，三軍有絕乏之色。賦斂搜奪，周而復始，卒散人流，相望於道。殘弱之源日深，全勝之勢未舉。鑒懼雲旗反旆，元戎凱入，未在旦夕也。昔齊旅未朞而中侯懼其老，況暴甲三年，介胄生蟣蝨，而可不深慮者哉！江揚本六郡之地，一州封域耳。若兵不時戢，人不堪命，三江受敵，彭蠡振搖，是賊踰我垣牆之內，闚我室家之好。黷武之衆易動，驚弓之鳥難安，鑒之所甚懼也。去年已來，累喪偏將，軍師屢失，送死之寇，兵厭奔命，賊量我力矣。雖繼遺偏裨，懼未足成功也。愚謂尊駕宜親幸江州，然後方召之臣，其力可得而宣；熊羆之士，其銳可得而奮。進左軍於武昌，爲陶侃之重；建名將於安成，連甘卓之壘。南望交廣，西撫蠻夷。要害之地，勒勁卒以保之；深溝堅壁，按精甲而守之。六軍既贍，戰士思奮，爾乃乘隙騁奇，擾其窟穴，顯示大信，開以生塗，杜弢之頸固已鎖於麾下矣。

議者將以大舉役重，人不可擾。鑒謂暫擾以制敵，愈於放敵而常擾也。夫四體者，人之所甚愛，苟宜伐病，則削肌刮骨矣。然守不可虛，鑒謂王導可委以蕭何之任。或以小賊方斃，不足動千乘之重。鑒見王彌之初，亦小寇也，官軍不重其威，狡逆得肆其變，卒令溫懷不守，三河傾覆，致有今日之弊，此已然之明驗也。蔓草猶不可長，況狼兕之寇乎！當五霸之世，將非不良，士非不勇，征伐之役，君必親之，故齊桓免胄於邵陵，晉文擐甲於城濮。昔漢高、光武二帝，征無遠近，敵無大小，必手振金鼓，身當矢石，櫛風沐雨，壺漿不贍，馳騖四方，匪遑寧處，然後皇基克構，元勳以融。今大弊之極，劇於曩代，崇替之命，繫我而已。欲使鑾旂無野次之役，聖躬遠風塵之勞，而大功坐就，鑒未見其易也。魏武既定中國，親征柳城，揚旍盧龍之嶺，頓轡重塞之表，非有當時烽燧之虞，蓋一日縱敵，終己之患，雖戎輅蒙嶮，不以爲勞，況急於此者乎！劉玄德躬登漢山，而夏侯之鋒摧；吳爲祖親泝長江，而關羽之首懸；袁紹猶豫後機，挫衄三分之勢；劉表卧守其衆，卒亡全楚之地。歷觀古今撥亂之主，雖聖賢，未有高拱閑居不勞而濟者也。前鑒不遠，可謂蓍龜。

議者或以當今暑夏，非出軍之時。鑒謂今宜嚴戒，須秋而動。高風啓塗，龍舟電舉，曾不十日，可到豫章。豫章去賊尚有千里之限，但臨之以威靈，則百勝之理濟矣。旣掃清湘野，滌蕩楚郢，然後班爵序功，酬將士之勞；卷甲韜旗，廣農桑之務，播愷悌之惠，除煩苛之賦。比及數年，國富兵强，龍驤虎步，以威天下，何思而不服，何往而不濟，桓文之功不難懋也。今惜一舉之勞，而緩垂死之寇，誠國家之大恥，臣子之深憂也。

鑒以凡瑣，謬蒙奬育，思竭愚忠以補萬一。芻蕘之言，聖王不棄，戍卒之謀，先后採之。乞留神鑒，思其所陳。

疏奏，帝深納之，卽命中外戒嚴，將自征岐。會岐已平，故止。

中興建，拜駙馬都尉、奉朝請，出補永興令。大將軍王敦請爲記室參軍，未就而卒，時年四十一。文集傳于世。

鑒弟濤及弟子戫，並有才筆。濤字茂略，歷著作郎、無錫令。戫字庭堅，亦爲著作。並早卒。

陳頵

陳頵字延思，陳國苦人也。少好學，有文義。父訢立宅起門，頵曰：「當使容馬車。」訢笑而從之。仕爲郡督郵，檢獲隱匿者三千人，爲一州尤最。太守劉享拔爲主簿，州辟部從事，乘馬車還家，宗黨榮之。

劾案沛王韜獄，未竟，會解結代楊準爲刺史，韜因河間王顒屬結。結至大會，問主簿史鳳曰：「沛王貴藩，州據何法而擅拘邪？」時頵在坐，對曰：「甲午詔書，刺史銜命，國之外臺，其非所部而在境者，刺史并糾。事徵文墨，前後列上，七被詔書。如州所劾，無有違謬。」結曰：「衆人之言不可妄聽，宜依法窮竟。」又問僚佐曰：「河北白壤膏粱，何故少人士，每以三品爲中正？」答曰：「詩稱『維嶽降神，生甫及申』。夫英偉大賢多出於山澤，河北土平氣均，蓬蒿裁高三尺，不足成林故也。」結曰：「張彥眞以爲汝潁巧辯，恐不及青徐儒雅也。」頵曰：「彥眞與元禮不協，故設過言。老子、莊周生陳梁，伏羲、傅說、師曠、大項出陽夏，漢魏二祖起於沛譙，準之衆州，莫之與比。」結甚異之，曰：「豫州人士常半天下，此言非虛。」會結遷尚書，結恨不得盡其才用。

元康中，舉孝廉，而州將留之。頵薦同縣焦保曰：「保出自寒素，稟質清沖，若得參嘉命，必能光贊大猷，允清朝望，使黃憲之徒不乏於豫土，令頵庶免臧文之責。」州乃辟保。

齊王冏起義，州遣頵將兵赴之，拜駙馬都尉。遭賊避難于江西。歷陽內史朱彥引爲參軍。鎭東從事中郎袁琇薦頵於元帝，遷鎭東行參軍事，典法兵二曹。頵與王導書曰：「中華所以傾弊，四海所以土崩者，正以取才失所，先白望而後實事，浮競驅馳，互相貢薦，言重者先顯，言輕者後叙，遂相波扇，乃至陵遲。加有莊老之俗傾惑朝廷，養望者爲弘雅，政事者爲俗人，王職不恤，法物墜喪。夫欲制遠，先由近始，故出其言善，千里應之。今宜改張，明賞信罰，拔卓茂於密縣，顯朱邑於桐鄉，然後大業可舉，中興可冀耳。」

建興初制，版補錄事參軍。參佐掾屬多設解故以避事任。頵議：「諸僚屬乘昔西臺養望餘弊，小心恭肅，更以爲俗，偃蹇倨慢，以爲優雅。至今朝士縱誕，臨事遊行，漸弊不革，以至傾國。故百尋之屋突直而燎焚，千里之隄蟻垤而穿敗，古人防小以全大，愼微以杜萌。自今臨使稱疾，須催乃行者，皆免官。」

初，趙王倫簒位，三王起義，制己亥格，其後論功雖小，亦皆依用。頵意謂不宜以爲常式，駁之曰：「聖王懸爵賞功，制罰糾違，斯道苟明，人赴水火。且名器之實，不可妄假，非才謂之致寇，寵厚戒在斯亡。昔孫秀口唱簒逆，手弄天機，惠皇失御，九服無戴。三王建議,〔四〕席卷四海,合起義之衆,結天下之心,故設己亥義格以權濟難。此自一切之法,非常倫之格也。其起義以來,依格雜猥,遭人爲侯,或加兵伍,或出阜僕,金紫佩士卒之身,符策委庸隸之門,使天官降辱,王爵黷賤,非所以正皇綱重名器之謂也。請自今以後宜停之。」頵以孤寒,數有奏議,朝士多惡之,出除譙郡太守。

太興初,以疾徵。久之,白衣兼尙書,因陳時務,以爲「昔江外初平,中州荒亂,故貢舉不試。宜漸循舊,搜揚隱逸,試以經策。又馬隆、孟觀雖出貧賤,勳濟甚大,以所不習,而統戎事,鮮能以濟。宜開舉武略任將率者,言問核試,盡其所能,然後隨才授任。舉十得一,猶勝不舉,況或十得二三。日磾降虜,七世內侍;由余戎狄,入爲秦相。豈藉華宗之族,見齒於奔競之流乎!宜引幽滯之雋,抑華校實,則天淸地平,人神感應」。

後拜天門太守,殊俗安之。選腹心之吏爲荆州參軍,若有調發,動靜馳白,故恒得宿辦。陶侃征還,頵先至巴陵上禮。侃以爲能,表爲梁州刺史。綏懷荒弊,甚有威惠。梁州大姓互相嫉妬,說頵年老耳聾。侃召頵還,以西陽太守蔣巽代之。年六十九卒。

高崧

高崧字茂琰,廣陵人也。父悝,少孤,事母以孝聞。年十三,値歲饑,悝菜蔬不饜,每致甘肥於母。撫幼弟以友愛稱。寓居江州，刺史華軼辟爲西曹書佐。及軼敗，悝藏匿軼子經年，會赦乃出。元帝嘉而宥之，以爲參軍，遂歷顯位，至丹楊尹、光祿大夫，封建昌伯。

崧少好學，善史書。總角時，司空何充稱其明惠。充爲揚州，引崧爲主簿，益相欽重。轉驃騎主簿，舉州秀才，除太學博士，父艱去職。初，悝以納妾致訟被黜，及終，崧乃自繫廷尉訟寃，遂停喪五年不葬，表疏數十上。帝哀之，乃下詔曰：「悝備位大臣，違憲被黜，事已久判。其子崧求直無已，今特聽傳侯爵。」由是見稱。拜中書郎、黃門侍郎。

簡文帝輔政，引爲撫軍司馬。時桓溫擅威，率衆北伐，軍次武昌，簡文患之。崧曰：「宜致書喻以禍福，自當反旆。如其不爾，〔五〕便六軍整駕，逆順於茲判矣。若有異計，請先釁鼓。」便於坐爲簡文書草曰：「寇難宜平，時會宜接，此實爲國遠圖，經略大算。能弘斯會，非足下而誰！但以此興師動衆，要當以資實爲本。運轉之艱，古人之所難，不可易之於始而不熟慮，頃所以深用惟疑，〔六〕在乎此耳。然異常之舉，衆之所駭，遊聲噂喈，想足下亦少聞之。苟患失之，無所不至。或能望風振擾，一時崩散。如其不然者，則望實並喪，社稷之事去矣。皆由吾闇弱，德信不著，不能鎭靜羣庶，保固維城，所以內愧於心，外慚良友。吾與足下雖職有內外，安社稷，保家國，其致一也。天下安危，繫之明德。先存寧國，而後圖其外，使王基克隆，大義弘著，所望於足下。區區誠懷，豈可復顧嫌而不盡哉！」溫得書，還鎭。

崧累遷侍中。是時謝萬爲豫州都督，疲於親賓相送，方卧在室。崧徑造之，謂曰：「卿今疆理西藩，何以爲政？」萬粗陳其意。崧便爲敍刑政之要數百言。萬遂起坐，呼崧小字曰：「阿酃！故有才具邪！」哀帝雅好服食，崧諫以爲「非萬乘所宜。陛下此事，實日月之一食也」。後以公事免，卒於家。子耆，官至散騎常侍。

史臣曰：昔張良拙說項氏，巧謀於沛公；孫惠沮計齊王，耀奇於東海，終而誓甘之旅炎運載昌，稱狩之師金行不競。豈遭時之會斯蹇，將謀國之道未通？迷於委質之貞，闇於所修之慮，本既顚矣，何以能終！熊遠、王鑒有毗濟之道，比之大廈，其榱桷之佐乎！崧之詆溫，顗之距結，挫其勞役之策，申其汝潁之論，採郭嘉之風旨，挹朱育之餘波，故桓溫輟許攸之謀，解結欽王朗之跡。緝之時典，用此道歟！

贊曰：臨湘游藝，才識英發。詭名達顯，陳書干越。孝文忠謇，嘉言斯踐。茂高器鑒，彫章尤善。侯爵崧傳，高門顗顯。

校勘記

〔一〕資叡哲之才 「資」，各本皆作「咨」，唯宋本作「資」，今從宋本。

〔二〕猶有彭城之耻　册府九〇〇「彭城」作「平城」，當從之。

〔三〕忠亮至到　斠注：初學記一二引王隱晉書「至到」作「至勁」。按：御覽二二六引晉書亦作「至勁」。

〔四〕三王建議　通志一二七及册府七一七「議」作「義」，與上「三王起義」句合。

〔五〕如其不爾　「爾」，各本作「耳」，今從殿本。

〔六〕頃所以深用惟疑　「頃」，各本作「須」，今從宋本。册府七二〇亦作「頃」。

晉書卷七十二

列傳第四十二

郭璞

郭璞字景純，河東聞喜人也。父瑗，尚書都令史。時尚書杜預有所增損，瑗多駁正之，以公方著稱。終於建平太守。璞好經術，博學有高才，而訥於言論，詞賦爲中興之冠。好古文奇字，妙於陰陽算曆。有郭公者，客居河東，精於卜筮，璞從之受業。公以青囊中書九卷與之，由是遂洞五行、天文、卜筮之術，攘災轉禍，通致無方，雖京房、管輅不能過也。璞門人趙載嘗竊青囊書，未及讀，而爲火所焚。

惠懷之際，河東先擾。璞筮之，投策而嘆曰：「嗟乎！黔黎將湮於異類，桑梓其翦爲龍荒乎！」於是潛結姻昵及交遊數十家，欲避地東南。抵將軍趙固，會固所乘良馬死，固惜之，不接賓客。璞至，門吏不爲通。璞曰：「吾能活馬。」吏驚入白固。固趨出，曰：「君能活吾馬乎？」璞曰：「得健夫二三十人，皆持長竿，東行三十里，有丘林社廟者，便以竿打拍，當得一物，宜急持歸。得此，馬活矣。」固如其言，果得一物似猴，持歸。此物見死馬，〔二〕便噓吸其鼻。頃之馬起，奮迅嘶鳴，食如常，不復見向物。固奇之，厚加資給。

行至廬江，太守胡孟康被丞相召爲軍諮祭酒。時江淮清宴，孟康安之，無心南渡。璞爲占曰「敗」。康不之信。璞將促裝去之，愛主人婢，無由而得，乃取小豆三斗，繞主人宅散之。主人晨見赤衣人數千圍其家，就視則滅，甚惡之，請璞爲卦。璞曰：「君家不宜畜此婢，可於東南二十里賣之，愼勿爭價，則此妖可除也。」主人從之。璞陰令人賤買此婢。復爲符投於井中，數千赤衣人皆反縛，一一自投於井，主人大悅。璞攜婢去。後數旬而廬江陷。

璞既過江，宣城太守殷祐引爲參軍。時有物大如水牛，灰色卑腳，腳類象，胸前尾上皆白，大力而遲鈍，來到城下，衆咸異焉。祐使人伏而取之，令璞作卦，遇遯之蠱，其卦曰：「艮體連乾，其物壯巨。山潛之畜，匪兕匪武。〔三〕身與鬼并，精見二午。法當爲禽，兩靈不許。遂被一創，還其本墅。按卦名之，是爲驢鼠。」卜適了，伏者以戟刺之，深尺餘，遂去不復見。郡綱紀上祠，請殺之。巫云：「廟神不悅，曰：『此是䢵亭驢山君鼠，使詣荊山，暫來過我，不須觸之。』」其精妙如此。祐遷石頭督護，璞復隨之。時有䶂鼠出延陵，璞占之曰：「此郡東當有妖人欲稱制者，尋亦自死矣。後當有妖樹生，然若瑞而非瑞，辛螫之木也。儻有此者，東南數百里必有作逆者，期明年矣。」無錫縣欻有茱萸四株交枝而生，若連理者，其年盜殺吳興太守袁琇。或以問璞，璞曰：「卯爻發而沴金，此木不曲直而成災也。」

王導深重之，引參己軍事。嘗令作卦，璞言：「公有震厄，可命駕西出數十里，得一柏樹，截斷如身長，置常寢處，災當可消矣。」導從其言。數日果震，柏樹粉碎。

時元帝初鎭建鄴，導令璞筮之，遇咸之井，璞曰：「東北郡縣有『武』名者，當出鐸，以著受命之符。西南郡縣有『陽』名者，井當沸。」其後晉陵武進縣人於田中得銅鐸五枚，歷陽縣中井沸，經日乃止。及帝爲晉王，又使璞筮，遇豫之睽，璞曰：「會稽當出鍾，以告成功，上有勒銘，應在人家井泥中得之。繇辭所謂『先王以作樂崇德，殷薦之上帝』者也。」及帝即位，太興初，會稽剡縣人果於井中得一鍾，長七寸二分，口徑四寸半，上有古文奇書十八字，云「會稽嶽命」，餘字時人莫識之。璞曰：「蓋王者之作，必有靈符，塞天人之心，與神物合契，然後可以言受命矣。觀五鐸啓號於晉陵，棧鍾告成於會稽，瑞不失類，出皆以方，豈不偉哉！若夫鐸發其響，鍾徵其象，器以數臻，事以實應，天人之際不可不察。」帝甚重之。

璞著江賦，其辭甚偉，爲世所稱。後復作南郊賦，帝見而嘉之，以爲著作佐郎。于時陰陽錯繆，而刑獄繁興，璞上疏曰：

臣聞春秋之義，貴元愼始，故分至啓閉以觀雲物，所以顯天人之統，存休咎之徵。

臣不揆淺見，輒依歲首粗有所占，卦得解之既濟。案爻論思，方涉春木王龍德之時，而爲廢水之氣來見乘，加升陽未布，隆陰仍積，坎爲法象，刑獄所麗，變坎加離，厥象不燭。以義推之，皆爲刑獄殷繁，理有壅濫。〔三〕又去年十二月二十九日，太白蝕月。月者屬坎，羣陰之府，所以照察幽情，以佐太陽者也。太白，金行之星，而來犯之，天意若曰刑理失中，自壞其所以爲法者也。臣術學庸近，不練內事，卦理所及，敢不盡言。又去秋以來，沈雨跨年，雖爲金家涉火之祥，然亦是刑獄充溢，怨歎之氣所致。往建興四年十二月中，行丞相令史淳于伯刑於市，而血逆流長摽。伯者小人，雖罪在未允，何足感動靈變，致若斯之怪邪！明皇天所以保祐金家，子愛陛下，屢見災異，殷勤無已。陛下宜側身思懼，以應靈譴。皇極之謫，事不虛降。不然，恐將來必有愆陽苦雨之災，崩震薄蝕之變，狂狡蠢戾之妖，以益陛下旰食之勞也。

臣謹尋按舊經，尚書有五事供禦之術，京房易傳有消復之救，所以緣咎而致慶，因異而邁政。故木不生庭，太戊無以隆；雉不鳴鼎，武丁不爲宗。夫寅畏者所以饗福，怠傲者所以招患，此自然之符應，不可不察也。案解卦繇云：「君子以赦過宥罪。」既濟云：「思患而豫防之。」臣愚以爲宜發哀矜之詔，引在予之責，蕩除瑕釁，贊陽布惠，使幽斃之人應蒼生以悅育，否滯之氣隨谷風而紓散。此亦寄時事以制用，藉開塞而曲成者也。

臣竊觀陛下貞明仁恕，體之自然，天假其祚，奄有區夏，啓重光於已昧，廓四祖之遐武，祥靈表瑞，人鬼獻謀，應天順時，殆不尙此。然陛下卽位以來，中興之化未闡，雖躬綜萬機，勞逾日昃，玄澤未加於羣生，聲教未被乎宇宙，臣主未寧于上，黔細未輯于下，鴻鴈之詠不興，康哉之歌不作者，〔四〕何也？杖道之情未著，而任刑之風先彰，經國之略未震，而軌物之迹屢遷。夫法令不一則人情惑，職次數改則覬覦生，官方不審則秕政作，懲勸不明則善惡渾，此有國者之所愼也。臣竊爲陛下惜之。夫以區區之曹參，猶能遵蓋公之一言，倚淸靖以鎭俗，寄市獄以容非，德音不忘，流詠于今。漢之中宗，聰悟獨斷，可謂令主，然厲意刑名，用虧純德。老子以禮爲忠信之薄，況刑又是禮之糟粕者乎！夫無爲而爲之，不宰以宰之，固陛下之所體者也。恥其君不爲堯舜者，亦豈惟古人！是以敢肆狂瞽，不隱其懷。若臣言可採，或所以爲塵露之益；若不足採，所以廣聽納之門。願陛下少留神鑒，賜察臣言。

疏奏，優詔報之。

其後日有黑氣，璞復上疏曰：

臣以頑昧，近者冒陳所見，陛下不遺狂言，事蒙御省。伏讀聖詔，歡懼交戰。臣前云升陽未布，隆陰仍積，坎爲法象，刑獄所麗，變坎加離，厥象不燭，疑將來必有薄蝕之變也。此月四日，日出山六七丈，精光潛昧，而色都赤，中有異物大如雞子，又有青黑之氣共相薄擊，良久方解。案時在歲首純陽之月，日在癸亥全陰之位，而有此異，殆元首供禦之義不顯，消復之理不著之所致也。計去微臣所陳，未及一月，而便有此變，益明皇天留情陛下懇懇之至也。

往年歲末，太白蝕月，今在歲始，日有咎謫。曾未數旬，大眚再見。日月告釁，見懼詩人，無曰天高，其鑒不遠。故宋景言善，熒惑退次；光武寧亂，呼沲結冰。此明天人之懸符，有若形影之相應。應之以德，則休祥臻；酬之以怠，則咎徵作。陛下宜恭承靈譴，敬天之怒，施沛然之恩，諧玄同之化，上所以允塞天意，下所以弭息羣謗。

臣聞人之多幸，國之不幸。赦不宜數，實如聖旨。臣愚以爲子產之鑄刑書，非政事之善，然不得不作者，須以救弊故也。今之宜赦，理亦如之。隨時之宜，亦聖人所善者。此國家大信之要，誠非微臣所得干豫。今聖朝明哲，思弘謀猷，方闢四門以亮采，訪輿誦於羣心，況臣蒙珥筆朝末，而可不竭誠盡規哉！

頃之，遷尚書郎。數言便宜，多所匡益。明帝之在東宮，與溫嶠、庾亮並有布衣之好，璞亦以才學見重，埒於嶠、亮，論者美之。然性輕易，不修威儀，嗜酒好色，時或過度。著作郎干寶常誡之曰："此非適性之道也。"璞曰："吾所受有本限，用之恒恐不得盡，卿乃憂酒色之爲患乎！"

璞既好卜筮，縉紳多笑之。又自以才高位卑，乃著客傲，其辭曰：

客傲郭生曰："玉以兼城爲寶，士以知名爲賢。明月不妄映，蘭葩豈虛鮮。今足下既以拔文秀於叢薈，蔭弱根於慶雲，陵扶搖而竦翮，揮清瀾以濯鱗，而響不徹於一皐，價不登乎千金。傲岸榮悴之際，頡頏龍魚之間，進不爲諧隱，退不爲放言，無沈冥之韵，而希風乎嚴先，徒費思於鑽味，摹洞林乎連山，尙何名乎！夫攀驪龍之髯，撫翠禽之毛，〔三〕而不得絕霞肆、跨天津者，未之前聞也。"

郭生粲然而笑曰："鷦鷯不可與論雲翼，井蛙難與量海鼇。雖然，將祛子之惑，訊以未悟，其可乎？

乃者地維中絕，乾光墜采，皇運暫迴，廓祚淮海。龍德時乘，羣才雲駭，藹若鄧林之會逸翰，爛若溟海之納奔濤，不煩咨嗟之訪，不假蒲帛之招，羈九有之奇駿，咸總之于一朝，豈惟豐沛之英，南陽之豪！昆吾挺鋒，驌驦軒髦，杞梓競敷，蘭蕙爭翹，嚶聲冠於伐木，援類繁乎拔茅。是以水無浪士，巖無幽人，刈蘭不暇，爨桂不給，安事錯薪乎！

且夫窟泉之潛不思雲翬，熙冰之采不羨旭晞，混光燿於埃藹者，亦曷顧滄浪之深，秋陽之映乎！登降紛於九五，淪湧懸乎龍津。蚓蛾以不才陸槁，蟒蛇以騰鶩暴鱗。不連城之寶，藏於褐裏，三秀雖艷，糜于麗采。香惡乎芬？賈惡乎在？是以不塵不冥，不驪不騂，支離其神，蕭悴其形。形廢則神王，跡粗而名生。體全者爲犧，至獨者不孤，傲俗者不得以自得，默覺者不足以涉無。故不恢心而形遺，不外累而智喪，無巖穴而冥寂，無江湖而放浪。玄悟不以應機，洞鑒不以昭曠。不物物我我，不是是非非。忘意非我意，意得非我懷。寄羣籟乎無象，域萬殊于一歸。不壽殤子，不夭彭涓，不壯秋豪，不小太山。蚑淚與天地齊流，蜉蝣與大椿齒年。然一闔一開，兩儀之跡，一沖一溢，懸象之節，渙沍期於寒暑，凋蔚要乎春秋。青陽之翠秀，龍豹之委穎，駿狼之長暉，玄陸之短景。故皐壤爲悲欣之府，胡蝶爲物化之器矣。

夫欣黎黃之音者，不顰蟪蛄之吟；豁雲臺之觀者，必閡帶索之歡。縱蹈而詠採薺，擁璧而歎抱關。戰機心以外物，不能得意於一弦。悟往復於嗟歎，安可與言樂天者乎！若乃莊周偃蹇於漆園，老萊婆娑於林窟，嚴平澄漠於塵肆，梅眞隱淪乎市卒，梁生吟嘯而矯跡，焦先混沌而槁杌，〔六〕阮公昏酣而賣傲，翟叟遁形以倏忽。吾不能幾韵於數賢，故寂然玩此員策與智骨。」

永昌元年，皇孫生，璞上疏曰：

有道之君未嘗不以危自持，亂世之主未嘗不以安自居。故存而不忘亡者，三代之所以興也；亡而自以爲存者，三季之所以廢也。是以古之令主開納忠讜，以弼其違；標顯切直，用攻其失。至乃聞一善則拜，見規誡則懼。何者？蓋不私其身，處天下以至公也。臣竊惟陛下符運至著，勳業至大，而中興之祚不隆，聖敬之風未躋者，殆由法令太明，刑教太峻。故水至清則無魚，政至察則衆乖，此自然之勢也。

臣去春啓事，以囹圄充斥，陰陽不和，推之卦理，宜因郊祀作赦，以蕩滌瑕穢。不然，將來必有愆陽苦雨之災，崩震薄蝕之變，狂狡蠢戾之妖。其後月餘，日果薄鬬。去秋以來，諸郡並有暴雨，水皆洪潦，歲用無年。適聞吳興復欲有構妄者，咎徵漸成，臣甚惡之。頃者以來，役賦轉重，獄犴日結，百姓困擾，甘亂者多，小人愚嶮，共相扇惑。雖勢無所至，然不可不虞。案洪範傳，君道虧則日蝕，人憤怨則水涌溢，陰氣積則下代上。此微理潛應已著實於事者也。假令臣遂不幸謬中，必貽陛下側席之憂。

今皇孫載育，天固靈基，黔首顒顒，實望惠潤。又歲涉午位，金家所忌。宜於此時崇恩布澤，則火氣潛消，災譴不生矣。陛下上承天意，下順物情，可因皇孫之慶大赦天下。然後明罰敕法，以肅理官，克厭天心，慰塞人事，兆庶幸甚，禎祥必臻矣。

臣今所陳，暫而省之，或未允聖旨；久而尋之，終亮臣誠。若所啓上合，願陛下勿以臣身廢臣之言。臣言無隱，而陛下納之，適所以顯君明臣直之義耳。

疏奏，納焉，卽大赦改年。

時暨陽人任谷因耕息於樹下，忽有一人著羽衣就淫之，既而不知所在，谷遂有娠。積月將產，羽衣人復來，以刀穿其陰下，出一蛇子便去。谷遂成宦者。後詣闕上書，自云有道術。帝留谷于宮中。璞復上疏曰：「任谷所爲妖異，無有因由。陛下玄鑒廣覽，欲知其情狀，引之禁內，供給安處。臣聞爲國以禮正，不聞以奇邪。所聽惟人，故神降之吉。陛下簡默居正，動遵典刑。案周禮，奇服怪人不入宮，況谷妖詭怪人之甚者，而登講肆之堂，密邇殿省之側，塵點日月，穢亂天聽，臣之私情竊所以不取也。陛下若以谷信爲神靈所憑者，則應敬而遠之。夫神，聰明正直，接以人事。若以谷爲妖蠱詐妄者，則當投畀裔土，不宜令褻近紫闈。若以谷或是神祇告譴、爲國作眚者，則當克己修禮以弭其妖，不宜令谷安然自容，肆其邪變也。臣愚以爲陰陽陶烝，變化萬端，亦是狐貍魍魎憑假作慝。願陛下採臣愚懷，特遣谷出。臣以人乏，忝荷史任，敢忘直筆，惟義是規。」其後元帝崩，谷因亡走。

璞以母憂去職，卜葬地於暨陽，去水百步許。人以近水爲言，璞曰：「當卽爲陸矣。」其後沙漲，去墓數十里皆爲桑田。未朞，王敦起璞爲記室參軍。是時潁川陳述爲大將軍掾，有美名，爲敦所重，未幾而沒。璞哭之哀甚，呼曰：「嗣祖，嗣祖，焉知非福！」未幾而敦作難。

時明帝卽位踰年，未改號，而熒惑守房。璞時休歸，帝乃遣使齎手詔問璞。會暨陽縣復上言曰赤烏見。璞乃上疏請改年肆赦，文多不載。璞嘗爲人葬，帝微服往觀之，因問主人何以葬龍角，此法當滅族。主人曰：「郭璞云此葬龍耳，不出三年當致天子也。」帝曰：「出天子邪？」答曰：「能致天子問耳。」帝甚異之。璞素與桓彝友善，彝每造之，或值璞在婦間，便入。璞曰：「卿來，他處自可徑前，但不可廁上相尋耳。必客主有殃。」彝後因醉詣璞，正逢在廁，掩而觀之，見璞裸身被髮，銜刀設醊。璞見彝，撫心大驚曰：「吾每屬卿勿來，反更如是！非但禍吾，卿亦不免矣。天實爲之，將以誰咎！」璞終嬰王敦之禍，彝亦死蘇峻之難。

王敦之謀逆也，溫嶠、庾亮使璞筮之，璞對不決。嶠、亮復令占己之吉凶，璞曰：「大吉。」嶠等退，相謂曰：「璞對不了，是不敢有言，或天奪敦魄。今吾等與國家共舉大事，而璞云大吉，是爲舉事必有成也。」於是勸帝討敦。初，璞每言「殺我者山宗」，至是果有姓崇者構璞於敦。敦將舉兵，又使璞筮。璞曰：「無成。」敦固疑璞之勸嶠、亮，又聞卦凶，乃問璞曰：「卿更筮吾壽幾何？」答曰：「思向卦，明公起事，必禍不久。若住武昌，壽不可測。」敦大怒曰：「卿壽幾何？」曰：「命盡今日日中。」敦怒，收璞，詣南岡斬之。璞臨出，謂行刑者欲何之。曰：「南岡頭。」璞曰：「必在雙柏樹下。」既至，果然。復云：「此樹應有大鵲巢。」衆索之不得。璞更令尋覓，果於枝間得一大鵲巢，密葉蔽之。初，璞中興初行經越城，間遇一人，呼其姓名，因以袴褶遺之。其人辭不受，璞曰：「但取，後自當知。」其人遂受而去。至是，果此人行刑。時年四十九。及王敦平，追贈弘農太守。

初，庾翼幼時嘗令璞筮公家及身，卦成，曰：「建元之末丘山傾，長順之初子凋零。」及康帝即位，將改元爲建元，或謂庾冰曰：「子忘郭生之言邪？丘山上名，此號不宜用。」冰撫心歎恨。及帝崩，何充改元爲永和，庾翼歎曰：「天道精微，乃當如是。長順者，永和也，吾庸得免乎！」其年翼卒。冰又令筮其後嗣，卦成，曰：「卿諸子並當貴盛，然有白龍者，凶徵至矣。若墓碑生金，庾氏之大忌也。」後冰子蘊爲廣州刺史，妾房內忽有一新生白狗子，莫知所由來，其妾祕愛之，不令蘊知。狗轉長大，蘊入，見狗眉眼分明，又身至長而弱，異於常狗，蘊甚怪之。將出，共視在衆人前，忽失所在。蘊慨然曰：「殆白龍乎！庾氏禍至矣。」又墓碑生金。俄而爲桓溫所滅，終如其言。璞之占驗，皆如此類也。

璞撰前後筮驗六十餘事，名爲洞林。又抄京、費諸家要最，更撰新林十篇、卜韻一篇。注釋爾雅，別爲音義、圖譜。又注三蒼、方言、穆天子傳、山海經及楚辭、子虛、上林賦數十萬言，皆傳於世。所作詩賦誄頌亦數萬言。子驁，官至臨賀太守。

葛洪

葛洪字稚川，丹楊句容人也。祖系，吳大鴻臚。父悌，吳平後入晉，爲邵陵太守。洪少好學，家貧，躬自伐薪以貿紙筆，夜輒寫書誦習，遂以儒學知名。性寡欲，無所愛翫，不知棊局幾道，摴蒱齒名。爲人木訥，不好榮利，閉門却掃，未嘗交游。於餘杭山見何幼道、郭文舉，目擊而已，各無所言。時或尋書問義，不遠數千里崎嶇冒涉，期於必得，遂究覽典籍，尤好神仙導養之法。從祖玄，吳時學道得仙，號曰葛仙公，以其鍊丹祕術授弟子鄭隱。洪就隱學，悉得其法焉。後師事南海太守上黨鮑玄。〔七〕玄亦內學，逆占將來，見洪深重之，以女妻洪。洪傳玄業，兼綜練醫術，凡所著撰，皆精覈是非，而才章富贍。

太安中，石冰作亂，吳興太守顧祕爲義軍都督，與周玘等起兵討之，祕檄洪爲將兵都尉，攻冰別率，破之，遷伏波將軍。冰平，洪不論功賞，徑至洛陽，欲搜求異書以廣其學。

洪見天下已亂，欲避地南土，乃參廣州刺史嵇含軍事。及含遇害，遂停南土多年，征鎮檄命一無所就。後還鄉里，禮辟皆不赴。元帝爲丞相，辟爲掾。以平賊功，賜爵關內侯。咸和初，司徒導召補州主簿，轉司徒掾，遷諮議參軍。干寶深相親友，薦洪才堪國史，選爲散騎常侍，領大著作，洪固辭不就。以年老，欲鍊丹以祈遐壽，聞交阯出丹，求爲句漏令。帝以洪資高，不許。洪曰：「非欲爲榮，以有丹耳。」帝從之。洪遂將子姪俱行。至廣州，刺史鄧嶽留不聽去，洪乃止羅浮山煉丹。嶽表補東官太守，又辭不就。嶽乃以洪兄子望爲記室參軍。在山積年，優游閑養，著述不輟。其自序曰：

洪體乏進趣之才，偶好無爲之業。假令奮翅則能陵厲玄霄，騁足則能追風躡景，猶欲戢勁翮於鷦鷯之羣，藏逸迹於跛驢之伍，豈況大塊稟我以尋常之短羽，造化假我以至駑之蹇足？自卜者審，不能者止，又豈敢力蒼蠅而慕沖天之舉，策跛鼈而追飛兔之軌；飾嫫母之篤陋，〔八〕求媒陽之美談；推沙礫之賤質，索千金於和肆哉！夫僬僥之步而企及夸父之蹤，近才所以躓礙也；要離之羸而強赴扛鼎之勢，秦人所以斷筋也。故是以望絕於榮華之途，而志安乎窮圮之域；藜藿有八珍之甘，蓬蓽有藻梲之樂也。故權貴之家，雖咫尺弗從也；知道之士，雖艱遠必造也。考覽奇書，旣不少矣，率多隱語，難可卒解，自非至精不能尋究，自非篤勤不能悉見也。

道士弘博洽聞者寡，而意斷妄說者衆。至於時有好事者，欲有所修爲，倉卒不知所從，而意之所疑又無足諮。今爲此書，粗舉長生之理。其至妙者不得宣之於翰墨，蓋粗言較略以示一隅，冀悱憤之徒省之可以思過半矣。豈謂闇塞必能窮微暢遠乎，聊論其所先覺者耳。世儒徒知服膺周孔，莫信神仙之書，不但大而笑之，又將謗毀眞正。故予所著子言黃白之事，名曰內篇，其餘駁難通釋，名曰外篇，大凡內外一百一十六篇。雖不足藏諸名山，且欲緘之金匱，以示識者。

自號抱朴子，因以名書。其餘所著碑誄詩賦百卷，移檄章表三十卷，神仙、良吏、隱逸、集異等傳各十卷，又抄五經、史、漢、百家之言、方技雜事三百一十卷，金匱藥方一百卷，肘後要急方四卷。

洪博聞深洽，江左絕倫。著述篇章富於班馬，又精辯玄賾，析理入微。後忽與嶽疏云：「當遠行尋師，尅期便發。」嶽得疏，狼狽往別。而洪坐至日中，兀然若睡而卒，嶽至，遂不及見。時年八十一。視其顏色如生，體亦柔軟，舉尸入棺，甚輕，如空衣，世以爲尸解得仙云。

史臣曰：景純篤志綈緗，洽聞强記，在異書而畢綜，瞻往滯而咸釋；情源秀逸，思業高奇；襲文雅於西朝，振辭鋒於南夏，爲中興才學之宗矣。夫語怪徵神，伎成則賤，前修貽訓，鄙乎茲道。景純之探策定數，考往知來，邁京管於前圖，軼梓竈於遐篆。而宦微於世，禮薄於時，區區然寄客傲以申懷，斯亦伎成之累也。若乃大塊流形，玄天賦命，吉凶修短，定乎自然。雖稽象或通，而厭勝難恃，稟之有在，必也無差，自可居常待終，頹心委運，何至銜刀被髮，遑遑於幽穢之間哉！晚抗忠言，無救王敦之逆；初慚智免，竟斃「山宗」之謀。仲尼所謂攻乎異端，斯害也已，悲夫！稚川束髮從師，老而忘倦。紬奇冊府，總百代之遺編；紀化仙都，窮九丹之祕術。謝浮榮而捐雜藝，賤尺寶而貴分陰，游德棲眞，超然事外。全生之道，其最優乎！

贊曰：景純通秀，夙振宏材。沈研鳥册，洞曉龜枚。匪寧國釁，坐致身災。稚川優洽，貧而樂道。載範斯文，永傳洪藻。

校勘記

〔一〕此物見死馬　「死馬」，各本作「馬死」，今從宋本。通志一二七、册府八七六及搜神記皆作「死馬」。

〔二〕匪兕匪武　「武」本作「虎」，蓋唐人避諱改。

〔三〕理有壅濫　「理」下各本衍「者」字，今從宋本。册府五二八亦無「者」字。

〔四〕康哉之歌　「康哉」，各本作「康衢」，今從宋本。通志一二七及册府五二八均作「康哉」，用書「庶事康哉」之義。康衢謠固見列子，然晚出，似以「康哉」爲確。

〔五〕撫翠禽之毛　各本「毛」下衍一「者」字，今依殿本删。

〔六〕焦先混沌而槁杌　「焦先」，各本誤作「焦光」，今從宋本。

〔七〕南海太守上黨鮑玄　鮑靚傳云，靚字太玄，爲南海太守。則此「玄」字上脱「太」字，或雙名單稱。

〔八〕飾嫫母之篤陋　魯藩刻本抱朴子「篤陋」作「陋醜」。

晉書卷七十三

列傳第四十三

庾亮 子彬 羲 龢 弟懌 冰 條 翼

庾亮字元規，明穆皇后之兄也。父琛，在外戚傳。亮美姿容，善談論，性好莊老，風格峻整，動由禮節，閨門之内不肅而成，時人或以爲夏侯太初、陳長文之倫也。年十六，東海王越辟爲掾，不就，隨父在會稽，嶷然自守。時人皆憚其方儼，莫敢造之。

元帝爲鎮東時，聞其名，辟西曹掾。及引見，風情都雅，過於所望，甚器重之。由是聘亮妹爲皇太子妃，亮固讓，不許。轉丞相參軍。預討華軼功，封都亭侯，轉參丞相軍事，掌書記。中興初，拜中書郎，領著作，侍講東宮。其所論釋，多見稱述。與溫嶠俱爲太子布衣之好。時帝方任刑法，以韓子賜皇太子，亮諫以申韓刻薄傷化，不足留聖心，太子甚納焉。累遷給事中、黄門侍郎、散騎常侍。時王敦在蕪湖，帝使亮詣敦籌事。敦與亮談論，不覺改席而前，退而歎曰：「庾元規賢於裴頠遠矣！」因表爲中領軍。

明帝卽位，以爲中書監，亮上書讓曰：

臣凡庸固陋，少無殊操，昔以中州多故，舊邦喪亂，隨侍先臣遠庇有道，爰容逃難，求食而已。不悟徼時之福，遭遇嘉運。先帝龍興，垂異常之顧，既眷同國士，又申以婚姻，遂階親寵，累忝非服。弱冠濯纓，沐浴芳風，頻煩省闥，出總六軍，十餘年間，位超先達。無勞受遇，無與臣比。小人祿薄，福過災生，止足之分，臣所宜守。而偷榮昧進，日爾一日，謗讟既集，上塵聖朝。始欲自聞，而先帝登遐，區區微誠，竟未上達。

陛下踐阼，聖政惟新，宰輔賢明，庶僚咸允，康哉之歌實存于至公。而國恩不已，復以臣領中書。臣領中書，則示天下以私矣。何者？臣於陛下，后之兄也。姻婭之嫌，與骨肉中表不同。雖太上至公，聖德無私，然世之喪道，有自來矣。悠悠六合，皆私其姻，人皆有私，則天下無公矣。是以前後二漢，咸以抑后黨安，進婚族危。向使西京七族、東京六姓皆非姻族，各以平進，縱不悉全，決不盡敗。今之盡敗，更由姻昵。

臣歷觀庶姓在世，無黨於朝，無援於時，植根之本輕也薄也。苟無大瑕，猶或見容。至於外戚，憑託天地，連勢四時，根援扶疏，重矣大矣。而或居權寵，四海側目，事有不允，罪不容誅。身既招殃，國爲之弊。其故何邪？由姻媾之私羣情之所不能免，是以疏附則信，姻進則疑。疑積於百姓之心，則禍成於重闈之內矣。此皆往代成鑒，可爲寒心者也。夫萬物之所不通，聖賢因而不奪。冒親以求一寸之用，未若防嫌以明至公。今以臣之才，〔一〕兼如此之嫌，而使內處心膂，外總兵權，以此求治，未之聞也；以此招禍，可立待也。雖陛下二相明其愚款，朝士百僚頗識其情，天下之人安可門到戶說使皆坦然邪！

夫富貴榮寵，臣所不能忘也；刑罰貧賤，臣所不能甘也。今恭命則愈，違命則苦，臣雖不達，何事背時違上，自貽患責邪？實仰覽殷鑒，量己知弊，身不足惜，爲國取悔，是以悾悾屢陳丹款。而微誠淺薄，未垂察諒，憂惶屏營不知所措。願陛下垂天地之鑒，察臣之愚，則臣雖死之日，猶生之年矣。

疏奏，帝納其言而止。

王敦既有異志，內深忌亮，而外崇重之。亮憂懼，以疾去官。復代王導爲中書監。及敦舉兵，加亮左衞將軍，與諸將距錢鳳。及沈充之走吳興也，又假亮節、都督東征諸軍事，追充。事平，以功封永昌縣開國公，賜絹五千四百匹，固讓不受。轉護軍將軍。

及帝疾篤，不欲見人，羣臣無得進者。撫軍將軍、南頓王宗，右衞將軍虞胤等，素被親愛，與西陽王羕將有異謀。亮直入臥內見帝，流涕不自勝。既而正色陳羕與宗等謀廢大臣，規共輔政，社稷安否，將在今日，辭旨切至。帝深感悟，引亮升御座，遂與司徒王導受遺詔輔幼主。加亮給事中，徙中書令。太后臨朝，政事一決於亮。

先是，王導輔政，以寬和得衆，亮任法裁物，頗以此失人心。又先帝遺詔褒進大臣，而陶侃、祖約不在其例，〔二〕侃、約疑亮刪除遺詔，並流怨言。亮懼亂，於是出溫嶠爲江州以廣聲援，修石頭以備之。會南頓王宗復謀廢執政，亮殺宗而廢宗兄羕。宗，帝室近屬，羕，國族元老，又先帝保傅，天下咸以亮翦削宗室。

琅邪人卞咸，宗之黨也，與宗俱誅。咸兄闡亡奔蘇峻，亮符峻送闡，而峻保匿之。峻又多納亡命，專用威刑，亮知峻必爲禍亂，徵爲大司農。舉朝謂之不可，平南將軍溫嶠亦累書止之，皆不納。峻遂與祖約俱舉兵反。溫嶠聞峻不受詔，便欲下衞京都，三吳又欲起義兵，亮並不聽，而報嶠書曰：「吾憂西陲過於歷陽，足下無過雷池一步也。」既而峻將韓晃寇宣城，亮遣距之，不能制，峻乘勝至于京都。詔假亮節、都督征討諸軍事，戰于建陽門外。〔三〕軍未及陣，士衆棄甲而走。亮乘小船西奔，亂兵相剝掠，亮左右射賊，誤中柂工，應弦而倒，船上咸失色欲散。亮不動容，徐曰：「此手何可使著賊！」衆心乃安。

亮攜其三弟懌、條、翼南奔溫嶠，嶠素欽重亮，雖在奔敗，猶欲推爲都統。亮固辭，乃與嶠推陶侃爲盟主。侃至尋陽，既有憾於亮，議者咸謂侃欲誅執政以謝天下。亮甚懼，及見侃，引咎自責，風止可觀。侃不覺釋然，乃謂亮曰：「君侯修石頭以擬老子，今日反見求耶！」便談宴終日。亮啖薤，因留白。侃問曰：「安用此爲？」亮云：「故可以種。」侃於是尤相稱歎云：「非惟風流，兼有爲政之實。」

既至石頭，亮遣督護王彰討峻黨張曜，反爲所敗。亮送節傳以謝侃，侃答曰：「古人三敗，君侯始二。當今事急，不宜數耳。」又曰：「朝政多門，用生國禍。喪亂之來，豈獨由峻也！」亮時以二千人守白石壘，峻步兵萬餘，四面來攻，衆皆震懼。亮激厲將士，並殊死戰，峻軍乃退，追斬數百級。

峻平，帝幸溫嶠舟，亮得進見，稽顙鯁噎，詔羣臣與亮俱升御坐。亮明日又泥首謝罪，乞骸骨，欲闔門投竄山海。帝遣尚書、侍中手詔慰喻：「此社稷之難，非舅之責也。」亮上疏曰：

臣凡鄙小人，才不經世，階緣戚屬，累忝非服，叨竊彌重，謗議彌興。皇家多難，未敢告退，遂隨牒展轉，便煩顯任。先帝不豫，臣參侍醫藥，登遐顧命，又豫聞後事，豈云德授，蓋以親也。臣知其不可，而不敢逃命，實以田夫之交猶有寄託，況君臣之義，道貫自然，哀悲眷戀，不敢違距。且先帝謬顧，情同布衣，既今恩重命輕，遂感遇忘身。加以陛下初在諒闇，先后親覽萬機，宣通外內，臣當其地，是以激節驅馳，不敢依違。

雖知無補，志以死報。而才下位高，知進忘退，乘寵驕盈，漸不自覺。進不能撫寧外內，退不能推賢宗長，遂使四海側心，謗議沸騰。祖約、蘇峻不堪其憤，縱肆兇逆，事由臣發。社稷傾覆，宗廟虛廢，先后以憂逼登遐，陛下旰食踰年，四海哀惶，肝腦塗地，臣之招也，臣之罪也。朝廷寸斬之，屠戮之，不足以謝祖宗七廟之靈；臣灰身滅族，不足以塞四海之責。臣負國家，其罪莫大，實天所不覆，地所不載。陛下矜而不誅，有司縱而不戮。自古及今，豈有不忠不孝如臣之甚！不能伏劍北闕，偷存視息，雖生之日，亦猶死之年，朝廷復何理齒臣於人次，臣亦何顏自次於人理！

臣欲自投草澤，思諐之心也，而明詔謂之獨善其身。聖旨不垂矜察，所以重其罪也。願陛下覽先朝謬授之失，雖垂寬宥，全其首領，猶宜棄之，任其自存自沒，則天下粗知勸戒之綱矣。

疏奏，詔曰：

省告懇惻，執以感歎，誠是仁舅處物宗之責，理亦盡矣。若大義既不開塞，舅所執理勝，何必區區其相易奪！賊峻姦逆，書契所未有也。是天地所不容，人神所不宥。今年不反，明年當反，愚智所見也。舅與諸公勃然而召，正是不忍見無禮於君者也。論情與義，何得謂之不忠乎！若以己總率征討，事至敗喪，有司宜明直繩，以肅國體，誠則然矣。且舅遂上告方伯，席卷來下，舅躬貫甲冑，賊峻梟懸。大事旣平，天下開泰，衍得反正，社稷乂安，宗廟有奉，豈非舅二三方伯忘身陳力之勳邪！方當策勳行賞，豈復議旣往之咎乎！

且天下大弊，死者萬計，而與桀寇對岸。舅且當上奉先帝顧託之旨，弘濟艱難，使衍沖人永有憑賴，則天下幸甚。

亮欲遁逃山海，自暨陽東出。詔有司錄奪舟船。亮乃求外鎭自效，出爲持節、都督豫州揚州之江西宣城諸軍事、平西將軍、假節、豫州刺史，領宣城內史。亮遂受命，鎭蕪湖。頃之，後將軍郭默據湓口以叛，亮表求親征，於是以本官加征討都督，率將軍路永、毛寶、趙胤、匡術、劉仕等步騎二萬，會太尉陶侃俱討破之。亮還蕪湖，不受爵賞。侃移書曰：「夫賞罰黜陟，國之大信，竊怪矯然獨爲君子。」亮曰：「元帥指撝，武臣效命，亮何功之有！」遂苦辭不受。進號鎭西將軍，又固讓。初，以誅王敦功，封永昌縣公。亮比陳讓，疏數十上，至是許之。陶侃薨，遷亮都督江、荆、豫、益、梁、雍六州諸軍事，領江、荆、豫三州刺史，進號征西將軍、開府儀同三司、假節。亮固讓開府，乃還鎭武昌。

時王導輔政，主幼時艱，務存大綱，不拘細目，委任趙胤、賈寧等諸將，並不奉法，大臣患之。陶侃嘗欲起兵廢導，而郗鑒不從，乃止。至是，亮又欲率衆黜導，又以諮鑒，而鑒又不許。亮與鑒牋曰：

昔於蕪湖反覆謂彼罪雖重，而時弊國危，且令方嶽道勝，亦足有所鎮壓，故共隱忍，解釋陶公。自茲迄今，曾無悛改。

主上自八九歲以及成人，入則在宮人之手，出則唯武官小人，讀書無從受音句，顧問未嘗遇君子。侍臣雖非俊士，皆時之良也，知今古顧問，豈與殿中將軍、司馬督同年而語哉！不云當高選侍臣，而云高選將軍、司馬督，豈合賈生願人主之美，習以成德之意乎！秦政欲愚其黔首，天下猶知不可，況乃欲愚其主哉！主之少也，不登進賢哲以輔導聖躬。春秋既盛，宜復子明辟。不稽首歸政，甫居師傅之尊；成人之主，方受師臣之悖。主上知君臣之道不可以然，而不得不行殊禮之事。萬乘之君，寄坐上九，亢龍之爻，有位無人。挾震主之威以臨制百官，百官莫之敢忤。是先帝無顧命之臣，勢屈于驕姦而遵養之也。趙賈之徒有無君之心，是而可忍，孰不可忍！

且往日之事，含容隱忍，謂其罪可宥，良以時弊國危，兵甲不可屢動，又冀其當謝往釁，懼而修己。如頃日之縱，是上無所忌，下無所憚，謂多養無賴足以維持天下。公與下官並蒙先朝厚顧，荷託付之重，大姦不掃，何以見先帝於地下！願公深惟安國家、固社稷之遠算，次計公之與下官負荷輕重，量其所宜。鑒又不許，故其事得息。

時石勒新死，亮有開復中原之謀，乃解豫州授輔國將軍毛寶，使與西陽太守樊峻精兵一萬，〔四〕俱戍邾城。又以陶稱爲南中郎將、江夏相，率部曲五千人入沔中。亮弟翼爲南蠻校尉、南郡太守，鎭江陵。以武昌太守陳囂爲輔國將軍、梁州刺史，趣子午。又遣偏軍伐蜀，至江陽，執僞荆州刺史李閎、〔五〕巴郡太守黄植，送于京都。亮當率大衆十萬，據石城，〔六〕爲諸軍聲援，乃上疏曰：「蜀胡二寇凶虐滋甚，內相誅鋤，衆叛親離。蜀甚弱而胡尚强，並佃並守，修進取之備。襄陽北接宛許，南阻漢水，其險足固，其土足食。臣宜移鎭襄陽之石城下，并遣諸軍羅布江沔。比及數年，戎士習練，乘釁齊進，以臨河洛。大勢一舉，衆知存亡，開反善之路，宥逼脅之罪，因天時，順人情，誅逋逆，雪大恥，實聖朝之所先務也。願陛下許其所陳，濟其此舉。淮泗壽陽所宜進據，臣輒簡練部分。乞槐棘參議，以定經略。」帝下其議。時王導與亮意同，郗鑒議以資用未備，不可大舉。亮又上疏，便欲遷鎭。會寇陷邾城，毛寶赴水而死。亮陳謝，自貶三等，行安西將軍。有詔復位。尋拜司空，餘官如故，固讓不拜。

亮自邾城陷沒，憂慨發疾。會王導薨，徵亮爲司徒、揚州刺史、錄尚書事，又固辭，帝許之。咸康六年薨，時年五十二。追贈太尉，謚曰文康。喪至，車駕親臨。及葬，又贈永昌公印綬。亮弟冰上疏曰：「臣謹詳先事，亦曾聞臣亮對臣等之言，懇懇於斯事。是以屢自陳請，將迄十年。豈直好讓而不肅恭，顧曩時之釁近出宇下，加先帝神武，算略兼該，是以役不踰時，而凶强馘滅。計之以事，則功歸聖主；推之於運，則勝非人力。至如亮等，因聖略之弘，得效所職，事將何論！功將何賞！及後傷蹶，責踰先功，是以陛下優詔聽許。亮實思自效以報天德，何悟身潛聖世，微志長絕，存亡哀恨，痛貫心膂。願陛下發明詔，遂先恩，則臣亮死且不朽。」帝從之。亮將葬，何充會之，歎曰：「埋玉樹於土中，使人情何能已。」

初，亮所乘馬有的顱，殷浩以爲不利於主，勸亮賣之。亮曰：「曷有己之不安而移之於人！」浩慚而退。亮在武昌，諸佐吏殷浩之徒，乘秋夜往共登南樓，俄而不覺亮至，諸人將起避之。亮徐曰：「諸君少住，老子於此處興復不淺。」便據胡牀與浩等談詠竟坐。其坦率行己，多此類也。三子：彬、羲、龢。

彬年數歲，雅量過人。溫嶠嘗隱暗怛之，彬神色恬如也，乃徐跪謂嶠曰：「君侯何至於此！」論者謂不減於亮。蘇峻之亂，遇害。

羲少有時譽，初爲吳國內史。時穆帝頗愛文義，羲至郡獻詩，頗存諷諫。因上表曰：「陛下以聖明之德，方隆唐虞之化，而事役殷曠，百姓凋殘。以數州之資，經瞻四海之務，其爲勞弊，豈可具言！昔漢文居隆盛之世，躬自儉約，斷獄四百，殆致刑厝。賈誼歎息，猶有積薪之言。以古況今，所以益其憂懼。陛下明鑒天挺，無幽不燭，弘濟之道，豈待瞽言。臣受恩奕世，思盡絲髮。受任到東，親臨所見，敢緣弘政，獻其丹愚。伏願聽斷之暇，少垂察覽。」其詩文多不載。羲方見授用而卒。

子準，太元中，自侍中代桓石虔爲豫州刺史、西中郎將，鎭歷陽，卒官。準子悅，義熙中江州刺史。準弟楷，自有傳。

龢字道季，好學，有文章。叔父翼將遷襄陽，龢年十五，以書諫曰：「承進據襄陽，耀威荆楚，且田且戍，漸臨河洛，使向化之萌懷德而附，凶愚之徒畏威反善，太平之基，便在於旦夕。昔殷伐鬼方，三年而克；樂生守齊，遂至歷載。今皇朝雖隆，無有殷之盛；凶羯雖衰，猶醜類有徒。而沔漢之水，無萬仞之固；方城雖峻，無千尋之險。加以運漕供繼有泝流之艱，征夫勤役有勞來之歎。若窮寇慮逼，送死一決，東西互出，首尾俱進，則廩糧有抄截之患，遠略乏率然之勢。進退惟思，不見其可。此明闇所共見，賢愚所共聞，況於臨事者乎！願迴師反旆，詳擇全勝，修城池，立壘壁，勤耕農，練兵甲。若凶運有極，天亡此虜，則可汎舟北濟，方軌齊進，水陸騁邁，亦不踰旬朔矣。願詳思遠猷，算其可者。」翼甚奇之。

升平中，代孔嚴爲丹楊尹，表除重役六十餘事。〔七〕太和初，代王恪爲中領軍，卒於官。子恒，尚書僕射，贈光祿大夫。

懌字叔預，少以通簡爲兄亮所稱。弱冠，西陽王羕辟，不就。東海王沖爲長水校尉，清選綱紀，以懌爲功曹，除暨陽令，又爲沖中軍司馬，轉散騎侍郎，遷左衞將軍。以討蘇峻功，封廣饒男，出補臨川太守，歷監梁、雍二州軍事，轉輔國將軍、梁州刺史、假節，鎮魏興。時兄亮總統六州，以懌寬厚容衆，故授以遠任，爲東西勢援。尋進監秦州氐羌諸軍事。懌遣牙門霍佐迎將士妻子，佐驅三百餘口亡入石季龍。亮表上，貶懌爲建威將軍。朝議欲召還，亮上疏曰：「懌御衆簡而有惠，州戶雖小，賴其寬政。佐等同惡，大數不多。且懌名號大，不可以小故輕議進退。其文武之心轉已安定，賊帥艾秀遣使歸誠，上洛附賊降者五百餘口，冀一安隱，無復怵惕。」從之。後以所鎮險遠，糧運不繼，詔懌以將軍率所領還屯半洲。尋遷輔國將軍、豫州刺史，進號西中郎將、監宣城廬江歷陽安豐四郡軍事、假節，鎮蕪湖。

懌嘗以白羽扇獻成帝，帝嫌其非新，反之。侍中劉劭曰：「柏梁雲構，大匠先居其下；管弦繁奏，夔牙先聆其音。懌之上扇，以好不以新。」後懌聞之，曰：「此人宜在帝之左右。」又嘗以毒酒餉江州刺史王允之。王允之覺其有毒，飲犬，犬斃，乃密奏之。帝曰：「大舅已亂天下，小舅復欲爾邪！」懌聞，遂飲鴆而卒，時年五十。贈侍中、衞將軍，〔八〕諡曰簡。子統嗣。

統字長仁，少有令名，司空、太尉辟，皆不就。調補撫軍、會稽王司馬，出爲建威將軍、寧夷護軍、尋陽太守。年二十九，卒，時人稱其才器，甚痛惜之。子玄之，官至宣城內史。

冰字季堅。兄亮以名德流訓，冰以雅素垂風，諸弟相率莫不好禮，爲世論所重，亮常以爲庾氏之寶。司徒辟，不就，徵祕書郎。預討華軼功，封都鄉侯。王導請爲司徒右長史，出補吳國內史。〔九〕

會蘇峻作逆，遣兵攻冰，冰不能禦，便棄郡奔會稽。會稽內史王舒以冰行奮武將軍，距峻別率張健於吳中。時健黨甚衆，諸將莫敢先進。冰率衆擊健走之，於是乘勝西進，赴于京都。又遣司馬滕含攻賊石頭城，拔之。冰勳爲多，封新吳縣侯，固辭不受。遷給事黄門侍郎，又讓不拜。司空郗鑒請爲長史，不就。出補振威將軍、會稽內史。徵爲領軍將軍，又辭。尋入爲中書監、揚州刺史、都督揚豫兖三州軍事、征虜將軍、假節。

是時王導新喪，人情恇然。冰兄亮既固辭不入，衆望歸冰。既當重任，經綸時務，不捨夙夜，賓禮朝賢，升擢後進，由是朝野注心，咸曰賢相。初，導輔政，每從寬惠，冰頗任威刑。殷融諫之，冰曰：「前相之賢，猶不堪其弘，況吾者哉！」范汪謂冰曰：「頃天文錯度，足下宜盡消禦之道。」冰曰：「玄象豈吾所測，正當勤盡人事耳。」又隱實戶口，料出無名萬餘人，以充軍實。詔復論前功，冰上疏曰：「臣門戶不幸，以短才贊務，釁及天庭，殃流邦族，若晉典休明，夷戮久矣。而于時顛沛，刑憲暫墜，遂令臣等復得為時陳力。徇國之臣，因之而奮，立功於大罪之後，建義於顛覆之餘，此是臣等所以復得視息於天壤，王憲不復必明於往釁也。此之厚幸，可謂弘矣，豈復得計勞納封，受賞司勳哉！願陛下曲降靈澤，哀恕由中，申命有司，惠臣所乞，則愚臣之願於此畢矣。」許之。

成帝疾篤，時有妄為尚書符，〔一〇〕敕宮門宰相不得前，左右皆失色。冰神氣自若，曰：「是必虛妄。」推問，果詐，衆心乃定。進號左將軍。康帝即位，又進車騎將軍。冰懼權盛，乃求外出。會弟翼當伐石季龍，於是以本號除都督江荊寧益梁交廣七州豫州之四郡軍事、領江州刺史、假節，鎮武昌，以為翼援。冰臨發，上疏曰：

臣因循家寵，冠冕當世，而志無殊操，量不及遠。頃皇家多難，釁故頻仍，朝望國器，與時殲落，遂令天眷下墜，降及臣身。俯仰伏事，於今五年。上不能光贊聖猷，下不能緝熙政道，而陛下遇之過分，求之不已，復策敗駕之駟，以冀萬里之功，非天眷之隆，將何以至此！是以敢竭狂瞽，以獻血誠，願陛下暫屏旒纊，以弘聽納。

今强寇未殄，戎車未戢，兵弱於郊，人疲於內，寇之侵逸，未可量也；黎庶之困，未之安也；羣才之用，未之盡也。而陛下崇高，事與下隔，視聽察覽，必寄之羣下。羣下宜忠，不引不進；百司宜勤，不督不勸。是以古之帝王勤於降納，雖日總萬機，猶兼聽將相；或借訟輿人，或求謗芻蕘，良有以也。況今日之弊，開闢之極，而陛下曆數屬當其運，否剝之難嬰之聖躬，普天所以痛心於既往而傾首於將來者也。實冀否終而泰，屬運在今。誠願陛下弘天覆之量，深地載之厚，宅沖虛以爲本，勤訓督以爲務。廣引時彥，詢於政道，朝之得失必關聖聽，人之情僞必達天聽。然後覽其大當，以總國綱，躬儉節用，堯舜豈遠！大布之衣，衞文何人！是以古人有云：「非知之難，行之難；非行之難，安之難也。」願陛下既思日側於勞謙，納其起予之情，則天下幸甚矣。臣朝夕伏膺，猶不能暢，臨疏徘徊，不覺辭盡。

頃之，獻皇后臨朝，徵冰輔政，冰辭以疾篤。尋而卒，時年四十九。册贈侍中、司空，謚曰忠成，祠以太牢。

冰天性淸愼，常以儉約自居。中子襲嘗貸官絹十匹，冰怒，捶之，市絹還官。臨卒，謂長史江虨曰：「吾將逝矣，恨報國之志不展，命也如何！死之日，斂以時服，無以官物也。」及卒，無絹爲衾。又室無妾媵，家無私積，世以此稱之。冰七子：希、襲、友、蘊、倩、邈、柔。

希字始彥。初拜祕書郎，累遷司徒右長史、黃門侍郎、建安太守，未拜，復爲長史兼右衞將軍，遷侍中，出爲輔國將軍、吳國內史。希既后之戚屬，冰女又爲海西公妃，故希兄弟並顯貴。太和中，〔二〕希爲北中郎將、徐兗二州刺史，蘊爲廣州刺史，並假節，友東陽太守，倩太宰長史，邈會稽王參軍，柔散騎常侍。倩最有才器，桓溫深忌之。

初，慕容厲圍梁父，斷澗水，太山太守諸葛攸奔鄒山，魯、高平等數郡皆沒，希坐免官。頃之，徵爲護軍將軍。希怒，固辭。希初免時，多盜北府軍資，溫諷有司劾之，復以罪免，遂客於晉陵之暨陽。初，郭璞筮冰云：「子孫必有大禍，唯用三陽可以有後。」故希求鎭山陽，友爲東陽，家于暨陽。

及海西公廢，桓溫陷倩及柔以武陵王黨，殺之。希聞難，便與弟邈及子攸之逃于海陵陂澤中。蘊於廣州飲鴆而死。及友當伏誅，友子婦，桓祕女也，請溫，故得免。故青州刺史武沈，希之從母兄也，潛餉給希經年。溫後知之，遣兵捕希。武沈之子遵與希聚衆于海濱，略漁人船，夜入京口城。平北司馬卞眈踰城奔曲阿，吏士皆散走。希放城內囚徒數百人，配以器杖，遵於外聚衆，宣令云逆賊桓溫廢帝殺王，稱海西公密旨，誅除凶逆。京都震擾，內外戒嚴，屯備六門。平北參軍劉奭與高平太守郗逸之、遊軍督護郭龍等集衆距之。卞眈又與曲阿人弘戎發諸縣兵二千，幷力屯新城以擊希。希戰敗，閉城自守。溫遣東海太守周少孫討之，城陷，被擒。希、邈及子姪五人斬于建康市，遵及黨與並伏誅，唯友及蘊諸子獲全。

友子叔宣，右衞將軍。蘊子廓之，東陽太守。

條字幼序。初辟太宰府，累遷黃門郎、豫章太守。徵拜祕書監，賜爵鄉亭侯，出爲冠軍將軍、臨川太守。豫章黃韜自稱孝神皇帝，臨川人李高爲相，聚黨數百人，乘犢車，衣皁袍，攻郡縣，條討平之。條於兄弟最凡劣，故祿位不至。卒官，贈左將軍。

翼字稚恭。風儀秀偉，少有經綸大略。京兆杜乂、陳郡殷浩並才名冠世，而翼弗之重也，每語人曰：「此輩宜束之高閣，俟天下太平，然後議其任耳。」見桓溫總角之中，便期之以遠略，因言於成帝曰：「桓溫有英雄之才，願陛下勿以常人遇之，常壻畜之，宜委以方邵之任，必有弘濟艱難之勳。」

蘇峻作逆，翼時年二十二，兄亮使白衣領數百人，備石頭。亮敗，與翼俱奔。事平，始辟太尉陶侃府，轉參軍，累遷從事中郎。在公府，雍容諷議。頃之，除振威將軍、鄱陽太守。轉建威將軍、西陽太守。撫和百姓，甚得歡心。遷南蠻校尉，領南郡太守，加輔國將軍、假節。及邾城失守，石城被圍，翼屢設奇兵，潛致糧杖。石城得全，翼之勳也。賜爵都亭侯。

及亮卒，授都督江荆司雍梁益六州諸軍事、安西將軍、荆州刺史、假節，代亮鎮武昌。翼以帝舅，年少超居大任，遐邇屬目，慮其不稱。翼每竭志能，勞謙匪懈，戎政嚴明，經略深遠，數年之中，公私充實，人情翕然，稱其才幹。由是自河以南皆懷歸附，石季龍汝南太守戴開率數千人詣翼降。又遣使東至遼東，西到涼州，要給二方，欲同大舉。慕容皝、張駿並報使請期。翼雅有大志，欲以滅胡平蜀爲己任，言論慷慨，形于辭色。將兵都尉錢頎陳事合旨，翼拔爲五品將軍，賜穀二百斛。時東土多賦役，百姓乃從海道入廣州，刺史鄧嶽大開鼓鑄，諸夷因此知造兵器。翼表陳東境國家所資，侵擾不已，逃逸漸多，夷人常伺隙，若知造鑄之利，將不可禁。

時殷浩徵命無所就，而翼請爲司馬及軍司，並不肯赴。翼遺浩書，因致其意。先是，浩父羡爲長沙，在郡貪殘，兄冰與翼書屬之。翼報曰：「殷君始往，雖多驕豪，實有風力之益，亦似由有佳兒、弟，故不令物情難之。自頃以來，奉公更退，私累日滋，亦不稍以此寥蕭之也。既雅敬洪遠，又與浩親善，其父兄得失，豈以小小計之。大較江東政，以傴僂豪强，以爲民蠹，時有行法，輒施之寒劣。如往年偷石頭倉米一百萬斛，皆是豪將輩，而直打殺倉督監以塞責。山遐作餘姚半年，而爲官出二千戶，政雖不倫，公强官長也，而羣共驅之，不得安席。紀睦、徐寧奉王使糾罪人，船頭到渚，桓逸還復，而二使免官。雖皆前宰之惛謬，江東事去，實此之由也。兄弟不幸，橫陷此中，自不能拔腳於風塵之外，當共明目而治之。荆州所統一二十郡，唯長沙最惡。惡而不黜，與殺督監者復何異耶！」翼有風力格裁，發言立論皆如此。

康帝卽位，翼欲率衆北伐，上疏曰：「賊季龍年已六十，奢淫理盡，醜類怨叛，又欲決死遼東。皝雖驍果，未必能固。若北無掣手之虜，則江南將不異遼左矣。臣所以輒發良人，不顧忿咎。然東西形援未必齊舉，且欲北進，移鎭安陸，入沔五百，溳水通流。輒率南郡太守王愆期、江夏相謝尙、尋陽太守袁眞、西陽太守曹據等精銳三萬，風馳上道，并勒平北將軍桓宣撲取黃季，欲并丹水，搖蕩秦雍。御以長轡，用逸待勞，比及數年，與復可冀。臣旣臨許洛，竊謂桓溫可渡戍廣陵，何充可移據淮泗赭圻，路永進屯合肥。伏願表御之日便決聖聽，不可廣詢同異，以乖事會。兵聞拙速，不聞工之久也。」於是並發所統六州奴及車牛驢馬，百姓嗟怨。時欲向襄陽，慮朝廷不許，故以安陸爲辭。帝及朝士皆遣使譬止，車騎參軍孫綽亦致書諫。翼不從，遂違詔輒行。至夏口，復上表曰：

臣近以胡寇有弊亡之勢，暫率所統，致討山北，並分見衆，略復江夏數城。臣等以九月十九日發武昌，以二十四日達夏口，輒簡卒搜乘停當上道。而所調借牛馬，來處皆遠，百姓所稸，穀草不充，並多羸瘠，難以涉路。加以向冬，野草漸枯，往反二千，或容躓頓，輒便隨事籌量，權停此舉。又山南諸城，每至秋冬，水多燥涸，運漕用功，實爲艱阻。

計襄陽，荊楚之舊，西接益梁，與關隴咫尺，北去洛河，不盈千里，土沃田良，方城險峻，水路流通，轉運無滯，進可以掃盪秦趙，退可以保據上流。臣雖不武，意略淺短，荷國重恩，志存立效。是以受任四年，唯以習戎爲務，實欲上憑聖朝威靈高略，下藉士民義慨之誠，因寇衰弊，漸臨逼之。而八年春上表請據樂鄉，廣農稸穀，以伺二寇之釁，而值天高聽邈，未垂察照，朝議紛紜，遂令微誠不暢。

自爾以來，上參天人之徵，下採降俘之言，胡寇衰滅，其日不遠。臣雖未獲長驅中原，馘截凶醜，亦不可以不進據要害，思攻取之宜。是以輒量宜入沔，徙鎮襄陽。其謝尙、王愆期等，悉令還據本戍，須到所在，馳遣啓聞。

翼時有衆四萬，詔加都督征討軍事。〔三〕師次襄陽，大會僚佐，陳旌甲，親授弧矢，曰：「我之行也，若此射矣。」遂三起三疊，徒衆屬目，其氣十倍。初，翼遷襄陽，舉朝謂之不可，議者或謂避衰，唯兄冰意同，桓溫及譙王無忌贊成其計。至是，冰求鎮武昌，爲翼繼援。朝議謂冰不宜出，冰乃止。又進翼征西將軍，領南蠻校尉。胡賊五六百騎出樊城，翼遣冠軍將軍曹據追擊於撓溝北，破之，死者近半，獲馬百匹。翼綏來荒遠，務盡招納之宜，立客館，置典賓參軍。桓宣卒，翼以長子方之爲義成太守，〔一三〕代領宣衆，司馬應誕爲龍驤將軍、襄陽太守，參軍司馬勳爲建威將軍、梁州刺史，戍西城。康帝崩，兄冰卒，以家國情事，留方之戍襄陽，還鎮夏口，悉取冰所領兵自配，以兄子統爲尋陽太守。詔使翼還督江州，又領豫州刺史，辭豫州。復欲移鎮樂鄉，詔不許。繕修軍器，大佃積穀，欲圖後舉。遣益州刺史周撫、西陽太守曹據伐蜀，破蜀將李桓於江陽。〔一四〕

翼如厠，見一物如方相，俄而疽發背。疾篤，表第二子爰之行輔國將軍、荊州刺史，司馬朱燾爲南蠻校尉，以千人守巴陵。永和元年卒，時年四十一。追贈車騎將軍，謚曰肅。翼卒未幾，部將干瓚、〔一五〕戴羲等作亂，殺將軍曹據。翼長史江虨、司馬朱燾、將軍袁眞等共誅之。

爰之有翼風，尋爲桓溫所廢。溫既廢爰之，又以征虜將軍劉惔監沔中軍事，領義成太守，代方之。而方之、爰之並遷徙于豫章。

史臣曰：外戚之家，連輝椒掖，舅氏之族，同氣蘭闈，靡不憑藉寵私，階緣險謁。門藏金穴，地使其驕；馬控龍媒，勢成其逼。古者右賢左戚，用杜溺私之路，愛而知惡，深慎滿覆之災，是以厚贈瓊瑰，罕升津要。塗山在夏，靡與禹稷同驅；姒氏居周，不預燕齊等列。聖人慮遠，殊有旨哉！晉昵元規，參聞顧命。然其筆敷華藻，吻縱濤波，方駕搢紳，足爲翹楚。而智小謀大，昧經邦之遠圖；才高識寡，闕安國之長算。璿萼見誅，物議稱其拔本；牙尺垂訓，帝念深於負芒。是使蘇祖尋戈，宗祧殆覆。已而猜嫌上宰，謀黜負圖。向使郗鑒協從，必且戎車犯順，則與夫台、産、安、桀，〔二六〕亦何以異哉！幸漏呑舟，免淪昭憲，是庾宗之大福，非晉政之不綱明矣。懌忝凶懷，鴆加連率，再世之後，三陽僅存，餘殃所及，蓋其宜也。

贊曰：元規矯迹，寵階椒掖。識闇釐道，亂由乘隙。下拜長沙，有慚忠益。季堅清貞，毓德馳名。處泰逾約，居權戒盈。稚恭慷慨，亦擅雄聲。

校勘記

〔一〕今以臣之才　册府三〇五「才」上有「不」字，似是。

〔二〕不在其例　通志一二七及册府三三八「例」作「列」。

〔三〕戰于建陽門外　斠注：成帝紀云亮敗于宣陽門，此「建」字爲「宣」之譌。

〔四〕樊峻　成紀「峻」作「俊」。

〔五〕李閎　石季龍載記作「李宏」。

〔六〕據石城　原作「據石頭城」。商榷：下文亮上疏言「臣宜移鎭襄陽之石城下」，時亮欲北伐，石城在襄陽，故足爲諸軍聲援。按：王說是。蔡謨傳、通鑑九六、建康實錄七並作「石城」，今據删「頭」字。

〔七〕表除重役六十餘事　宋本及通志一二七「重」作「衆」。

〔八〕贈侍中衞將軍　各本脫「中」字，今據殿本補。

〔九〕吳國內史　局本、殿本等「吳國」作「吳興」，今從宋本。通志一二七、册府三三〇、三五〇、通鑑九四並作「吳國」。

〔一〇〕妄爲尙書符　「尙書符」，局本、殿本等作「中書符」，今從宋本。通鑑九七、通志一二七、册府三二〇亦均作「尙書符」。

〔一一〕太和中　周校：「太和中」當作「隆和初」。

〔一二〕都督征討軍事　通鑑九七、御覽七四四引「軍事」上有「諸」字。

〔一三〕義成太守　「義成」，各本作「義城」，今從殿本。義成立郡見桓宣傳。

〔一四〕李桓　勞校：康紀作「李恒」。

〔一五〕部將干瓚　「干瓚」，各本誤作「于瓚」，今從宋本。

〔一六〕桀　「桀」，各本誤作「傑」，據漢書昭紀、上官皇后傳等改。

晉書卷七十四

列傳第四十四

桓彝 子雲 雲弟豁 豁子石虔 虔子振 虔弟石秀 石民 石生 石綏 石康 豁弟祕 祕弟沖 沖子嗣 嗣子胤 嗣弟謙 謙弟脩 徐寧

桓彝字茂倫，譙國龍亢人，漢五更榮之九世孫也。父顥，官至郎中。彝少孤貧，雖簞瓢，處之晏如。性通朗，早獲盛名。有人倫識鑒，拔才取士，或出於無聞，或得之孩抱，時人方之許、郭。少與庾亮深交，雅爲周顗所重。顗嘗歎曰：「茂倫嶔崎歷落，固可笑人也。」起家州主簿。赴齊王冏義，拜騎都尉。元帝爲安東將軍，版行逡遒令。尋辟丞相中兵屬，累遷中書郎、尚書吏部郎，名顯朝廷。

於時王敦擅權，嫌忌士望，彝以疾去職。嘗過輿縣，縣宰徐寧字安期，通朗博涉，彝遇之，欣然停留累日，結交而別。先是，庾亮每屬彝覓一佳吏部，及至都，謂亮曰：「爲卿得一吏部矣。」亮問所在，彝曰：「人所應有而不必有，人所應無而不必無。徐寧眞海岱清士。」因爲敍之，卽遷吏部郎，竟歷顯職。

明帝將伐王敦，拜彝散騎常侍，引參密謀。及敦平，以功封萬寧縣男。丹楊尹溫嶠上言：「宣城阻帶山川，頻經變亂，宜得望實居之，竊謂桓彝可充其選。」帝手詔曰：「適得太眞表如此。今大事新定，朝廷須才，不有君子，其能國乎！方今外務差輕，欲停此事。」彝上疏深自撝挹，內外之任並非所堪，但以墳柏在此郡，欲暫結名義，遂補彝宣城內史。在郡有惠政，爲百姓所懷。

蘇峻之亂也，彝糾合義衆，欲赴朝廷。其長史裨惠以郡兵寡弱，山人易擾，可案甲以須後舉。彝厲色曰：「夫見無禮於其君者，若鷹鸇之逐鳥雀。今社稷危逼，義無晏安。」乃遣將軍朱綽討賊別帥於蕪湖，破之。彝尋出石硊。會朝廷遣將軍司馬流先據慈湖，爲賊所破，遂長驅逕進。彝以郡無堅城，遂退據廣德。尋王師敗績，彝聞而慷慨流涕，進屯涇縣。時州郡多遣使降峻，裨惠又勸彝僞與通和，以紓交至之禍。彝曰：「吾受國厚恩，義在致死，焉能忍垢蒙辱與醜逆通問！如其不濟，此則命也。」遣將軍俞縱守蘭石。峻遣將韓晃攻之。縱將敗，左右勸縱退軍。縱曰：「吾受桓侯厚恩，本以死報。吾之不可負桓侯，猶桓侯之不負國也。」遂力戰而死。晃因進軍攻彝。彝固守經年，勢孤力屈。賊曰：「彝若降者，當待以優禮。」將士多勸彝僞降，更思後舉。彝不從，辭氣壯烈，志節不撓。城陷，爲晃所害，年五十三。時賊尙未平，諸子並流迸，宣城人紀世和率義故葬之。賊平，追贈廷尉，謚曰簡。咸安中，改贈太常。

初，彝與郭璞善，嘗令璞筮。卦成，璞以手壞之。彝問其故。曰：「卦與吾同。丈夫當此非命，如何！」竟如其言。有五子：溫、雲、豁、祕、沖。溫別有傳。

雲字雲子。初爲驃騎何充參軍、尙書郎，不拜。襲爵萬寧男，歷位建武將軍、義成太守。〔一〕遭母憂去職。葬畢，起爲江州刺史，稱疾，廬於墓次。詔書敦逼，固辭不行，服闋，然後莅職。加都督司豫二州軍事、領鎭蠻護軍、西陽太守、假節。雲招集衆力，志在足兵，多所枉濫，衆皆嗟怨。時溫執權，有司不敢彈劾。升平四年卒，贈平南將軍，謚曰貞。子序嗣，官至宣城內史。

豁字朗子。初辟司徒府、祕書郎，皆不就。簡文帝召爲撫軍從事中郎，除吏部郎，以疾辭。遷黃門郎，未拜。時謝萬敗於梁濮，許昌、潁川諸城相次陷沒，西藩騷動。溫命豁督沔中七郡軍事、建威將軍、新野義成二郡太守，擊慕容屈塵，〔二〕破之，進號右將軍。溫旣內鎮，以豁監荆揚雍州軍事、領護南蠻校尉、荆州刺史、假節，將軍如故。時梁州刺史司馬勳以梁益叛，豁使其參軍桓羆討之。而南陽督護趙弘、趙憶等逐太守桓淡，〔三〕據宛城以叛，豁與竟陵太守羅崇討破之。又攻僞南中郎將趙盤於宛，盤退走，豁追至魯陽，獲之，送於京師，置戍而旋。又監寧益軍事。溫薨，遷征西將軍，進督交廣幷前五州軍事。

苻堅寇蜀，豁遣江夏相竺瑤距之。〔四〕廣漢太守趙長等戰死，瑤引軍退。頃之，堅又寇涼州，弟沖遣輔國將軍朱序與豁子江州刺史石秀泝流就路，稟節度。豁遣督護桓羆與序等游軍沔漢，爲涼州聲援。俄而張天錫陷沒，詔遣中書郎王尋之詣豁，諮謀邊事。豁表以梁州刺史毛憲祖監沔北軍事，兗州刺史朱序爲南中郎將、監沔中軍事，鎮襄陽，以固北鄙。

太元初，遷征西大將軍、開府。豁上疏固讓曰：「臣聞三台麗天，辰極以之增耀；論道作弼，王猷以之時邕。必將仰參神契，對揚成務，弘易簡以翼化，暢玄風於宗極。故宜明揚仄陋，登庸賢儁，使版築有沖天之舉，渭濱無垂竿之逸。用乃功濟蒼生，道光千載。是以德非時望，成典所不虛授；功微賞厚，賢達不以擬心。臣實凡人，量無遠致，階藉門寵，遂叨非據。進不能闡揚皇風，贊明其政道；退不能宣力所莅，混一華戎。尸素積載，庸績莫紀。是以敢冒成命，歸陳丹款。伏願陛下迴神玄覽，追收謬眷，則具瞻革望，臣知所免。」竟不許。

及苻堅陷仇池，豁以新野太守吉挹行魏興太守、督護梁州五郡軍事，戍梁州。堅陷涪城，梁州刺史楊亮、益州刺史周仲孫並委戍奔潰。豁以威略不振，所在覆敗，又上疏陳謝，固辭，不拜開府。尋卒，時年五十八。贈司空，本官如故，謚曰敬。贈錢五十萬，布五百匹，使者持節監護喪事。豁時譽雖不及沖，而甚有器度。但遇强寇，故功業不建。

初，豁聞苻堅國中有謠云：「誰謂爾堅石打碎。」有子二十人，皆以「石」爲名以應之。唯石虔、石秀、石民、石生、石綏、石康知名。

石虔小字鎭惡。有才幹，趫捷絕倫。從父在荊州，於獵圍中見猛獸被數箭而伏，諸督將素知其勇，戲令拔箭。石虔因急往，拔得一箭，猛獸跳，石虔亦跳，高於獸身，猛獸伏，復拔一箭以歸。從溫入關。沖爲苻健所圍，垂沒，石虔躍馬赴之，拔沖於數萬衆之中而還，莫敢抗者。三軍歎息，威震敵人。時有患瘧疾者，謂曰「桓石虔來」以怖之，病者多愈，其見畏如此。

初，袁眞以壽陽叛，石虔以寧遠將軍、南頓太守帥諸將攻之，克其南城。又擊苻堅將王鑒於石橋，獲馬五百匹。除竟陵太守，以父憂去職。尋而苻堅又寇淮南，詔曰：「石虔文武器幹，御戎有方。古人絕哭，金革弗避，況在餘哀，豈得辭事！可授奮威將軍、南平太守。」尋進冠軍將軍。苻堅荊州刺史梁成、〔五〕襄陽太守閻震率衆入寇竟陵，〔六〕石虔與弟石民距之。賊阻激水，屯管城。石虔設計夜渡水，既濟，賊始覺，力戰破之，進克管城，擒震，斬首七千級，俘獲萬人，馬數百匹，牛羊千頭，具裝鎧三百領。戍以輕騎走保襄陽。石虔復領河東太守，進據樊城，逐堅兗州刺史張崇，納降二千家而還。沖卒，石虔以冠軍將軍監豫州揚州五郡軍事、豫州刺史。尋以母憂去職。服闋，復本位。久之，命移鎮馬頭，石虔求停歷陽，許之。

太元十三年卒，追贈右將軍。追論平閻震功，進爵作塘侯。〔七〕第五子誕嗣。誕長兄洪，襄城太守。洪弟振。

振字道全。少果銳，而無行。玄爲荆州，以振爲揚武將軍、淮南太守。轉江夏相，以兇橫見黜。

及玄之敗也，桓謙匿於沮中，振逃於華容之涌中。玄先令將軍王稚徽戍巴陵，稚徽遣人報振云：「桓歆已克京邑，〔八〕馮稚等復平尋陽，劉毅諸軍並敗於中路。」振大喜。時安帝在江陵，振乃聚黨數十人襲江陵。比至城，有衆二百。謙亦聚衆而出，遂陷江陵，迎帝於行宮。振聞桓昇死，大怒，將肆逆於帝，謙苦禁之，乃止。遂命羣臣，辭以楚祚不終，百姓之心復歸於晉，更奉進璽綬，以琅邪王領徐州刺史，振爲都督八州、鎮西將軍、荆州刺史。帝侍御左右，皆振之腹心。既而歎曰：「公昔早不用我，遂致此敗。若使公在，我爲前鋒，天下不足定。今獨作此，安歸乎！」遂肆意酒色，暴虐無道，多所殘害。

振營於江津。南陽太守魯宗之自襄陽破振將溫楷於柞溪，進屯紀南。振聞楷敗，留其將馮該守營，自率衆與宗之大戰。振勇冠三軍，衆莫能禦，宗之敗績。振追奔，遇宗之單騎於道，弗之識也，乃問宗之所在。給曰：「已前走矣。」宗之於是自後而退。〔九〕尋而劉毅等破馮該，平江陵。振聞該敗，衆潰而走。後與該子宏出自涢城，復襲江陵。荆州刺史司馬休之奔襄陽，振自號荆州刺史。建威將軍劉懷肅率寧遠將軍索邈，與振戰於沙橋。振兵雖少，左右皆力戰，每一合，振輒瞋目奮擊，衆莫敢當。振時醉，且中流矢，廣武將軍唐興臨陣斬之。

石秀，幼有令名，風韵秀徹，博涉羣書，尤善老莊。常獨處一室，簡於應接，時人方之庾純。甚爲簡文帝所重。豁爲荆州，請爲鷹揚將軍、竟陵太守，非其好也。尋代叔父沖爲寧遠將軍、江州刺史、領鎮蠻護軍、西陽太守，居尋陽。性放曠，常弋釣林澤，不以榮爵嬰心。善騎射，發則命中。嘗從沖獵，登九井山，徒旅甚盛，觀者傾坐，石秀未嘗屬目，止嘯詠而已。謝安嘗訪以世務，默然不答，安甚怪之。他日，安以語其從弟嗣，嗣以問之，石秀曰：

「世事此公所諳，吾又何言哉！」在州五年，以疾去職。年四十三卒於家，朝野悼惜之。追贈後將軍，後改贈太常。子稚玉嗣。玄之篡也，以石秀一門之令，封稚玉爲臨沅王。

石民，弱冠知名，衞將軍謝安引爲參軍。叔父沖上疏，版督荆江豫三州之十郡軍事、振武將軍，領襄城太守，戍夏口，與石虔攻苻堅荆州刺史梁成等於竟陵。明年，又與隨郡太守夏侯澄之破苻堅將慕容垂、姜成等於漳口。復領譙國內史、梁郡太守。沖薨，詔以石民監荆州軍事、西中郎將、荆州刺史。桓氏世涖荆土，石民兼以才望，甚爲人情所仰。

初，沖遣竟陵太守趙統伐襄陽。至是，石民復遣兵助之。尋而苻堅敗於淮肥，石民遣南陽太守高茂衞山陵。時堅雖破敗，而慕容垂等復盛。石民遣將軍晏謙伐弘農，賊東中郎將慕容夔降之。始置湖陝二戍。獲關中擔幢伎，以充太樂。時苻堅子丕僭號於河北，謀襲洛陽。石民遣將軍馮該討之，臨陣斬丕，及其左僕射王孚、吏部尚書苟操等，傳首京都。而丁零翟遼復侵逼山陵，〔一〇〕石民使河南太守馮遵討之。時乞活黃淮自稱并州刺史，與遼共攻長社，衆數千人。石民復遣南平太守郭銓、松滋太守王遐之擊淮，斬之，遼走河北。以前後功，進左將軍。卒，無子。

石生，隆安中以司徒左長史遷侍中，歷驃騎、太傅長史。會稽世子元顯將伐桓玄，石生馳書報玄，玄甚德之。及玄用事，以爲前將軍、江州刺史。尋卒於官。

石綏，元顯時爲司徒左長史。玄用事，拜黄門郎、左衞將軍。玄敗，石綏走江西塗中，〔二〕聚衆攻歷陽，後爲梁州刺史傅歆之所殺。〔三〕

石康，偏爲玄所親愛，玄爲荆州，以爲振威將軍。累遷荆州刺史。討庾仄功，封武陵王，事具玄傳。

祕字穆子。少有才氣，不倫於俗。初拜祕書郎，兄溫抑而不用。久之，爲輔國將軍、宣城内史。時梁州刺史司馬勳叛入蜀，祕以本官監梁益二州征討軍事、假節。勳平，還郡。後爲散騎常侍，徙中領軍。孝武帝初即位，妖賊盧悚入宫，〔三〕祕與左衞將軍殷康俱入擊之。溫入朝，窮考悚事，收尚書陸始等，罹罪者甚衆。祕亦免官，居于宛陵，每憤憤有不平之色。溫疾篤，祕與溫子熙、濟等謀共廢沖。沖密知之，不敢入。頃溫氣絕，先遣力士拘錄熙、濟，而後臨喪。祕於是廢棄，遂居於墓所，放志田園，好遊山水。後起爲散騎常侍，凡三表自陳。詔曰：「祕受遇先朝，是以延之，而頻有讓表，以棲尙告誠，兼有疾疢，省用增歎。可順其所執。」祕素輕沖，沖時貴盛，祕恥常侍位卑，故不應朝命。與謝安書及詩十首，辭理可觀，其文多引簡文帝之眄遇。先沖卒。長子蔚，官至散騎常侍、游擊將軍。玄篡，以爲醴陵王。

沖字幼子，溫諸弟中最淹識，有武幹，溫甚器之。弱冠，太宰、武陵王晞辟，不就。除鷹揚將軍、鎭蠻護軍、西陽太守。從溫征伐有功，遷督荊州之南陽襄陽新野義陽順陽雍州之京兆揚州之義成七郡軍事、寧朔將軍、義成新野二郡太守，鎭襄陽。又從溫破姚襄。及虜周成，進號征虜將軍，賜爵豐城公。尋遷振威將軍、江州刺史、領鎭蠻護軍、西陽譙二郡太守。溫之破姚襄也，獲襄將張駿、楊凝等，徙于尋陽。沖在江陵，未及之職，而駿率其徒五百人殺江州督護趙毗，掠武昌府庫，將妻子北叛。沖遣將討獲之，遽還所鎭。

初，彝亡後，沖兄弟並少，家貧，母患，須羊以解，無由得之，溫乃以沖爲質。羊主甚富，言不欲爲質，幸爲養買德郎。買德郎，沖小字也。及沖爲江州，出射，羊主於堂邊看，沖識之，謂曰：「我買德也。」遂厚報之。頃之，進監江荊豫三州之六郡軍事、南中郎將、假節，州郡如故。

在江州凡十三年而溫薨。孝武帝詔沖爲中軍將軍、都督揚江豫三州軍事、揚豫二州刺史、假節。時詔賻溫錢布漆蠟等物，而不及大斂。沖上疏陳溫素懷每存清儉，且私物足舉凶事，求還官庫。詔不許，沖猶固執不受。初，溫執權，大辟之罪皆自己決。沖既莅事，上疏以爲生殺之重，古今所慎，凡諸死罪，先上，須報。沖既代溫居任，盡忠王室。或勸沖誅除時望，專執權衡，沖不從。

謝安以時望輔政，爲羣情所歸，沖懼逼，寧康三年，乃解揚州，自求外出。桓氏黨與以爲非計，莫不扼腕苦諫，郗超亦深止之。沖皆不納，處之澹然，不以爲恨，忠言嘉謀，每盡心力。於是改授都督徐兗豫青揚五州之六郡軍事、車騎將軍、徐州刺史，以北中郎府并中軍，鎮京口，假節。又詔沖及謝安並加侍中，以甲杖五十人入殿。時丹楊尹王蘊以后父之重昵於安，安意欲出蘊爲方伯，乃復解沖徐州，直以車騎將軍都督豫江二州之六郡軍事，自京口遷鎮姑熟。

既而苻堅寇涼州，沖遣宣城內史朱序、豫州刺史桓伊率衆向壽陽，淮南太守劉波汎舟淮泗，乘虛致討，以救涼州，乃表曰：

氐賊自幷東胡，醜類實繁，而蜀漢寡弱，西涼無備，斯誠暴與疾顚，祇速其亡。然而天未剿絕，屢爲國患。臣聞勝於無形，功立事表，伐謀之道，兵之上略。況此賊陸梁，終必越逸。北狄陵縱，常在秋冬。今日月迅邁，高風行起，臣輒較量畿甸，守衞重複，又淮泗通流，長江如海，荆楚偏遠，密邇寇讎，方城、漢水無天險之實，而過備之重勢在西門。

臣雖凡庸，識乏武略，然猥荷重任，思在投袂。請率所統，徑進南郡，與征西將軍臣豁參同謀猷。賊若果驅犬羊，送死沔漢，庶仰憑正順，因致人利，一舉乘風，掃清氛穢，不復重勞王師，有事三秦，則先帝盛業永隆於聖世，宣武遺志無恨於在昔。如其懾憚皇威，闚闟計屈，則觀兵伺釁，更議進取，振旅旋旆，遲速唯宜。伏願陛下覽臣所陳，特垂聽許。

詔答曰：「醜類違天，比年縱肆，梁益不守，河西傾喪。每惟宇內未一，憤歎盈懷。將軍經略深長，思算重復，忠國之誠，形於義旨。覽省未周，以慼以慨。寇雖乘間竊利，而以無道臨之，黷武窮兇，虐用其衆，滅亡之期，勢何得久！然備豫不虞，軍之善政。輒詢于羣后，敬從高算。想與征西協參令圖，嘉謀遠猷，動靜以聞。」會張天錫陷沒，於是罷兵。俄而豁卒，遷都督江荆梁益寧交廣七州揚州之義成雍州之京兆司州之河東軍事、領護南蠻校尉、荆州刺史、持節，將軍、侍中如故。又以其子嗣爲江州刺史。沖將之鎮，帝餞於西堂，賜錢五十萬。又以酒三百四十石、牛五十頭犒賜文武。謝安送至溧洲。

沖既到江陵，時苻堅彊盛，沖欲移阻江南，乃上疏曰：「自中興以來，荆州所鎮，隨宜迴轉。臣亡兄溫以石季龍死，經略中原，因江陵路便，即而鎮之。事與時遷，勢無常定。且兵者詭道，示之以弱，今宜全重江南，輕戍江北。南平孱陵縣界，地名上明，田土膏良，可以資業軍人。在吳時樂鄉城以上四十餘里，北枕大江，西接三峽。若狂狡送死，則舊郢以北堅壁不戰，接會濟江，路不云遠，乘其疲墮，撲翦為易。臣司存閫外，輒隨宜處分。」於是移鎮上明，使冠軍將軍劉波守江陵，諮議參軍楊亮守江夏。詔以荆州水旱饑荒，又沖新移草創，歲運米三十萬斛以供軍資，須年豐乃止。

堅遣其將苻融寇樊、鄧，石越寇魯陽，姚萇寇南鄉，韋鍾寇魏興，所在陷沒。沖遣江夏相劉奭、南中郎將朱序擊之，而奭畏懦不進，序又為賊所擒。沖深自咎責，上疏送章節，請解職，不許。遣左衞將軍張玄之詣沖諮謀軍事。沖率前將軍劉波及兄子振威將軍石民、冠軍將軍石虔等伐苻堅，拔堅筑陽。攻武當，走堅兗州刺史張崇。堅遣慕容垂、毛當寇鄧城，苻熙、石越寇新野。沖既憚堅衆，又以疾疫，還鎮上明。表以「夏口江沔衝要，密邇彊寇，兄子石民堪居此任，輒版督荆江十郡軍事、振武將軍、襄城太守。尋陽北接彊蠻，西連荆郢，亦一任之要。今府州既分，請以王薈補江州刺史」，詔從之。時薈始遭兄劭喪，〔一四〕將葬，辭不欲出。於是衞將軍謝安更以中領軍謝輶代之。沖聞之而怒，上疏以為輶文武無堪，求自領江州，帝許之。沖使石虔伐堅襄陽太守閻震，擒之，及大小帥二十九人，送於京都，詔歸沖府。以平震功，封次子謙宜陽侯。堅使其將郝貴守襄陽，〔一五〕沖使揚威將軍朱綽討之，遂焚燒沔北田稻，拔六百餘戶而還。又遣上庸太守郭寶伐堅魏興太守褚垣、上庸太守段方，並降之。新城太守麴常遁走，三郡皆平。詔賜錢百萬，袍表千端。

初，沖之西鎮，以賊寇方强，故移鎮上明，謂江東力弱，正可保固封疆，自守而已。又以將相異宜，自以德望不逮謝安，故委之內相，而四方鎮扞，以爲己任。又與朱序款密。俄而序沒於賊，沖深用愧惋。既而苻堅盡國內侵，沖深以根本爲慮，乃遣精銳三千來赴京都。謝安謂三千人不足以爲損益，而欲外示閑暇，聞軍在近，固不聽。報云：「朝廷處分已定，兵革無闕，西藩宜以爲防。」時安已遣兄子玄及桓伊等諸軍，沖謂不足以爲廢興，召佐吏，對之歎曰：「謝安乃有廟堂之量，不閑將略。今大敵垂至，方遊談不暇，雖遣諸不經事少年，衆又寡弱，天下事可知，吾其左衽矣！」俄而聞堅破，大勳克舉，又知朱序因以得還，沖本疾病，加以慚恥，發病而卒，時年五十七。贈太尉，本官如故，謚曰宣穆。賻錢五十萬，布五百匹。

沖性儉素，而謙虛愛士。嘗浴後，其妻送以新衣，沖大怒，促令持去。其妻復送之，而謂曰：「衣不經新，何緣得故！」沖笑而服之。命處士南陽劉驎之爲長史，驎之不屈，親往迎之，禮之甚厚。又辟處士長沙鄧粲爲別駕，備禮盡恭。粲感其好賢，乃起應命。初，郗鑒、庾亮、庾翼臨終皆有表，樹置親戚，唯沖獨與謝安書云：「妙靈、靈寶尚小，亡兄寄託不終，以此爲恨！」言不及私，論者益嘉之。及喪下江陵，士女老幼皆臨江瞻送，號哭盡哀。後玄篡位，追贈太傅、宣城王。有七子：嗣、謙、脩、崇、弘、羨、怡。

嗣字恭祖。少有清譽，與豁子石秀並爲桓氏子姪之冠。沖既代豁西鎭，詔以嗣督荆州之三郡豫州之四郡軍事、建威將軍、江州刺史。莅事簡約，修所住齋，應作版檐，嗣命以茅代之，版付船官。轉西陽、襄城二郡太守，鎭夏口。後領江夏相，卒官。追贈南中郎將，謚曰靖。子胤嗣。

胤字茂遠。少有淸操，雖奕世華貴，甚以恬退見稱。初拜祕書丞，累遷中書郎、祕書監。玄甚欽愛之，遷中書令。玄篡位，爲吏部尚書，隨玄西奔。玄死，歸降。詔曰：「夫善著則祚遠，勳彰故事殊。以宣孟之忠，蒙後晉國；子文之德，世嗣獲存。故太尉沖，昔藩陝西，忠誠王室。諸子染凶，自貽罪戮。念沖遺勳，用悽於懷。其孫胤宜見矜宥，以獎爲善。可特全生命，徙于新安。」及東陽太守殷仲文、永嘉太守駱球等謀反，〔一六〕陰欲立胤爲玄嗣，事覺，伏誅。

謙字敬祖，詳正有器望。初以父功封宜陽縣開國侯，累遷輔國將軍、吳國內史。孫恩之亂，謙出奔無錫。徵拜尚書，驃騎大將軍元顯引爲諮議參軍，轉司馬。元興初，朝廷將伐玄，以桓氏世在陝西，謙父沖有遺惠於荆楚，懼人情向背，乃用謙爲持節、都督荆益寧梁四州諸軍事、西中郎將、荆州刺史、假節，以安荆楚。

玄既用事，以謙爲尚書左僕射，領吏部，加中軍將軍。謙兄弟顯列，玄甚倚杖之，而內不能善也。改封謙爲寧都侯，拜尚書令，加散騎常侍。遷侍中、衞將軍、開府、錄尚書事。玄篡位，復領揚州刺史，本官如故，封新安王。

及桓振作亂，謙保護乘輿，頗有功焉。然而暗愞，尤不可以造事。初，勸振率軍下戰，己守江陵。振旣輕謙用事，故不從。及振敗，謙奔於姚興。先是，譙縱稱藩於姚興，縱與盧循通使，潛相影響，乃表興請謙共順流東下。興問謙，謙曰：「臣門著恩荆楚，從弟玄末雖篡位，皆是逼迫，人神所明。今臣與縱東下，百姓自應駭動。」興曰：「小水不容大舟，若縱才力足以濟事，亦不假君爲鱗翼。宜自求多福。」遂遣之。謙至蜀，欲虛懷引士，縱疑之，乃置謙於龍格，使人守之。謙向諸弟泣曰：「姚主言神矣！」後與縱引譙道福俱下，謙於道占募，百姓感沖遺惠，投者二萬人。劉道規破謙，斬之。

脩字承祖。尙簡文帝女武昌公主，歷吏部郎，稍遷左衞將軍。王恭將伐譙王尙之，先遣何澹之、孫無終向句容。脩以左衞領振武將軍，與輔國將軍陶無忌距之。脩次句容。俄而恭敗，無終遣書求降。脩既旋軍，而楊佺期已至石頭，時朝廷無備，內外崩駭。脩進說曰：「殷、桓之下，專恃王恭，恭既破滅，莫不失色。今若優詔用玄，玄必內喜，則能制仲堪、佺期，使並順命。」朝廷納之。以脩爲龍驤將軍、荆州刺史、假節，權領左衞文武之鎭。又令劉牢之以千人送之。轉仲堪爲廣州。脩未及發，而玄等盟於尋陽，求誅牢之。尙之幷訴仲堪無罪，獨被降黜。於是詔復仲堪荆州。御史中丞江績奏脩承受楊佺期之言，交通信命，宣傳不盡，以爲身計，疑誤朝算，請收付廷尉。特詔免官。尋代王凝之爲中護軍。頃之，玄破仲堪、佺期，詔以脩爲征虜將軍、江州刺史。尋復爲中護軍。

玄執政，以脩都督六州、右將軍、徐兗二州刺史、假節。尋進撫軍將軍，加散騎常侍。玄篡，以爲撫軍大將軍，封安成王。劉裕義旗起，斬之。

徐寧者，東海郯人也。少知名，爲輿縣令。時廷尉桓彝稱有人倫鑒識，彝嘗去職，至廣陵尋親舊，還遇風，停浦中，累日憂悒，因上岸，見一室宇，有似廨署，訪之，云是輿縣。彝乃造之。寧清惠博涉，相遇欣然，因留數夕。彝大賞之，結交而別。至都，謂庾亮曰：「吾爲卿得一佳吏部郎。」語在彝傳。即遷吏部郎、左將軍、江州刺史，卒官。

史臣曰：醨風潛煽，醇源浸竭，遺道德於情性，顯忠信於名教。首陽高節，求仁而得仁；泗上微言，朝聞而夕死。原軫免胄，懍然於往策；季路絕纓，邈矣於前志。況交霜雪於杪歲，晦風雨於將晨，喈響或以變其音，貞柯罕能全其性。桓茂倫抱中和之氣，懷不撓之節，邁周庾之清塵，遵許郭之遐軌。懼臨危於取免，知處死之爲易，揚芬千載之上，淪骨九泉之下。仁者之勇，不其然乎！至夫基構迭汙隆，龍蛇俱山澤，沖逡巡於內輔，豁陵厲於上游，虔振北門之威，秀坦西陽之務，外有扞城之用，裏無末大之嫌，求之名臣，抑亦可算。而溫爲亢極之資，玄遂履霜之業，是知敬仲之美不息檀臺之亂，寧俞之忠無救弈棊之禍。子文之不血食，悲夫！

贊曰：矯矯宣城，貞心莫陵。身隨露夭，名與雲興。虔豁重世，沖秀雙美。國賴忠臣，家推才子。振武謙文，尋邑爲羣。歸之簒亂，曷足以云。

校勘記

〔一〕義成太守　「義成」原作「義城」。地理志無義成郡。前後文均作「義成」，今據改。參卷七三校記。
〔二〕慕容屈塵　哀紀、通鑑一〇一並作「慕容塵」。
〔三〕桓淡　海西公紀、通鑑一〇一作「桓澹」。
〔四〕竺瑶　「瑶」，各本均作「瑗」，今據海西公紀、苻堅載記上、桓溫傳及通鑑一〇二、一〇三改。下同。
〔五〕荆州刺史梁成　舉正：「梁成」，堅載記作「都貴」。按：孝武紀、通鑑一〇四並作「都貴」。貴以秦建元十六年十二月爲荆州刺史。
〔六〕閻震　苻堅載記上作「閻振」。
〔七〕作塘侯　斠注：「塘」當從地理志爲「唐」。
〔八〕桓欽　通鑑一一三作「桓歆」。歆，溫子，又見桓玄傳。疑「欽」爲誤字。
〔九〕宗之於是自後而退　局本、殿本等無「宗之」二字，今從宋本。通志一二七句首亦有「宗之」二字。
〔一〇〕翟遼　見卷九校記。
〔一一〕塗中　商榷：「塗」當作「涂」。涂中即今滁縣。

〔一二〕傅歆之 通鑑一一五作「傅韶」。勞校：宋書傅弘之傳作「傅韶」。

〔一三〕盧竦 孝武紀、毛安之傳及通鑑一〇三「竦」並作「悚」。

〔一四〕始遭兄劭喪 「劭」，各本作「邵」，今從宋本及王劭傳。

〔一五〕郝貴 勞校：孝武紀作「都貴」。按：通鑑一〇四亦作「都貴」。疑「郝」「都」形近誤。

〔一六〕駱球 「球」，各本作「騄」，今從南監本。安紀、殷仲文傳、通志一二七、宋書武帝紀上亦均作「球」。